Christian Zeppetzauer

Buchstaben & Relief schnitzen

Stocker

Christian Zeppetzauer

Buchstaben & Relief schnitzen

Gewidmet unserer Schwester Agnes (Bildhauerin)

Leopold Stocker Verlag
Graz – Stuttgart

Umschlaggestaltung:
DSR Werbeagentur Rypka GmbH, 8143 Dobl/Graz, www.rypka.at
Titelbild: Christian Zeppetzauer

Bildnachweis:
Die Bilder im Textteil wurden uns freundlicherweise vom Autor zur Verfügung gestellt.

Bibliografische Information der Deutschen Nationalbibliothek
Die Deutsche Nationalbibliothek verzeichnet diese Publikation in der Deutschen Nationalbibliografie; detaillierte bibliografische Daten sind im Internet unter http://dnb.d-nb.de abrufbar.

Hinweis: Dieses Buch wurde auf chlorfrei gebleichtem Papier gedruckt. Die zum Schutz vor Verschmutzung verwendete Einschweißfolie ist aus Polyethylen chlor- und schwefelfrei hergestellt. Diese umweltfreundliche Folie verhält sich grundwasserneutral, ist voll recyclingfähig und verbrennt in Müllverbrennungsanlagen völlig ungiftig.

Auf Wunsch senden wir Ihnen gerne kostenlos unser Verlagsverzeichnis zu:
Leopold Stocker Verlag GmbH
Hofgasse 5 / Postfach 438
A-8011 Graz
Tel.: +43 (0)316/82 16 36
Fax: +43 (0)316/83 56 12
E-Mail: stocker-verlag@stocker-verlag.com
www.stocker-verlag.com

ISBN 978-3-7020-1490-2

Layout und Repro: DSR Werbeagentur Rypka GmbH, 8143 Dobl/Graz
Druck: Druckerei Theiss GmbH, A-9431 St. Stefan

Inhalt

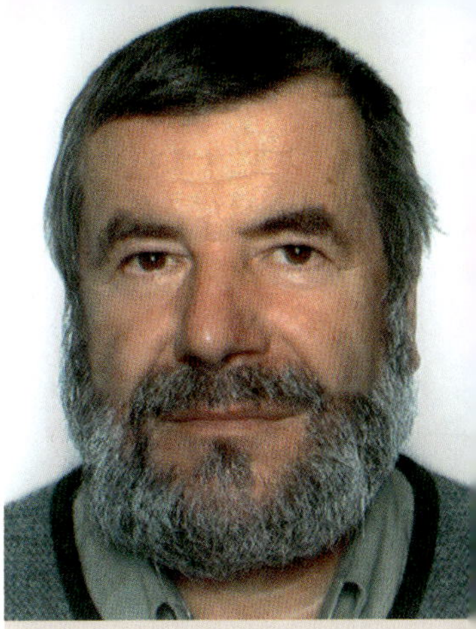

Christian Zeppetzauer

Vorwort

Nicht immer sind es Kälte und unfreundliches Wetter, die zum Verweilen in der „Machlstube" oder der Werkstätte einladen. Der holzbeheizte Ofen, ein rohes Stück Holz, diverse Werkzeuge auf der Hobelbank und der angenehme Geruch von Zirbenholz – Zeit zum „Grechteln" (von: sich etwas zurecht richten). Abseits von Alltagssorgen geht man Tätigkeiten nach, die entspannen und Freude bereiten. Es muss dabei nicht einmal etwas Vernünftiges oder Brauchbares entstehen. Umso besser, wenn dies trotzdem der Fall ist. Meist ist nur eine kurze Anleitung nötig und schon wird aus dem geschickten Bastler ein Handwerker, der mit einfachen Erzeugnissen aus seiner Werkstätte sich oder seine Angehörigen erfreut.

Dieses Buch ist gedacht für den geschickten Handwerker, der im Kerbschnitt seine Erfahrungen gesammelt hat und mit der Handhabung der Werkzeuge bereits vertraut ist. Der Textteil ist bewusst kurz, denn ein Bild sagt mehr als tausend Worte. Der Bildteil soll Motivation und Anregung vermitteln. Ich wünsche Ihnen viel Freude mit diesem Werkbuch!

Christian Zeppetzauer

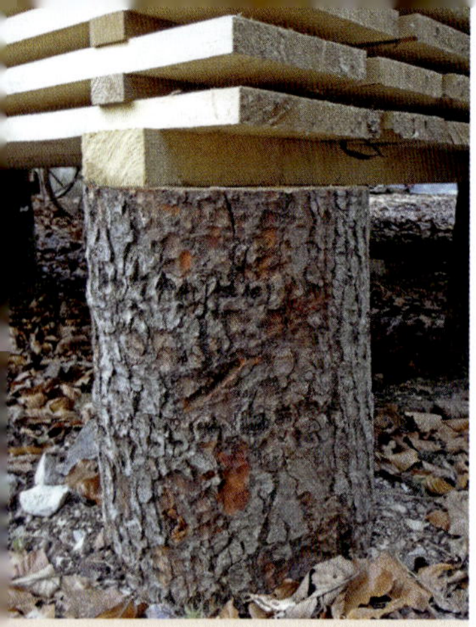

Richtige Lagerung, Holztrocknung

Das Holz arbeitet

Welche Holzarten bevorzugt der Schnitzer?

Natur – Holz – Mensch

Der Mensch bleibt trotz all seiner Leistungen auf wissenschaftlichem und technischem Gebiet vor allem ein Stück der Natur. Es wäre fatal, aus Freude am Fortschritt und den geistigen Errungenschaften unseren Ursprung zu vergessen. In einer kalten Welt von Stahlbeton, Glas, Edelstahl und Kunststoffen als Materialien moderner Baukunst hat man großteils auf Natürliches vergessen. Die Gestaltung der kahlen Innenräume mit exotischem Gewächs ist ein schwacher Versuch, Naturnähe vorzutäuschen, und bleibt meist eine Alibihandlung oder eine Missachtung der Natur. „Nachhaltigkeit" ist ein strapaziertes Schlagwort, die Auswahl der Materialien sowie die Möglichkeiten der richtigen Anwendung scheinen gering. Bei genauem Studium erkennen wir, dass uns gerade der natürliche Werkstoff Holz vielfältigste Anwendungs- und Gestaltungsmöglichkeiten ermöglicht. Holz gibt es überall auf der bewohnten Welt. Sein Geheimnis besteht darin, dass es seit Urzeiten zu unserem ständigen Begleiter zählt wie Wasser, Erde, Luft und Sonne.

Bot der Wald Schutz, so barg er auch manche Gefahren. Er war gleichsam Freund und Feind in einem. Hingegen hat Holz von Natur aus nichts Schreckliches oder Nachteiliges. Der Urwerkstoff war das Holz, nicht etwa der Stein.

Holz – der treue Begleiter des Menschen: Das deutsche Wort „Treue" war ursprünglich mit Eiche oder Baum identisch. Im Englischen „tree" (Baum) und „true" (wahr, fest, treu, echt) findet man ebenfalls die enge Verwandtschaft und auch der Druide, der fest steht wie ein Baum, hat hier seine Wortwurzel.

Unseren Vorfahren galt der Baum als Inbegriff der Treue. Er ist es auch tatsächlich, betrachtet man das jährliche Wachsen der Triebe und Blätter, das Leben und Gedeihen. Dann einmal gefällt, dient er als Brett für Wiege oder Sarg.

Nicht von ungefähr bedient sich das Buch der Bücher jenes Bildes vom Baum der Erkenntnis inmitten des Garten Edens als Ort des Schicksals.

Wer denkt heute, wenn vom Ehrenkodex die Rede ist, daran, dass sich dieses Wort vom altrömischen *caudex* ableitet und ursprünglich nichts anderes als Stammholz hieß. Der Grund ist recht einfach: Die Schreibtafeln des Altertums bestanden aus dünnen Brettchen, die mit Wachs überzogen waren, in welches man mit einem Griffel die Buchstaben drückte. Die beschriebenen Täfelchen legte man zusammen und erhielt so ein Kompendium, das man *codex* nannte.

In der germanischen Mythologie spielt das Holz bzw. der Baum eine ganz bedeutende Rolle: In der Lebensgeschichte des hl. Bonifazius ist zu lesen, dass sich der bis dahin von Misserfolgen geplagte angelsächsische Missionar des 8. Jahrhundert erst in Hessen eines besseren Erfolges freuen durfte, als er durch das Fällen der Donareiche den heidnischen Götterglauben erschütterte.

Seit der Urzeit und durch alle Epochen hindurch war der Mensch auf Holz angewiesen, es gab ihm Behausung, Wärme, Nahrung. Zu keiner Zeit konnte man auf diesen wertvollen Rohstoff verzichten. Die steinernen Zeugen der uns bekannten Hochkulturen hätten ohne Rüstholz und den nötigen Transportmitteln zu Wasser und Land nie entstehen können. So wurden für den Bau des Wiener Stephansdomes riesige Mengen an Hart- und Weichholz aus dem Triestingtal, Wienerwald, Salzkammergut, Attergau und sogar aus Münchner Wäldern geschlagen. Selbst eine der größten Errungenschaften der Menschheit, das Eisen, wäre ohne Holzfeuer unentdeckt geblieben.

Einer Schätzung aus dem Jahre 1956 zufolge sollte es ca. 10.000 Verwendungsmöglichkeiten für Holz geben. Mit Sicherheit sind seitdem weitere dazugekommen.

In Anbetracht dieser Fakten (mehr dazu in meinem Werkbuch „Kreatives aus Holz“) ist es nicht verwunderlich, dass sich der Heimwerker und in besonderer Weise der Schnitzer mit dem Werkstoff Holz beschäftigt.

Richtige Lagerung, Holztrocknung

Wer die Möglichkeit dazu hat, sollte sich ein Holzlager einrichten. Man benötigt lediglich ein paar Quadratmeter Grund, die sich auf Dauer bezahlt machen. Ideal ist eine ebene Schotterfläche, auf der man die

50 cm hohen Unterlagsklötze aus Beton oder stehendem Rundholz beliebig aufstellen und einrichten kann. Nach dem Ein- und Ausrichten der Klötze (mit Richtlatte und Wasserwaage) werden über jeweils zwei ein 10/10 cm Kantholz gelegt und die erste Lage Schnittware kann gestapelt werden. Die weiteren Lagen liegen auf trockenen Stapelleisten, die 100 cm lang sind und einen Querschnitt von 25/25 mm haben. Der Abstand der Stapelleisten zueinander soll nicht mehr als 200 cm betragen. Gleiche Längen und ein winkeliger Zuschnitt der Brettware sind anzustreben, was den Vorteil hat, dass man die Stapelleisten an den Hirnenden ganz außen positionieren kann. Damit wird dem Einreißen des Hirnholzes vorgebeugt. Eine weitere gute Möglichkeit gegen die Rissbildung des Hirnholzes ist das Aufleimen von Zeitungspapier mit Tischlerleim. Ein stirnseitiger Schutz des Stapels gegen direkte Sonneneinstrahlung ist ebenfalls vorteilhaft. Ganz wesentlich ist eine solide Eindeckung mit einem ausreichenden Vorsprung (keine Kunststoffplanen). Soweit möglich, sollte der Stapel frei und quer zur Hauptwindrichtung stehen. Schnittholz sollte zwecks Vorbeugung von Schädlingsbefall vor dem Stapeln unbedingt entrindet werden.

Als Faustregel für die natürliche Holztrocknung gilt: Hartholz braucht zwei Jahre für einen Zentimeter Holzdicke, damit es als lufttrocken gilt. Beim Trocknen von Weichholz verringert sich die Trockenzeit auf die Hälfte. Eine Endfeuchte von unter 15 % Holzfeuchte ist in jedem Fall anzustreben. Trocknungsverlauf und Trocknungsgrad werden von Temperatur und Klima des Standortes bestimmt, weshalb sie sehr unterschiedlich sein können. Zur Beobachtung und Kontrolle natürlicher oder künstlicher Holztrocknung ist der Einsatz eines Holzfeuchte-Messgerätes unerlässlich. Dasselbe gilt beim Kauf vermeintlich trockener Schnittware.

Neuerdings sind preisgünstige, elektrische Holztrocknungsgeräte am Markt, die es dem Handwerker ermöglichen, sein Wertholz selbst zu trocknen. Den Trocknungsprozess übernimmt dabei eine elektronische Steuerung (Temperatur, Luftfeuchte). Die eigentliche Trockenkammer besteht je nach Leistung des Gerätes aus einem isolierten Spanplattenkasten oder einer Kiste, welche beide leicht selbst angefertigt werden können. Auf schonendes Trocknen ist zu achten. Künstlich getrocknetes Holz hat den großen Vorteil, dass es von Holzschädlingen nicht mehr befallen wird.

Lagerung von Holz – so wird's gemacht!

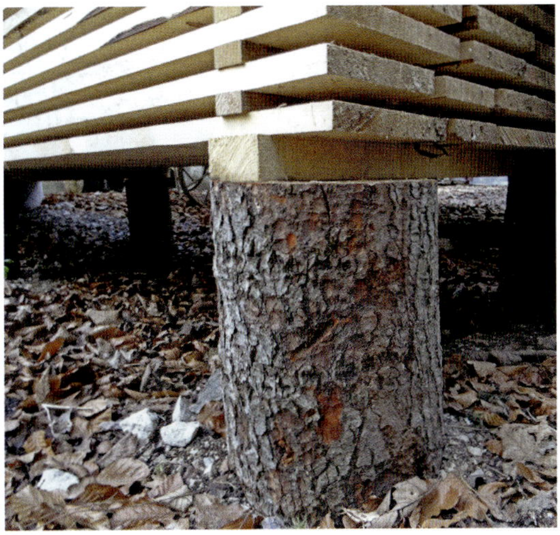

Holzstock als Unterbau

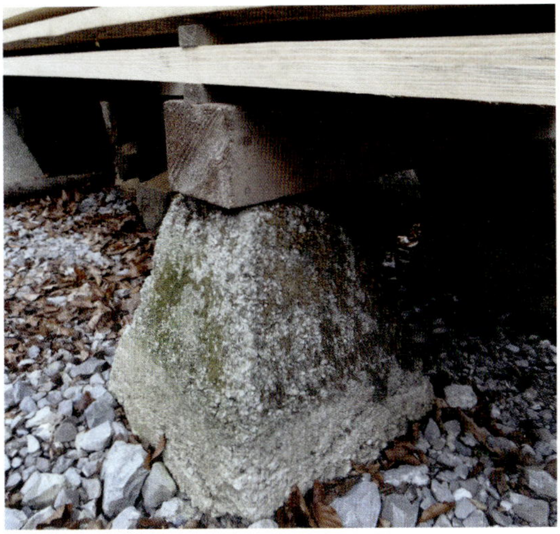

Unterlagsklotz aus Beton, Kantholz 10/10 cm, Stapelleisten

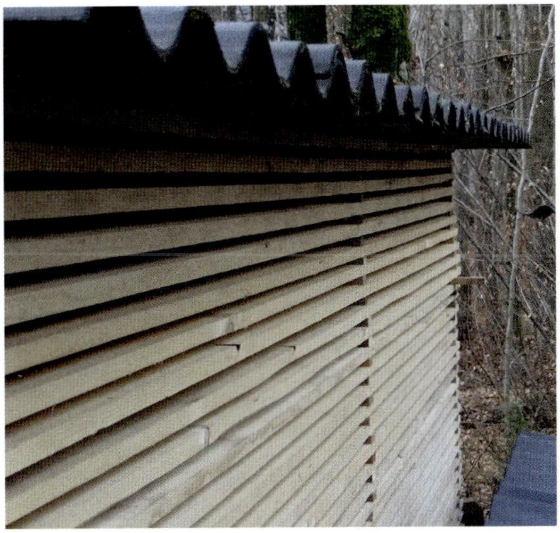

Eine solide Eindeckung mit ausreichendem Vorsprung.

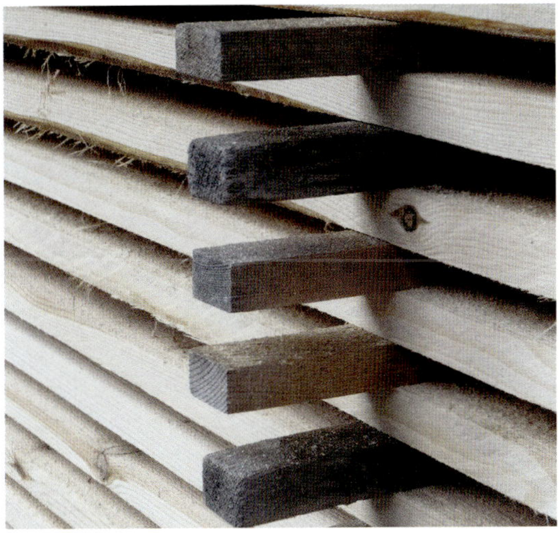

Die Stapelhölzer müssen genau übereinander liegen.

Lagerung von Holz – häufige Fehler!

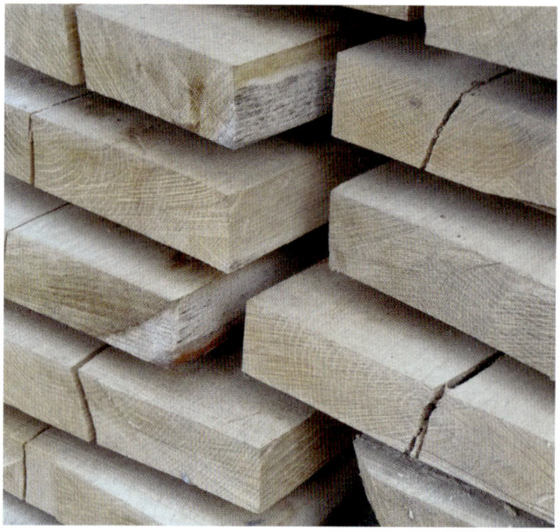

Verabsäumte Vorsorge – Trockenrisse im Eichenstapel

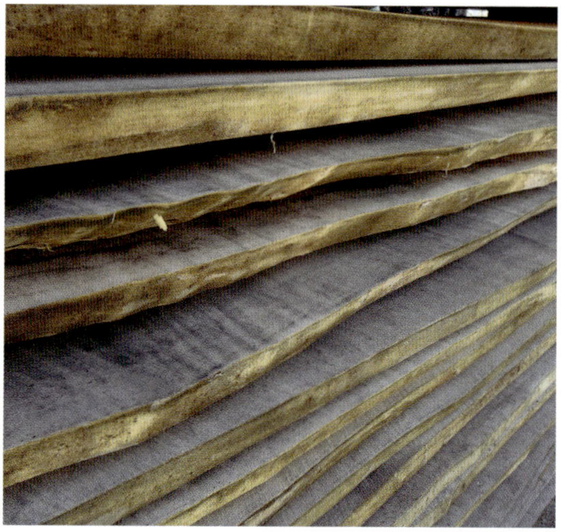

Wertverlust: Durch Schlagregen vergraute Ahornbretter

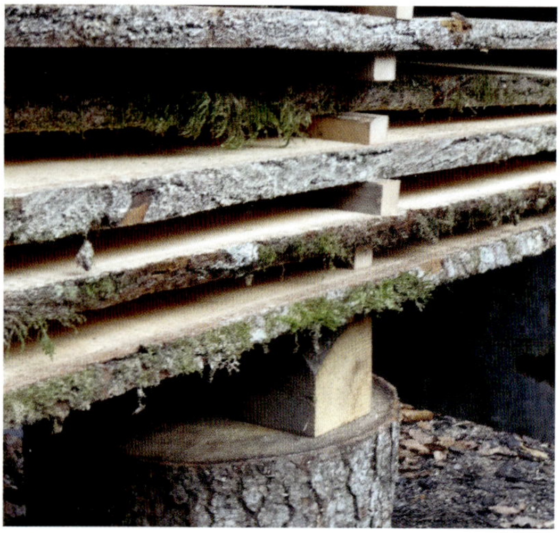

Eine Brutstätte für Holzschädlinge: Lindenbretter mit moosbewachsener Rinde

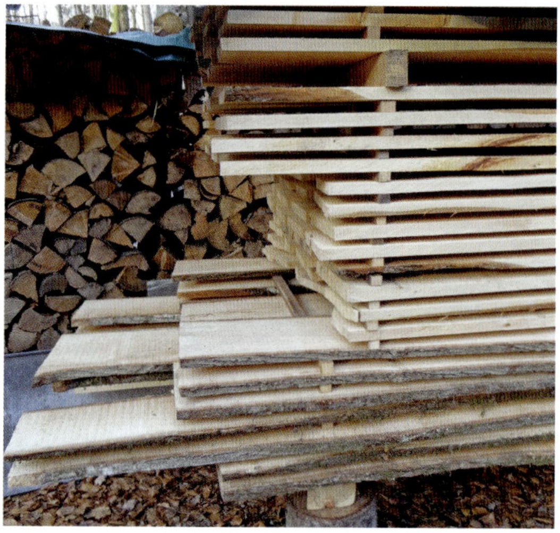

So soll es nicht sein: Ein Lindenstapel mit Rinde, ungleichen Längen und laienhafter Stapelung (Stapelleisten liegen nicht übereinander)

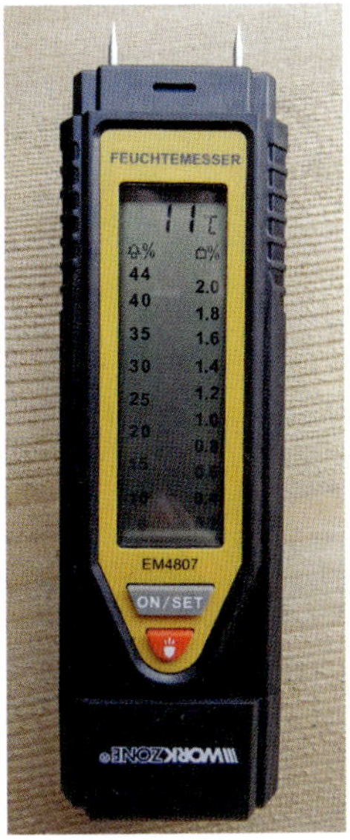

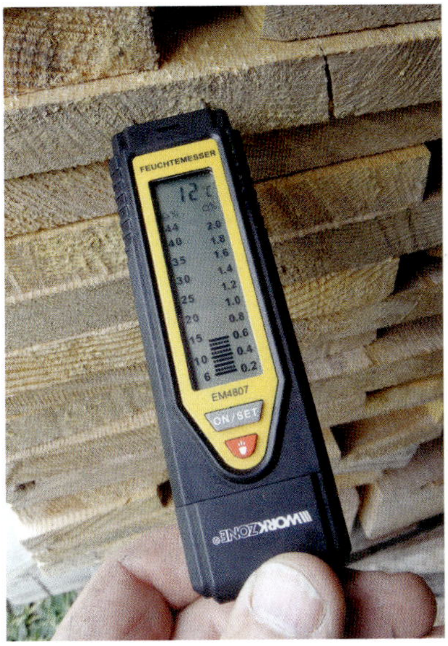

Ein preisgünstiges digitales Feuchtemessgerät – an mehreren Stellen des Stapels wird gemessen (Messwert: 14 %).

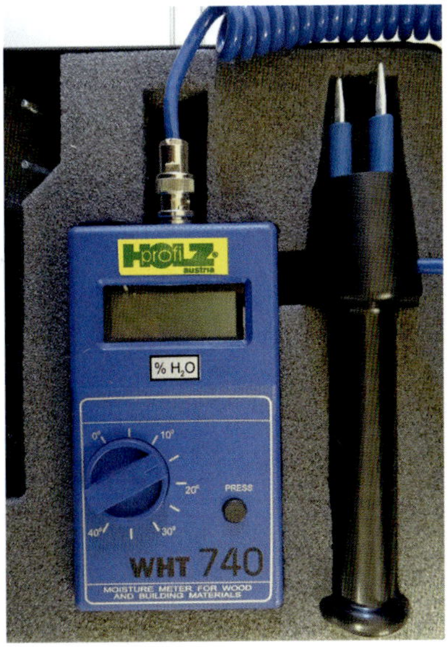

Ein professionelles Gerät hat geringe Messtoleranzen.

Das Holz arbeitet

Als luftrockenes Holz bezeichnet man Holz mit einem Feuchtigkeitsgehalt von ca. 15 %. Beim Trocknen schrumpfen die Zellen zusammen und bei zunehmender Luftfeuchtigkeit nehmen sie dementsprechend zu bzw. sie dehnen sich aus. Dieses Quellen und Schwinden des Holzes macht sich durch Werfen und Reißen bemerkbar (siehe Kapitel „Die Holztrocknung"). Holz schwindet durchschnittlich in Richtung der Jahresringe bis zu 10%; im rechten Winkel, also in Richtung Stammkern, nur 5%. Die Schwundmaße sind bei den verschiedenen Holzarten sehr unterschiedlich. Buche z. B. schwindet doppelt so stark wie Eiche. Der Längsschwund ist dagegen so geringfügig, dass man ihn vernachlässigen kann.

Welche Holzarten bevorzugt der Schnitzer ?

Linde, Erle, Fichte, Zirbe, Ahorn, Eiche, Eibe, Buchsbaum und alle Obstbaumhölzer ...

Merke!

Beim Kerbschnitzen mit Bildhauereisen spielt die Härte des Materials keine Rolle, sehr wohl aber beim Arbeiten mit dem Kerbschnitzmesser.

Linde

Weißlich-gelb, ruhige Oberfläche; weich; gleichmäßig; lässt sich nach allen Richtungen gut schneiden.

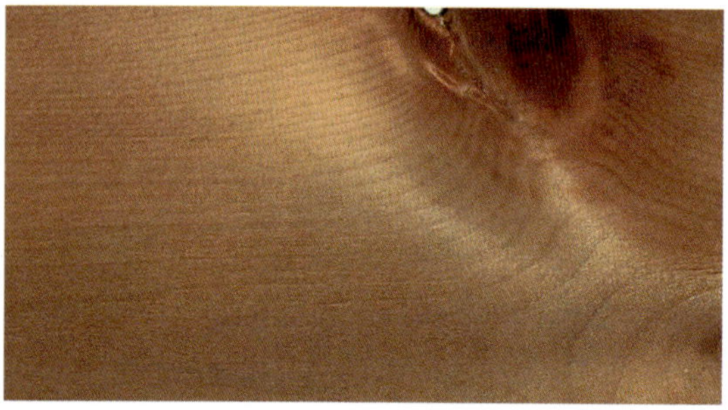

Zirbe

Gelblich bis rötlich; deutliche Zeichnung; ähnliche Eigenschaften wie Linde, jedoch weicher. Äste stören nicht, angenehmer Geruch.

Erle

Gelb bist rostrot; etwas härter als Linde, gleichmäßiges, dichtes Gefüge, schwindet stark.

Ahorn
Seidig-weiße Oberfläche, kaum sichtbare Maserung; hart, für präzise Schnitzereien geeignet.

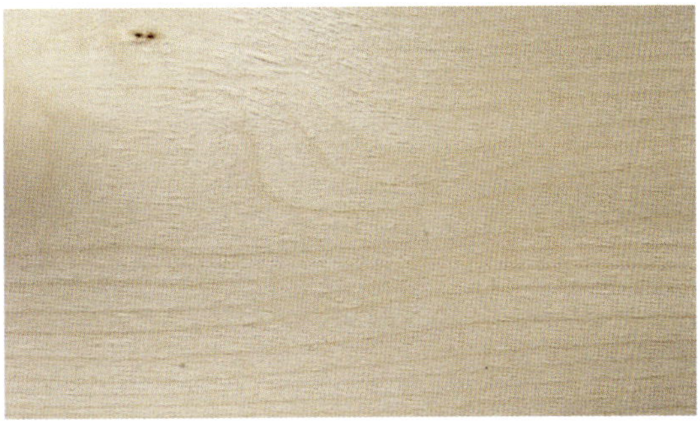

Birnbaum
Zunächst rötlich-braun, dunkelt aber zu reinem Braun nach, feinporig, gleichmäßig; hart, aber dennoch gut schnitzbar.

Fichte
Seidig weiß bis gelblich, dunkelt braun nach; ausgeprägte Struktur, harte Jahresringe dazwischen, langfaserig und spröde. Nur für großflächige Motive (Decken, Säulen, Balken) geeignet.

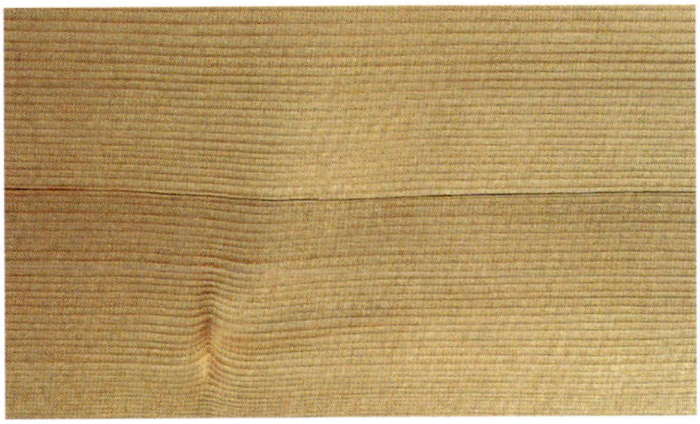

Tanne
Zum Kerbschnitzen nicht so gut geeignet.

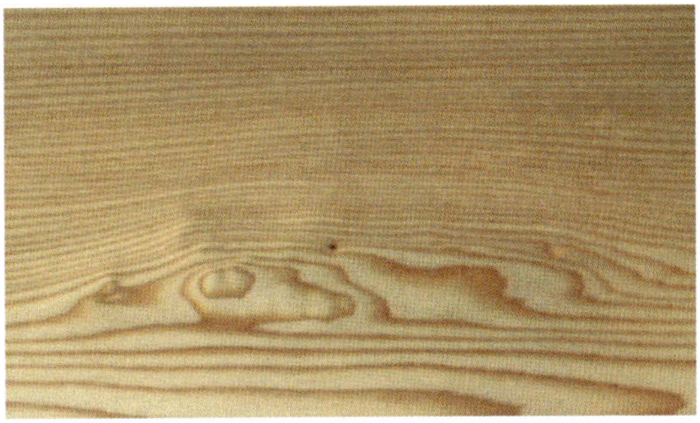

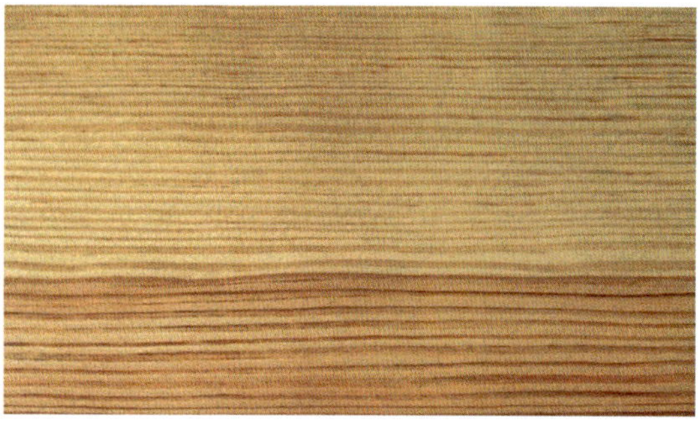

Kiefer
Zum Kerbschnitzen nicht so gut geeignet.

Eiche
Gelblichgrün bis braun, dunkelt nach; grobporig, hart, äußerst wetterbeständig. Der Splint ist minderwertig und soll deshalb nicht mitverarbeitet werden. Kontakt mit Eisen ergibt wegen des Gerbsäuregehaltes von Eichenholz eine Schwarzfärbung.

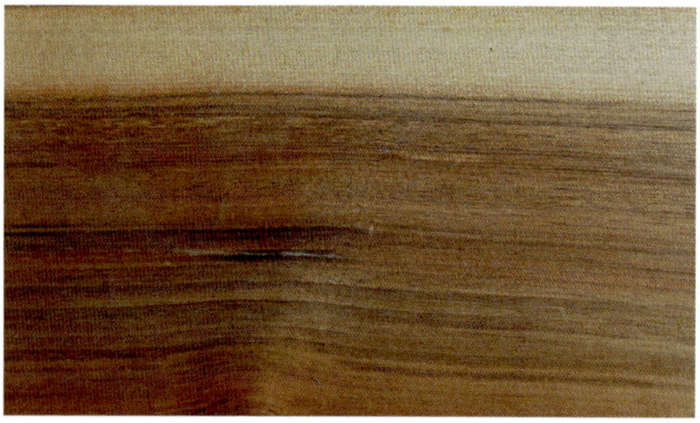

Nussbaum
Weißgelb bis tiefschwarz; ausgeprägte Struktur und Farbenvielfalt; feinporig, mittelhart; lässt sich sehr gut bearbeiten.

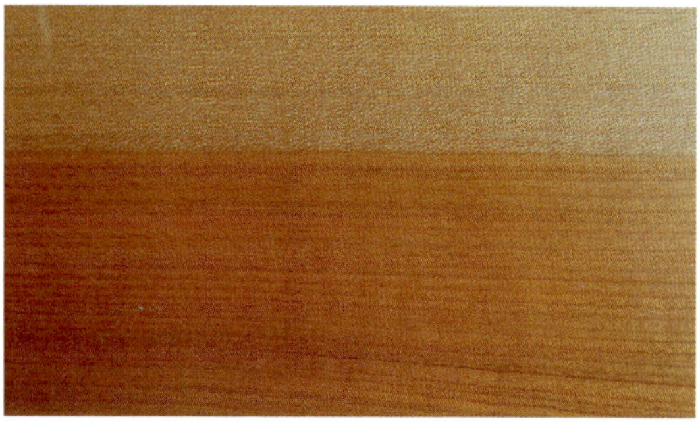

Kirsch
Hellgelb bis rotbraun, gestreift; warmer, zarter Glanz; kräftige Maserung; gleichmäßiges Gefüge; hart.

Buchsbaum

Hellgelb, fast ohne Zeichnung; sehr dicht, sehr hart; nur in kleinen Dimensionen erhältlich, für kleine kostbare Arbeiten und kaum durch ein anderes Material zu ersetzen.

Diese Aufzählung der zum Schnitzen geeigneten Holzarten ist nicht vollständig, aber ein Schnitzer soll auch seine eigene Erfahrung beim Arbeiten mit Holz machen, denn jeder schneidet anders und mancher findet mit der Zeit seinen ganz persönlichen Zugang zu (s)einer Holzart.

Baum	Raumgewicht	
	frisch	lufttrocken
Linde	0,75	0,45
Zirbe	0,58	0,37
Erle	0,96	0,48
Ahorn	0,70	0,61
Birnbaum	0,95	0,60
Fichte	0,75	0,45
Tanne	0,93	0,55
Kiefer	0,86	0,48
Eiche	0,95	0,75
Nussbaum	0,90	0,65

Die erforderlichen Werkzeuge

Für das Kerbschnitzen benötigt der Anfänger einen Satz von sechs bis acht Bildhauereisen; nach und nach ergänzt man sein Werkzeug, je nach Art der Schnitzerei. Holzbildhauer haben 50 bis 70 Eisen. Sachgerechte Pflege und Aufbewahrung des Werkzeuges sollten selbstverständlich sein.

Die Grundausstattung: Werkzeug und Hilfsmittel

Ein **kompletter Werkzeugsatz zum Kerbschneiden** (von links nach rechts): Gerades Balleisen, schräges Balleisen, 2 Flacheisen, 2 Hohleisen, Hohlbohrer und Gaißfuß

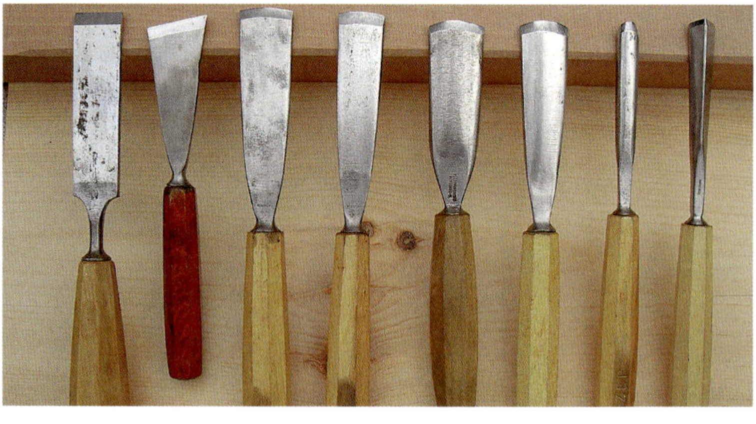

Verschiedene **Bildhauereisen für Flachschnitte, Reliefs** usw.: Hohleisen, gerade Form der Klinge und gebogene Form, Kerbschnittmesser, gekröpfte Formen

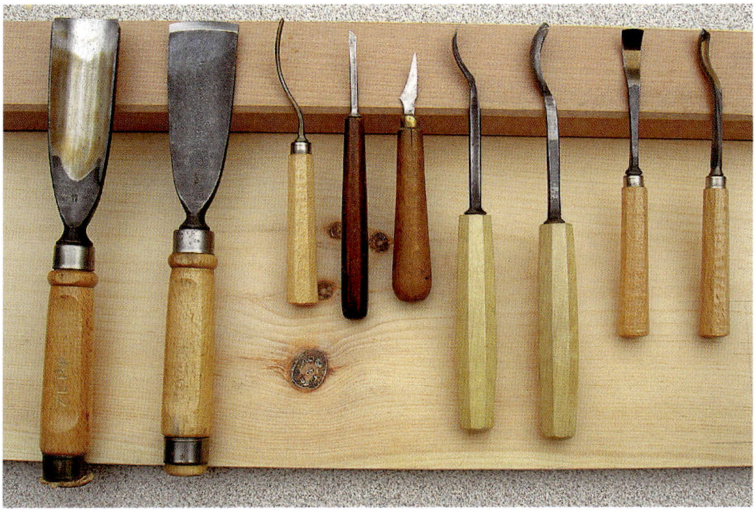

Werkzeuge für Relief und Flachschnitt

An **Hilfsmittel** braucht man auf jeden Fall zwei Schraubzwingen mit Zulagen (wenn keine Hobelbank zur Verfügung steht), Winkelhaken, Meterstab und Bleistift, einen Holzhammer oder wie hier im Bild einen Holzknüpfel.

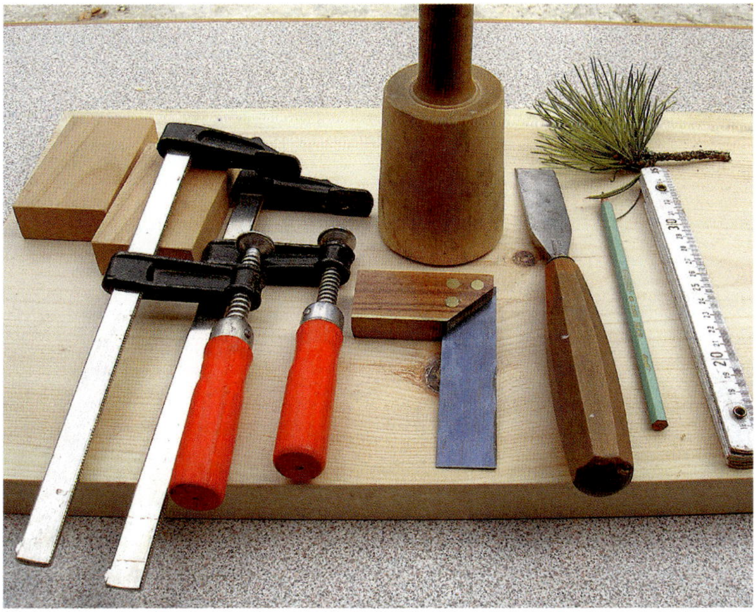

Hilfsmittel für den Schnitzer

Das Schärfen der Schnitzeisen

Voraussetzung für eine gute Schneide ist ein feiner, sauberer Schliff auf dem Schleifbock oder mit Naturschleifstein. Durch die runde Schleifscheibe wird die Fase etwas hohl und durch den Hohlschliff lässt sich das Werkzeug schneller abziehen, wird aber auch schneller stumpf. Der Durchmesser der Schleifscheibe soll mindestens 150 mm betragen, der Schneidenwinkel zwischen 25 und 30° sein.

Der richtige Winkel: 25–28°

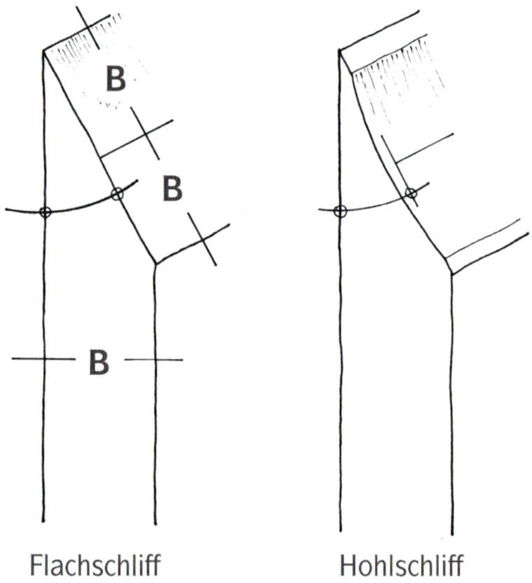

Der richtige Flach- und Hohlschliff

Faustregel

Fasenbreite = 2 mal Dicke des Eisens

Zu schlank geschliffene Schneiden werden schneller stumpf und schartig.

Grundsätzlich wird nur die Fase geschliffen, niemals die Spiegelseite, und es wird gegen die Laufrichtung der Schleifscheibe geschliffen. Der **Nassschliff** ist dem Trockenschliff vorzuziehen. Eine durch die Schleifwärme blau angelaufene Schneide ist unbrauchbar! Beim Schleifen auf dem Schleifband (hier entsteht Flachschliff) ist durch die geringe Spanabnahme und die hohe Reibungswärme besondere Vorsicht geboten.

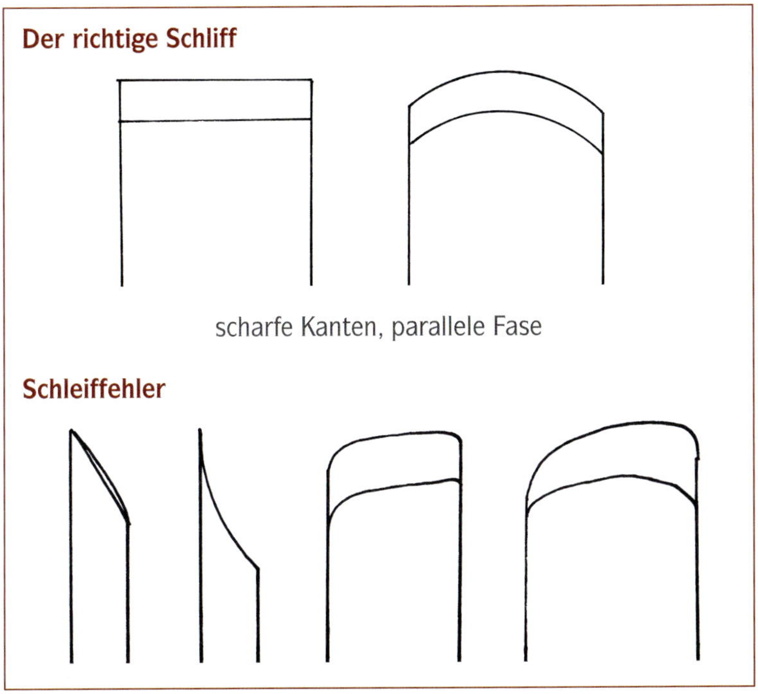

Der richtige Schliff und mögliche Schleiffehler

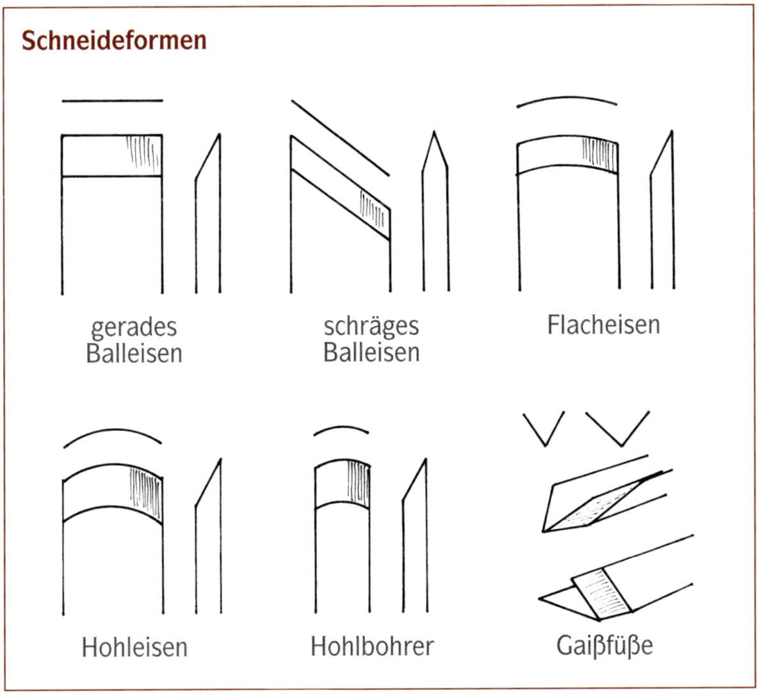

Unterschiedliche Schneidformen – je nach Werkzeug

Das **Abziehen** der Schneide kann händisch oder maschinell erfolgen. Im Gegensatz zum Tischler führt der Bildhauer den Abziehstein mit kreisender Bewegung abwechselnd über Fase und Spiegel, bis kein „Faden" spürbar ist.

Man kann sowohl Wasser als auch Maschinenöl oder ein Öl-Petroleum-Gemisch als Schleifzusatz verwenden.

Händisches Abziehen

- Natur-Abziehsteine: Belgischer Broken, Gosauer Sandstein, Arkansas
- synthetische Abziehsteine: Formsteine in verschiedenen Körnungen, z. B.: Tyrolit „Superglanz" K = 1200

Maschinelles Abziehen

- Synthetische Abziehscheibe (Elastic-Scheibe)
- Filzscheibe unter Verwendung von Polierwachs
- Lederband mit Polier- oder Schwabbelwachs

Merke!

Niemals gegen die Schneide abziehen!
Drehrichtung nie gegen die Schneide (Unfallgefahr)!

Zum Abziehen feinster Schneiden empfiehlt es sich, ein Stück Sohlenleder zu verwenden, auf das man feinste Polierpaste aufträgt.

Tipps zum Schärfen der Schnitzwerkzeuge

Der **Nassschliff** auf dem **Gosauer Schleifstein** ist die schonendste Schleifmethode (Drehrichtung mit der Schneide) und vorteilhaft beim Anschleifen neuer Werkzeuge. Trotz hoher Schleifleistung erwärmt sich die Schneide nicht.

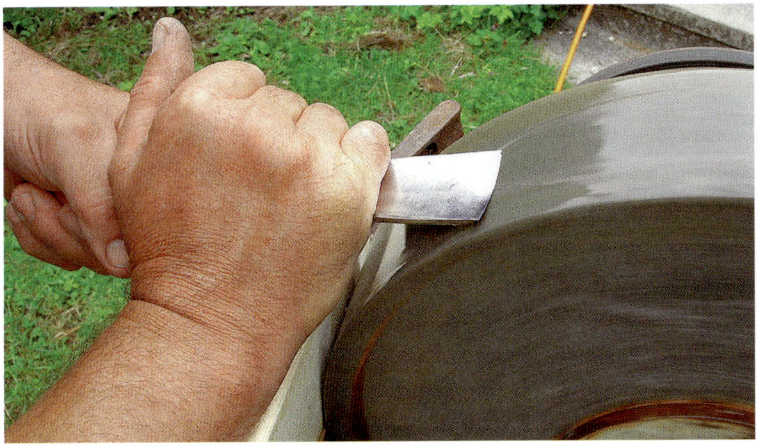

Nassschleifen auf Gosauer Schleifstein

Schneller geht es auf dem **Schleifbock**, hier mit einer Edelkorund-Schleifscheibe (Drehrichtung gegen die Schneide).

Achten Sie auf den richtigen **Zuschärfwinkel**! Stützen Sie eine Hand auf einer Auflage ab, mit der anderen führen Sie das Eisen. Nützen Sie die ganze Schleifscheibenbreite, damit keine Unebenheiten am Scheibenrand entstehen.

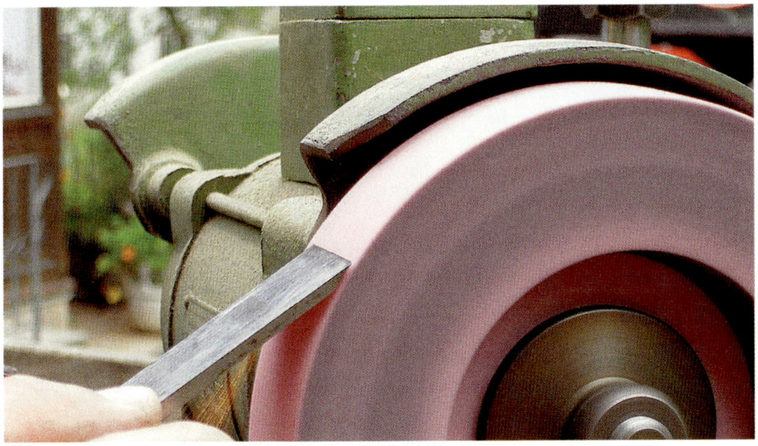

Die Edelkornung-Schleifscheibe wird in Drehrichtung entgegen der Schneide verwendet.

Schleifkörper müssen öfters **abgerichtet** werden – dies geschieht am besten mit einem Fliesenrutscher (Siliziumkarbid).

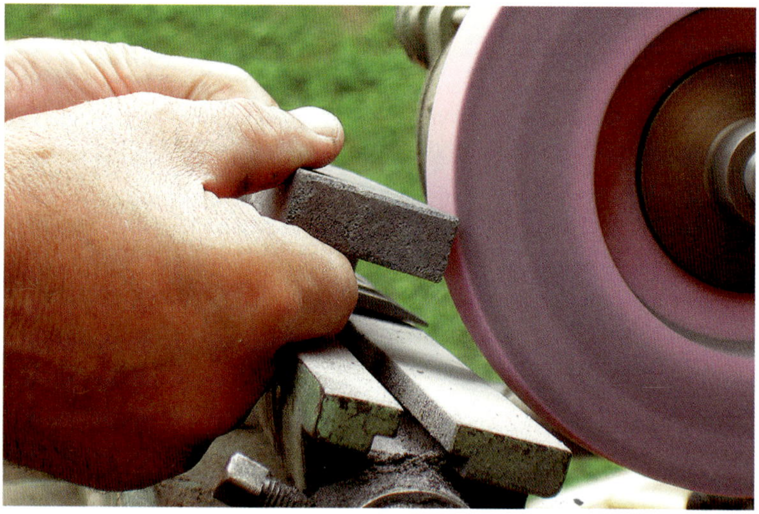

Mit den Fliesenrutschern wird der Schleifkörper abgerichtet.

Das Schleifen eines **Hohleisens** auf dem **Schleifband** erfordert etwas mehr Geschick.

Vorsicht: Die Schneide erwärmt sich sehr rasch, mehrmaliges Abkühlen ist notwendig.

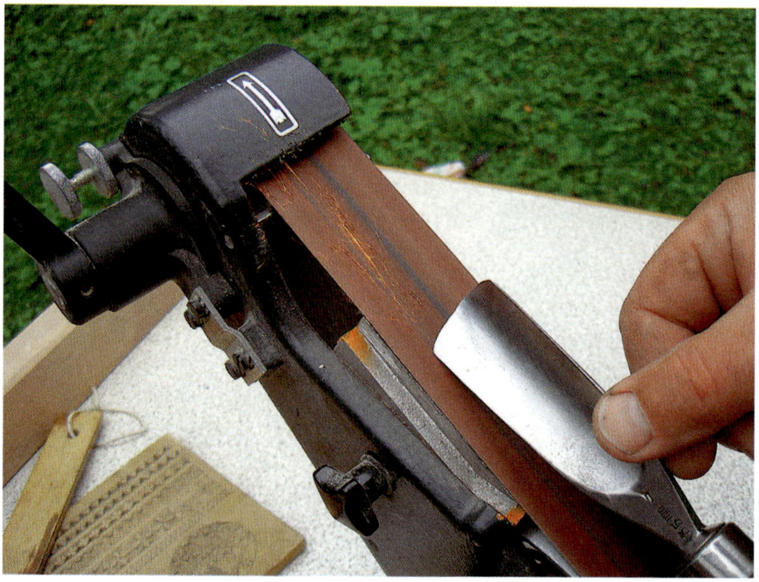

Beim Schleifen mittels Schleifband ist mehrmaliges Abkühlen notwendig.

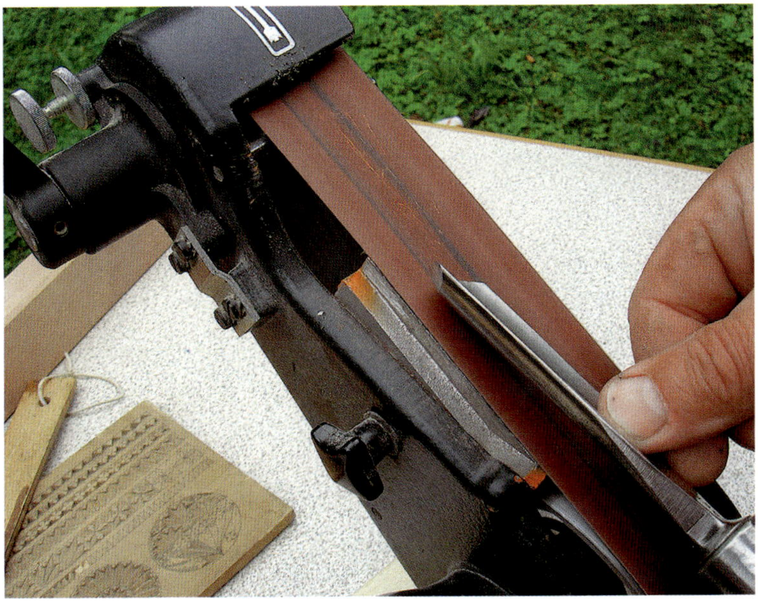

Beim Schleifen eines Hohleisens wird dieses gleichmäßig hin und her gedreht.

Das Schliffbild der Fase muss ohne Facetten sein und darf keine „Schatten“ zeigen. Die Riefen des Schleifkorns sind hier deutlich zu sehen.

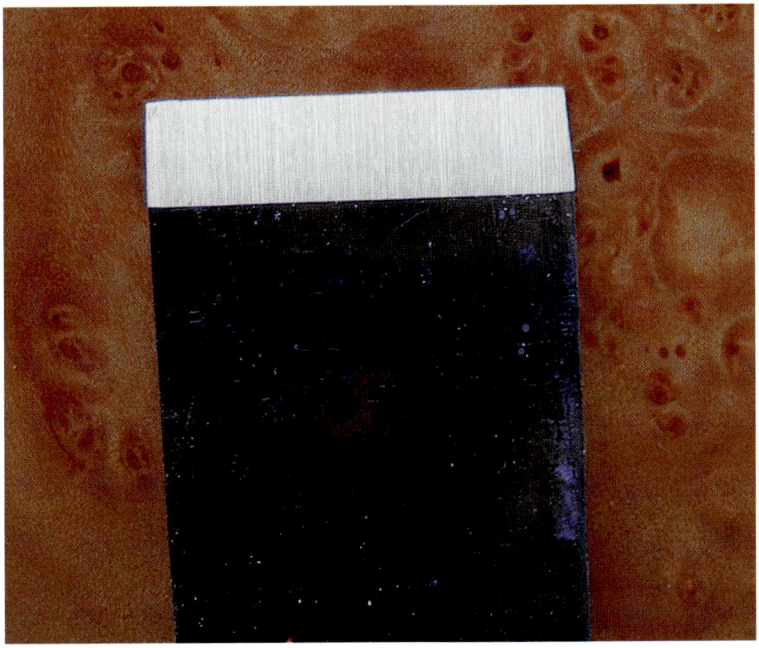

Schliffbild mit Riefen – diese werden beim Abziehen beseitigt.

Für den richtigen Schliff das richtige Material: Edelkorund rosa (88A) und Edelkorund weiß (89A).

Normalkorund ist für den Werkzeugschliff ungeeignet!

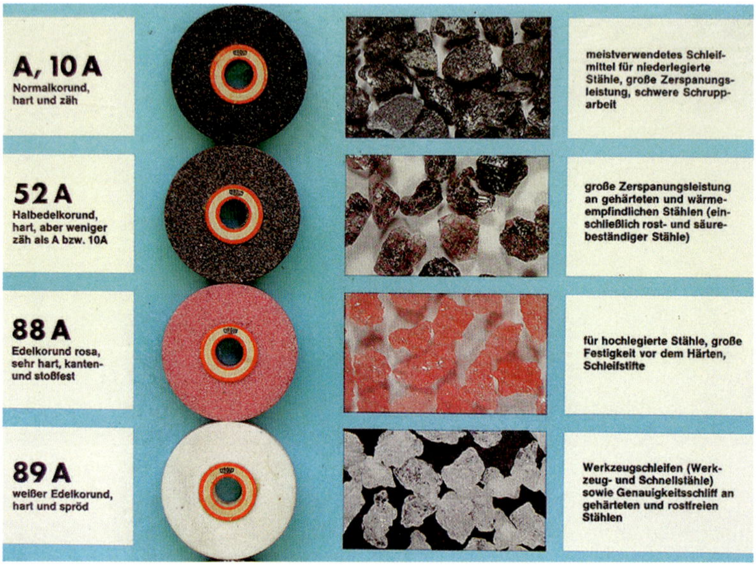

Nicht alle Schleifsteine sind für den Werkzeugschliff geeignet.

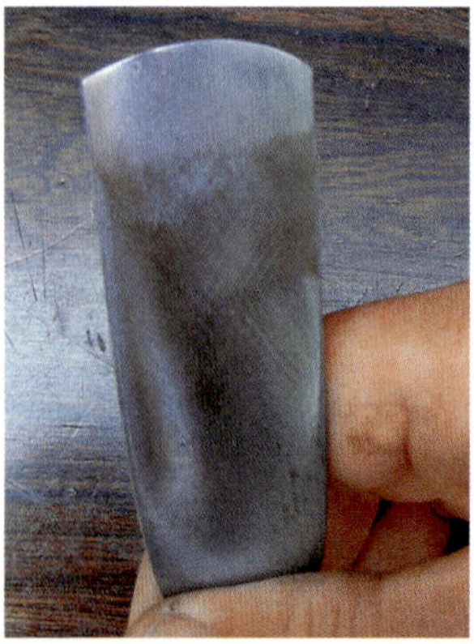

Nach dem Abziehen sollten keine Schleifriefen mehr erkennbar sein.

Durch verschiedene Abziehmethoden werden die Schleifriefen egalisiert und die Schneide bekommt eine polierte Oberfläche, ähnlich einem Rasiermesser (siehe Abb. links).

Eine **Alternative** zu den **Schleifscheiben** ist die **CBN-Schärfscheibe**. Dieser verschleißfreie Schleifkörper besteht aus Stahl, der am Umfang und an den Flanken mit feinem CBN-Korn (Cubisches BorNitrid) bestückt ist.

Die Vorteile dieses neuen Schleifmittels sind:

1. CBN hat eine Härte von 5.600 kg pro mm^2 und ist somit fast so hart wie Diamant (7.000 kg/mm^2),
2. Das händische Schleifen ist absolut ungefährlich,
3. Die unbegrenzte Standzeit (Lebensdauer)
4. Es gibt kein „Verbrennen“ (Bläuung) der Schneide
5. Der ruhige Rundlauf (bei einem Durchmesser von 200 mm beträgt die maximale Drehzahl 1.500 Umdrehungen pro Minute)

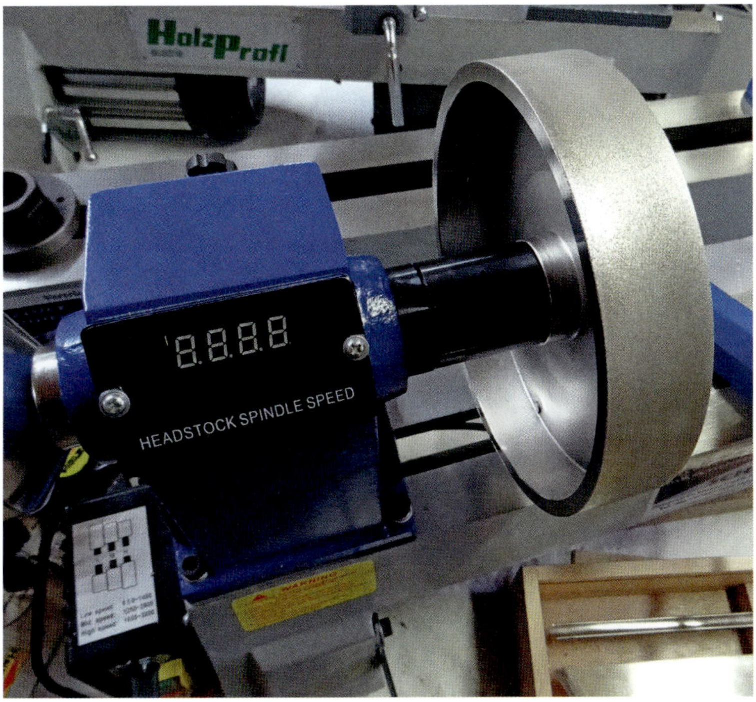

Die verschleißfreie CBN-Schärfscheibe, hier auf einer Drechselbank montiert, lässt sich auch auf jeden Schleifbock spannen.

Für das händische Abziehen stehen zur Auswahl: Synthetische Formmeißelsteine, Diamantabziehstein, Gosauer Sandstein, der „Superglanz"-Abziehstein mit feinstem Korn eines österreichischen Herstellers und der Belgische Broken.

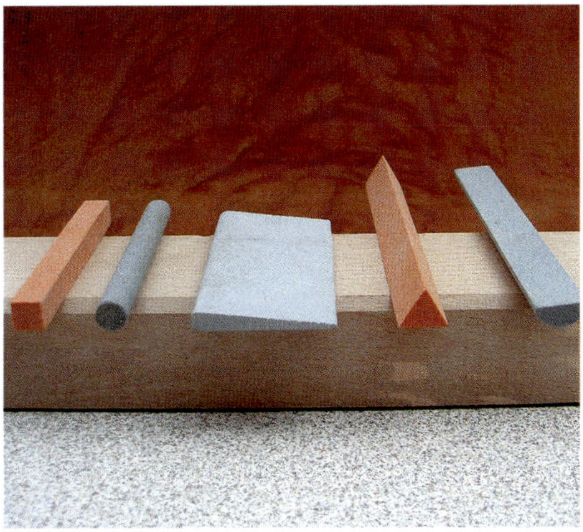

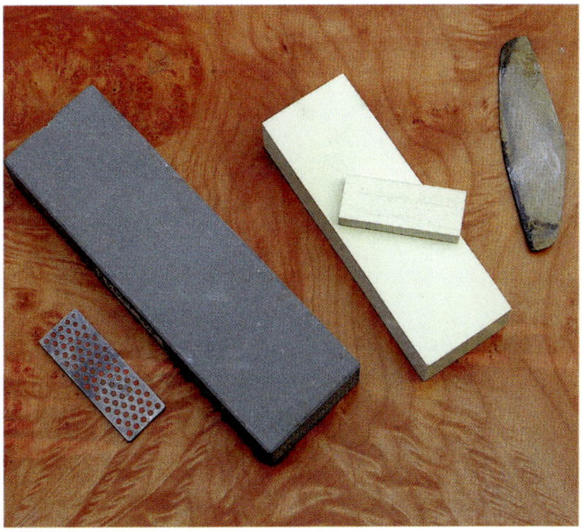

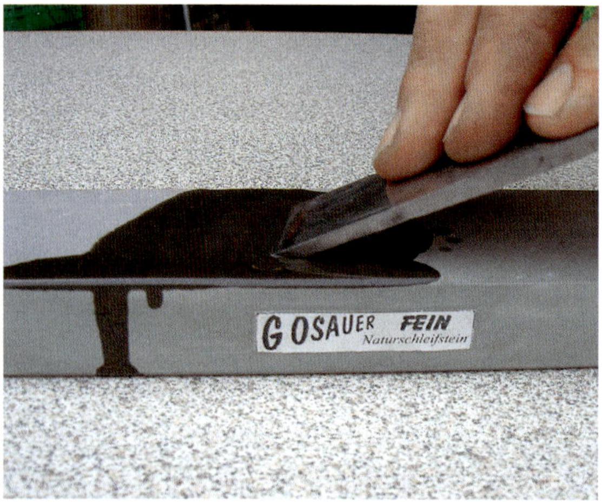

Die folgenden Bilder zeigen die **richtige Handhaltung** und die **Verwendung verschiedener Abziehsteine:**

Das Abziehen eines Balleisens auf dem **Gosauer Abziehstein**.

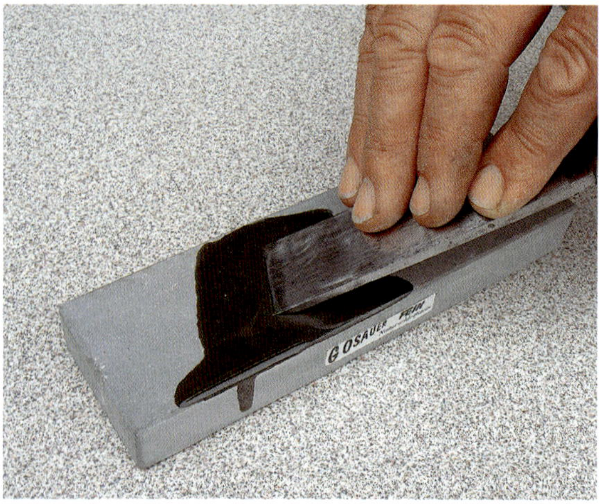

Die **Verwendung von Schleifflüssigkeit**, wie Wasser, Maschinenöl oder ein Gemisch aus Öl und Petroleum, schont den Stein, ergibt eine feinere Schneide und erleichtert den Abziehvorgang.

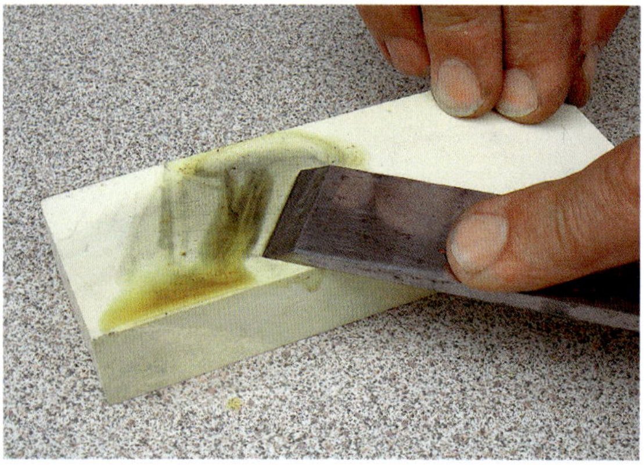

Auf dem synthetischen Abziehstein sieht man die deutliche **Verfärbung des Schleiföls**.

Das ist ein Beweis, dass bereits feinstes Material von der Schneide abgetragen wurde.

Beim **Abziehen gekrümmter Schneiden** führt der Schnitzer den Abziehstein in kreisender Bewegung über die Schneide.

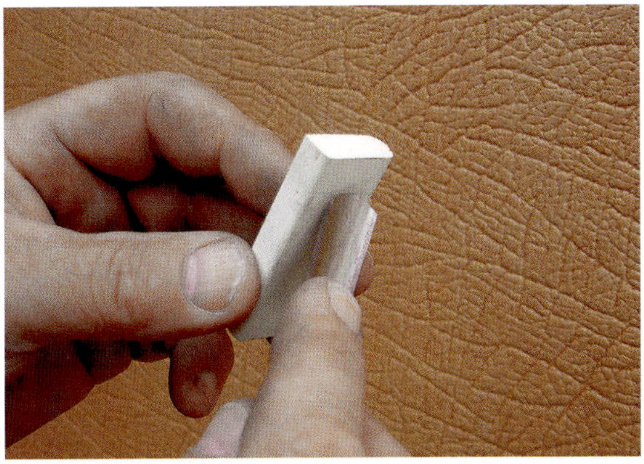

Feinste Schneiden werden mit diesem synthetischen Abziehstein erreicht (Korn 1200!).

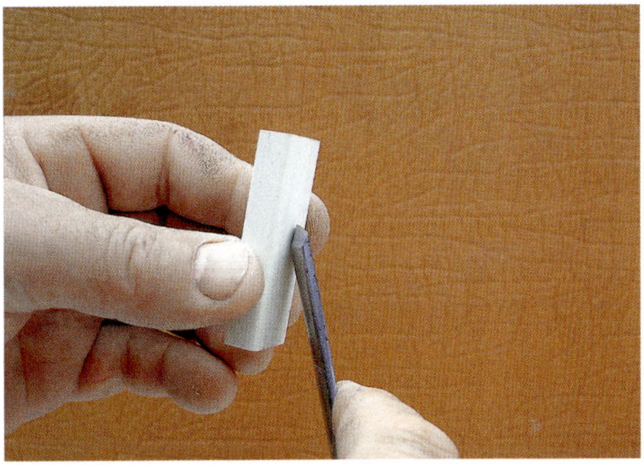

Für die **gekrümmte Spiegelfläche** ist ein entsprechend profilierter Abziehstein notwendig.

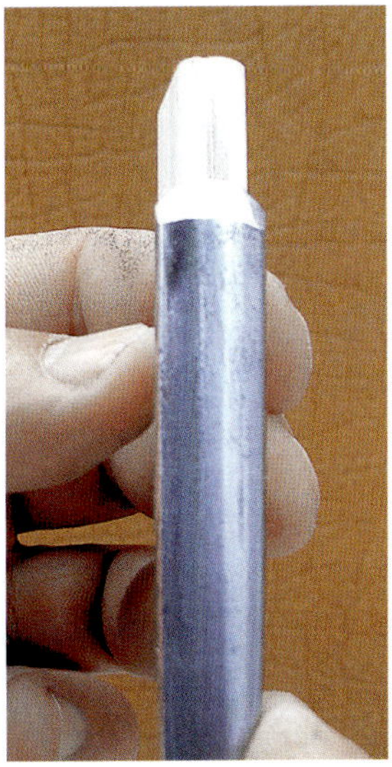

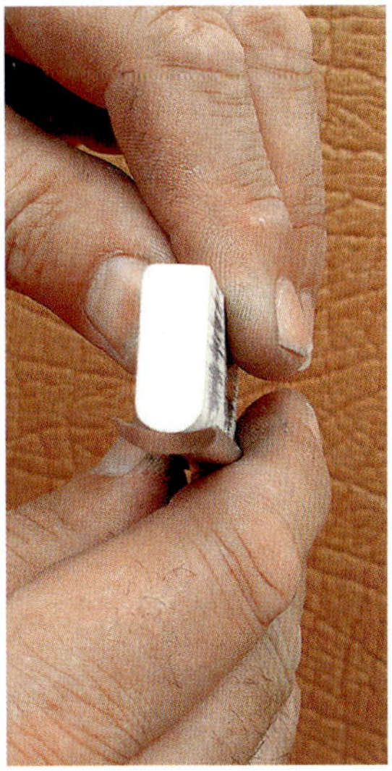

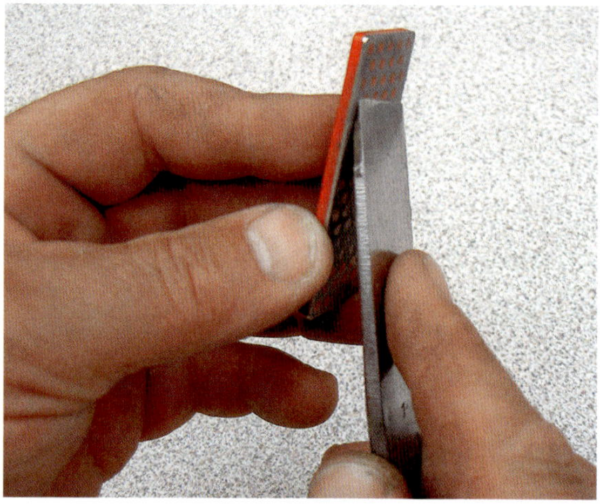

Der **richtige Zuschärfwinkel** darf nicht verändert werden! Auf der Abbildung links wird ein diamantbesetzter Abziehstein verwendet.

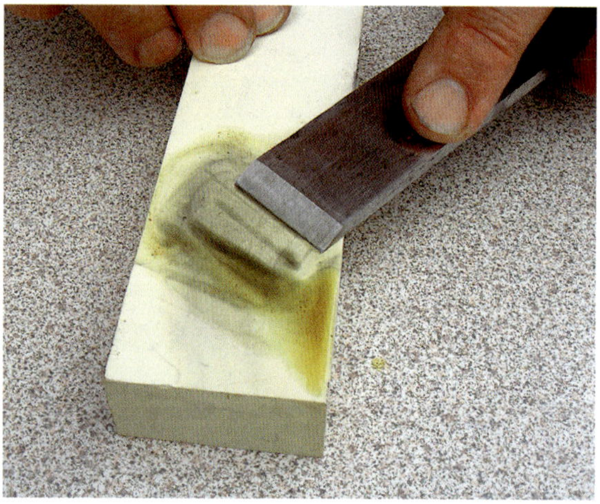

Die Spiegelfläche darf nur mit **Abziehsteinen feinster Körnung** behandelt werden.

Beim Abziehen der Spiegelfläche ist darauf zu achten, dass der Abziehstein absolut eben ist und der Spiegel satt aufliegt.

Der **Gaißfuß** ist besonders heikel zu behandeln!

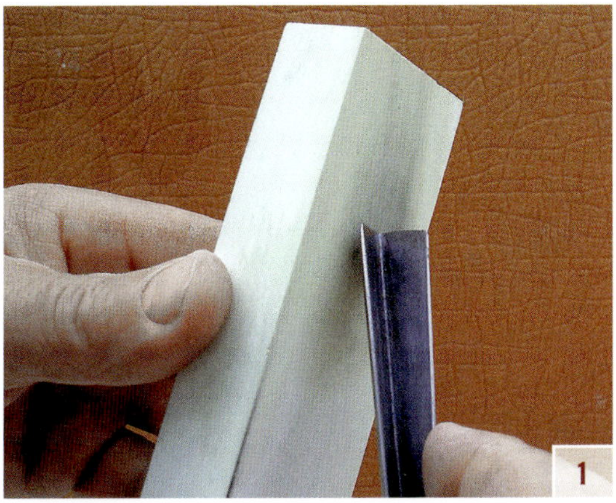

1

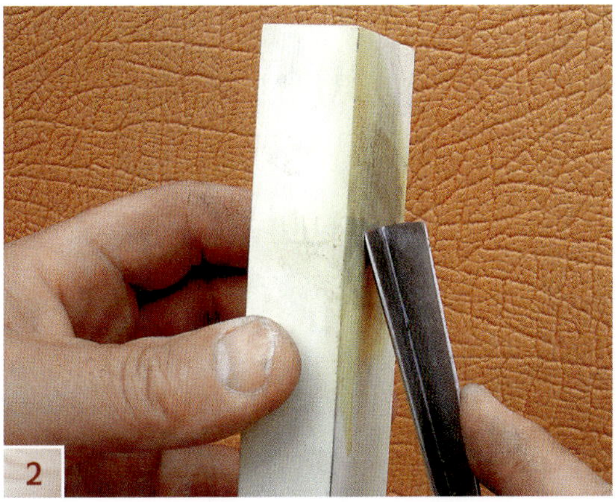

2

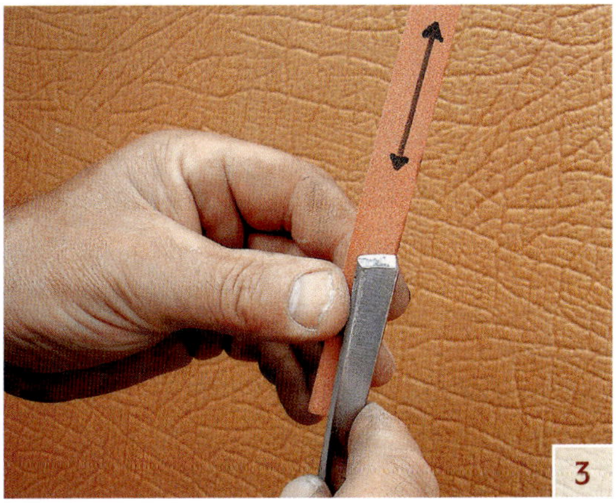

3

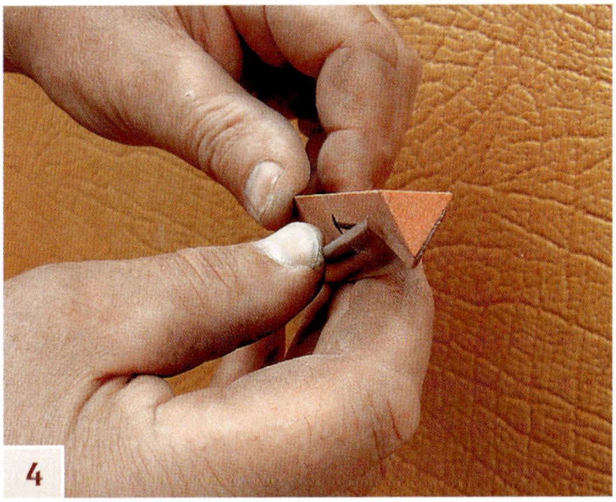

4

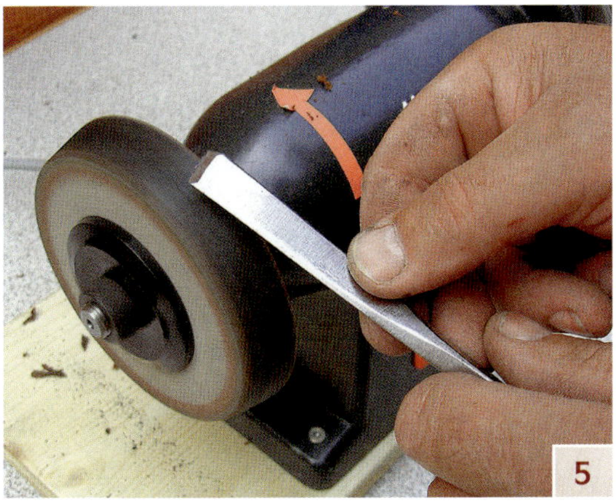

5

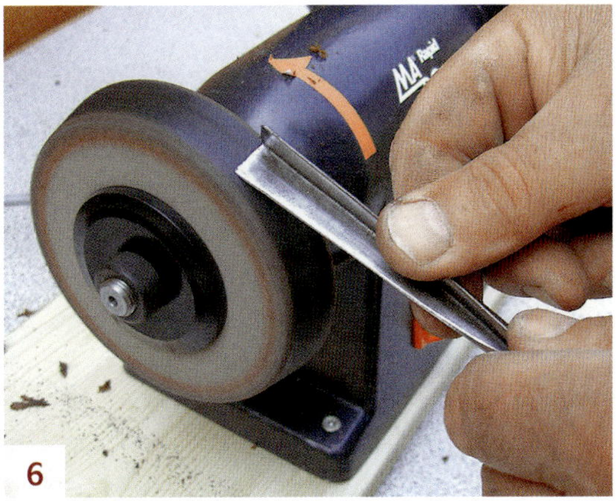

6

Mit der **Elastikscheibe** (fälschlich auch als Gummischeibe bezeichnet) lassen sich in kürzester Zeit feinste Schneiden abziehen.

> **Merke!**
>
> **Auf die Drehrichtung achten! Niemals gegen die Schneide abziehen – Unfallgefahr!**

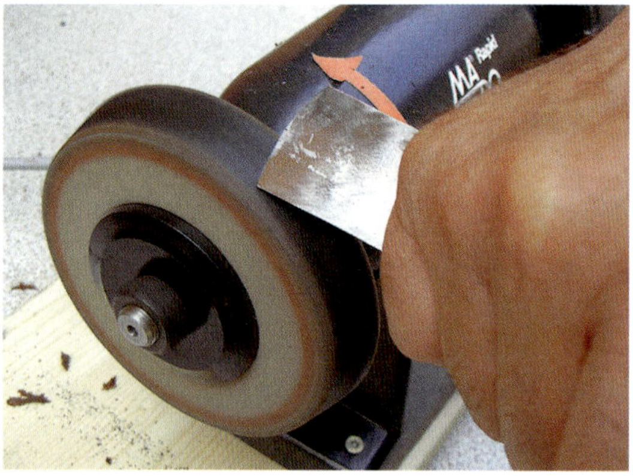

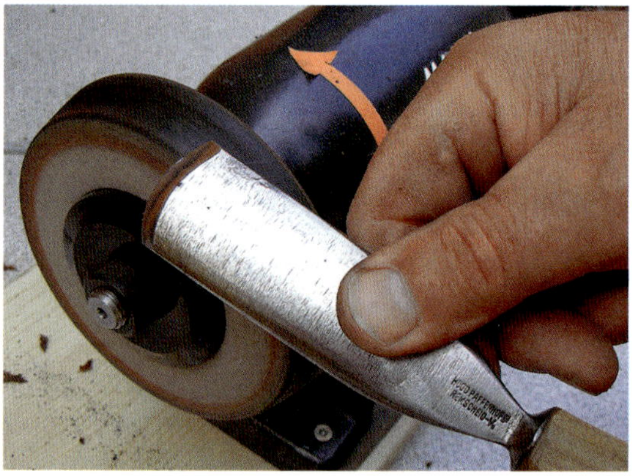

Anstelle eines **Schleifbandes** lässt sich auf dieser Schleifmaschine ein **Lederband** aufspannen, auf dem Schwabbelwachs oder Polierpaste aufgetragen wird.

Auch beim **maschinellen Polieren** mit dem Lederband darf der Schneiden- oder Zuschärfwinkel nicht verändert werden.

Das **Hohleisen** wird nur nach rechts und links verdreht, der Zuschärfwinkel bleibt konstant.

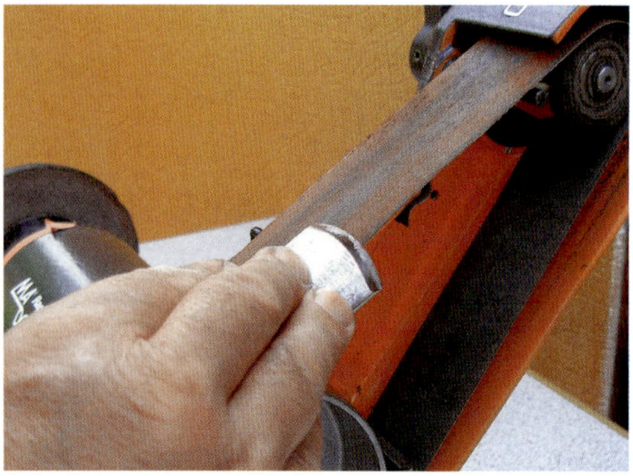

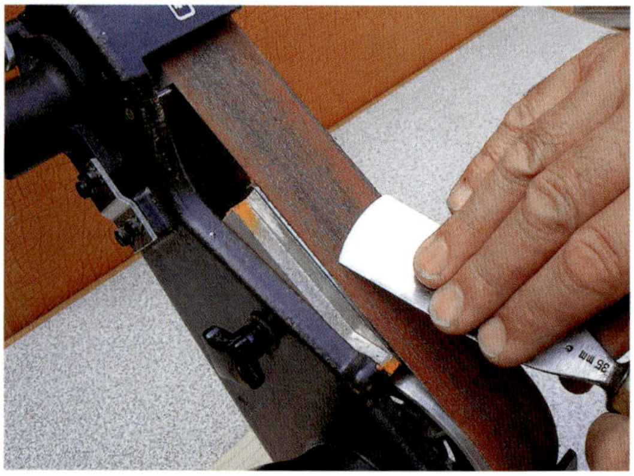

Dem Bildhauer kann eine Schneide nie fein genug sein, dazu braucht er **Schwabbel- oder Polierpasten** jeweils grob (rot) und fein (gelblich bzw. schwarz), in fester oder pastöser Form und ein Stück **Sohlenleder** (im unteren Bildrand).

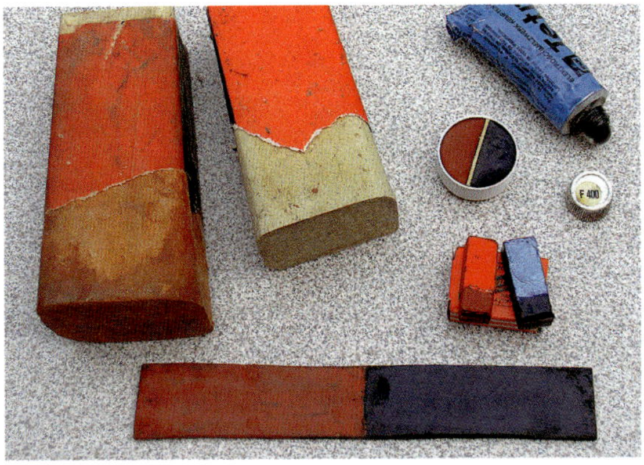

Das **Auftragen von Schwabbelwachs** grob (Bild rechts) und fein (unten)

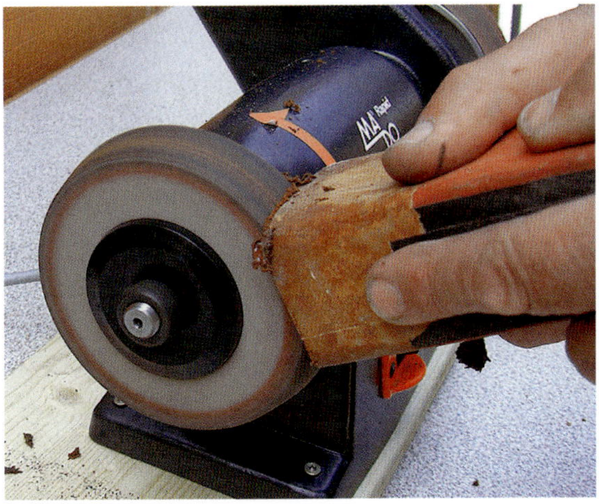

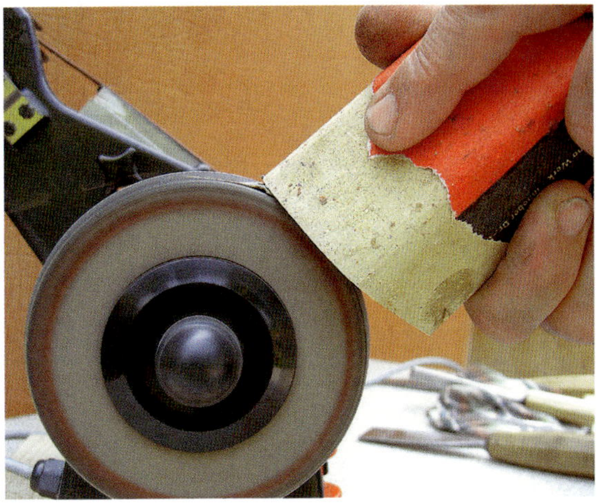

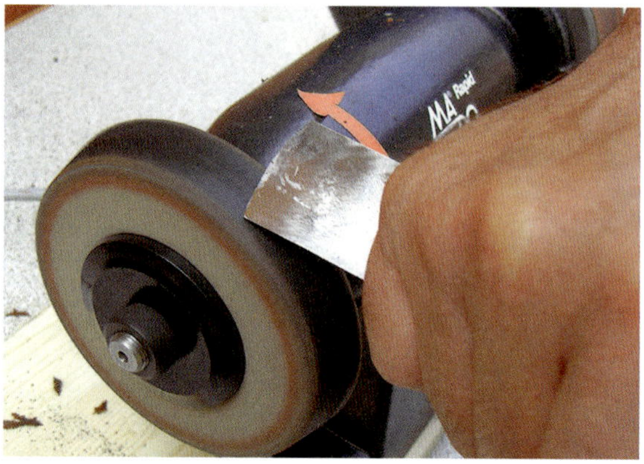

Das **Polieren der Schneide auf der Filzscheibe:** Fase und Spiegelfläche bekommen einen Hochglanz.

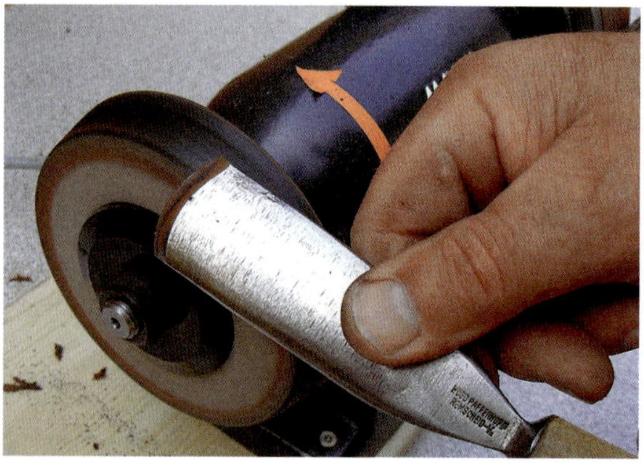

Gekrümmte Spiegelflächen werden an der Scheibenkante poliert.

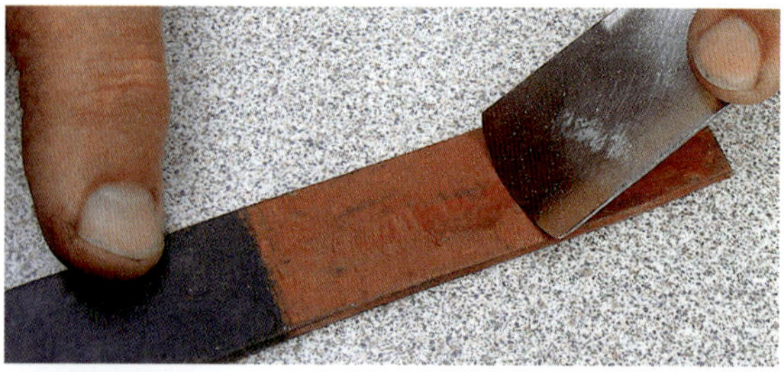

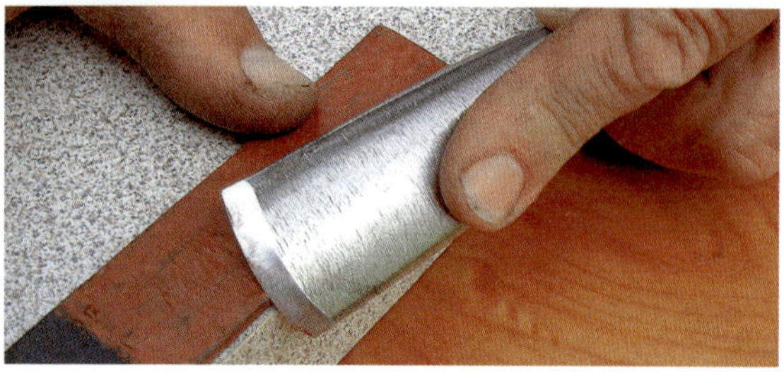

Eine einfache Methode: Das **händische Nachpolieren** auf dem Sohlenleder bewährt sich, wenn die Schneide leicht „nachlässt“.

Eine intensive Beschäftigung mit dem Schärfen der Bildhauerwerkzeuge lohnt sich in jedem Fall und eine gute Schneide sollte der Stolz eines jeden Handwerkers sein.

Die Aufbewahrung der Werkzeuge

Die Aufbewahrung der Werkzeuge in Holzkisten ist übersichtlich und hält sie griffbereit. Außerdem verhindern sie Korrosion und schützen die Schneiden.

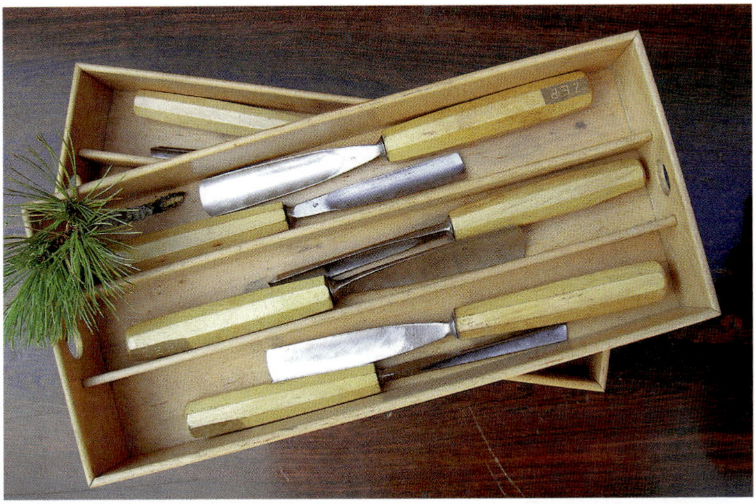

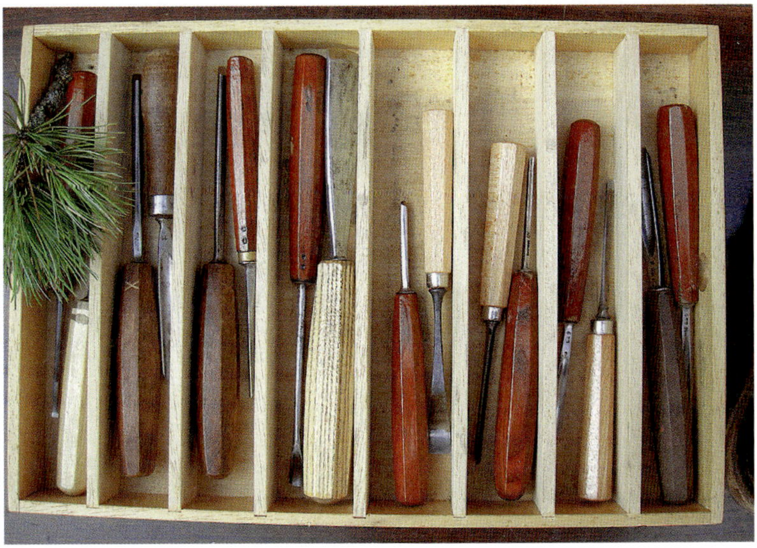

Wie behandelt man geschnitzte Werkstücke?

Die Oberflächenbehandlung geschnitzter Werkstücke ist um Einiges komplizierter als jene im Möbelbau. Ein Möbel hat in den meisten Fällen eine fein geschliffene, ebene Oberfläche. Beizen, Imprägnierungen und Lacke lassen sich im Normalfall problemlos anwenden. Geschnitzte Werkstücke hingegen haben oft unterschiedliche Oberfächenstrukturen, auf die Rücksicht genommen werden muss. Zum Beispiel wird Farbe oder Beize von einer geschnitzten Fläche unterschiedlich intensiv aufgenommen und kann eine Arbeit negativ beeinträchtigen.

Geschnitzte Werkstücke haben oft unterschiedliche Oberflächenstrukturen.

Die Behandlung mit Beize

Zum Beizen eignen sich Körnerbeizen, die in warmem Wasser aufgelöst werden. Spiritusbeizen ergeben einen gleichmäßigeren Beizton. Es entsteht dabei ein negatives Beizbild, das die von Natur aus dunklen Jahresringe hell erscheinen lässt.

Chemische Beizen (Positivbeizen) sind zu bevorzugen, da sie einfacher anzuwenden sind. Durch zartes Anschleifen von Kanten und erhöhten Flächen nach dem Trocknen der Beize entstehen interessante Effekte.

Die Behandlung mit Wachsen

Durch Wachsen erhält man eine sehr natürliche, dauerhafte Holzoberfläche. Bienenwachs oder Hartwachse (Bodenwachse) werden mit einer harten Bürste aufgetragen. Das Resultat ist ein natürlicher, matter Glanz, der allerdings nicht sehr widerstandsfähig ist. Modifizierte Wachse werden mit einem Lappen, einem Schwamm oder einem Pinsel aufgetragen und anschließend gebürstet.

Das Resultat des Wachses ist ein natürlicher, matter Glanz.

Öle und Imprägnierungsmittel

Diese eignen sich nicht nur für Außenarbeiten. Hölzer mit unscheinbarer Holzmaserung, wie z. B. die Linde, lassen sich mit Leinölfirnis besonders wirkungsvoll „anfeuern“.

Patinieren

Beim Patinieren kann der Schnitzer noch einmal seine Kreativität zeigen. Es sind einfache Mittel und Techniken, die hier angewendet werden: Mit einem Staubbeutel werden Gold- oder Silberbronze sparsam aufgetragen. Verschiedene Staubfarben ergeben besonders reizvolle Effekte, die eine anspruchsvolle Schnitzerei noch zusätzlich aufwerten. Nach dem Ausbürsten wird geölt oder gewachst.

Lackieren

Lackieren sollte man nur mit Mattlacken. Glanzlacke lassen eine geschnitzte Fläche „speckig" erscheinen.

Schellack erzeugt zwar einen Glanz, ist aber aufgrund seines natürlichen Charakters eine der vornehmsten Oberflächen. Schellack ist ein Naturprodukt, es stammt aus den Absonderungen einer asiatischen Blattschildlaus. Schellack wird in Spiritus gelöst und ist das Oberflächenmaterial der Barockmöbel. Anders als bei Möbeloberflächen wird Schellack bei Schnitzereien mit Pinsel oder Fixierspritze aufgetragen. Für größere Flächen nimmt man eine Spritzpistole.

Schellack ist eine der vornehmsten Oberflächen.

Glanzvergoldung

Die Glanzvergoldung (Versilberung) ist die Krönung eines anspruchsvollen Schnitzwerkes. Dazu sind allerdings aufwändige Vorarbeiten, wie mehrmaliges Grundieren und Schleifen, notwendig. Der Arbeitsaufwand kann so hoch wie der für die Schnitzerei selbst sein. (Fachliteratur: C. Hebing, Vergolden und Bronzieren, Verlag Georg D. W. Callwey, München)

Die Fassung einer Schnitzerei

Für die Fassung einer Schnitzerei (Bemalung auf Kreide- oder Acrylgrund) ist ein ähnlicher Aufwand nötig. Verwendet werden Acryl-, Gouache- oder Temperafarben. So genannte Emailfarben sind ungeeignet. Eine Beratung durch den Fachhändler ist immer von Vorteil. Um bösen Überraschungen vorzubeugen, empfiehlt es sich, einen Probeanstrich zu machen.

Schellack ist das Oberflächenmaterial der Barockmöbel.

Schriften
schreiben und schneiden

Der geübte Schnitzer wird sich früher oder später mit der Schrift als schmückendem Beiwerk eingehend befassen müssen; auch dann, wenn er meist nur einige Buchstaben für ein Monogramm oder eine Jahreszahl benötigt. Auf eines sei zu Beginn eindringlich hingewiesen: Die Schrift verträgt keine Kompromisse! Das menschliche Auge ist durch die Exaktheit der Druckschrift derart verwöhnt und kritisch, dass es kleinste Unregelmäßigkeiten sofort erkennt. Für unseren Zweck muss die Schrift zwei Aufgaben erfüllen: Dekoration durch bestmögliche Gestaltung und Information, also lesbar sein. Gestaltung und Lesbarkeit stehen in einer Wechselwirkung – auf Ausgewogenheit ist zu achten. Die Schrift kann zum Ornament werden, muss aber immer als Schrift erkennbar bleiben.

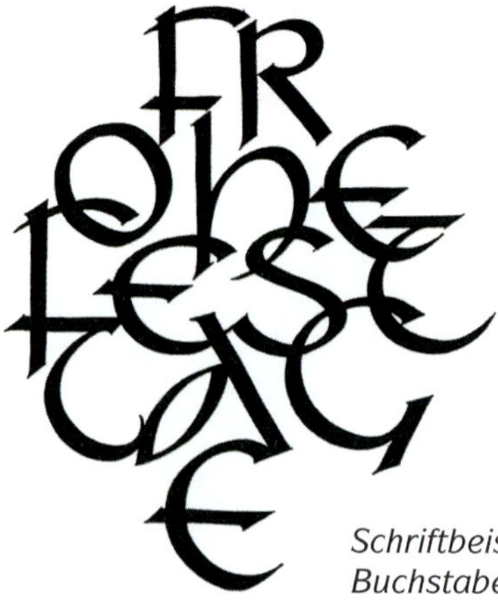

Schriftbeispiel: Buchstaben als Ornament

Für den Ungeübten ist es unerlässlich, sich in einschlägiger Literatur einzulesen (siehe Literaturnachweis), Schriftproben in verschiedenen Größen zu schreiben, zu konstruieren oder zu zeichnen, um dann Schnitzmuster in der entsprechenden Holzart anzufertigen.

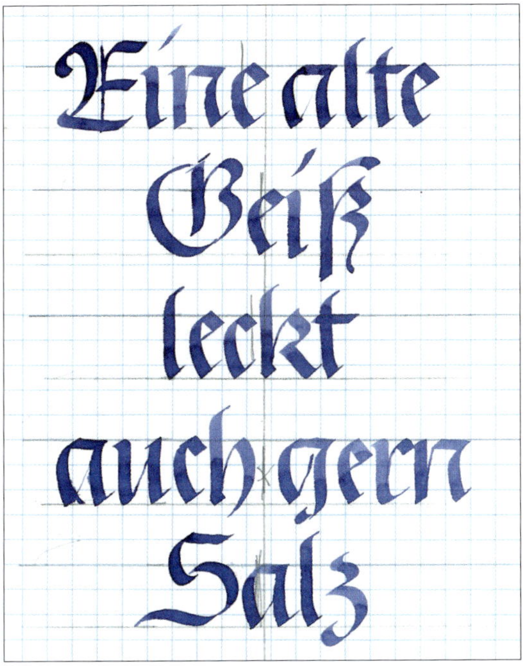

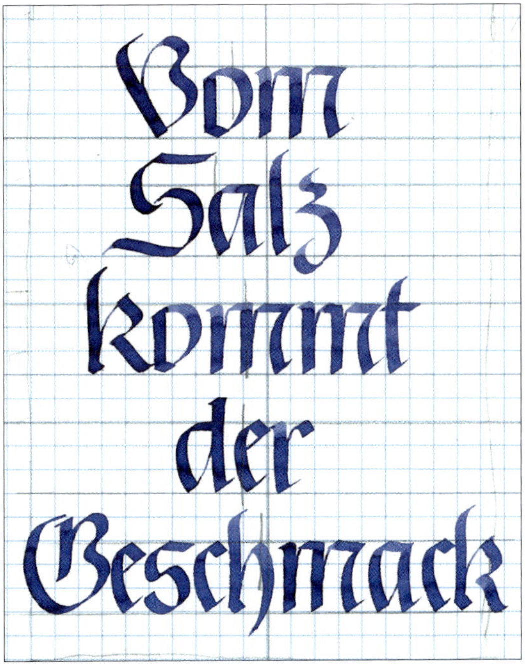

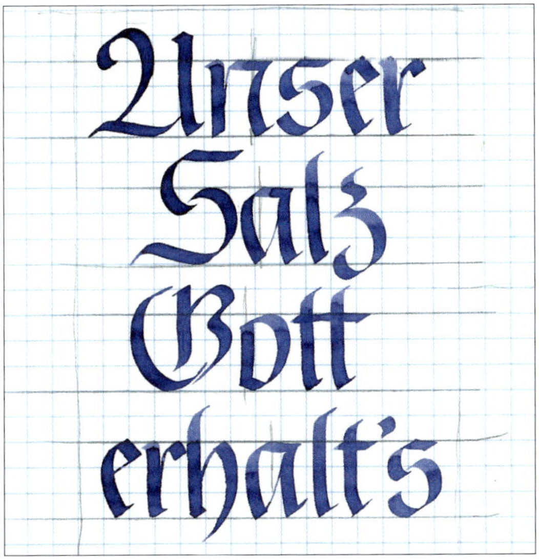

Verschiedene Schriftbeispiele zum Übungszweck

Der Entwurf soll, wie beim Kerbschnitzen im Allgemeinen, werkzeug- und materialgerecht sein (keine Pinselschrift, Druck- oder Computerschrift verwenden!). Die Verwendung klassischer Alphabete, so genannter Kunstschriften, ist hier sinnvoll.

Schriftbeispiele (geschrieben von OSR Heinrich Kirchschlager)

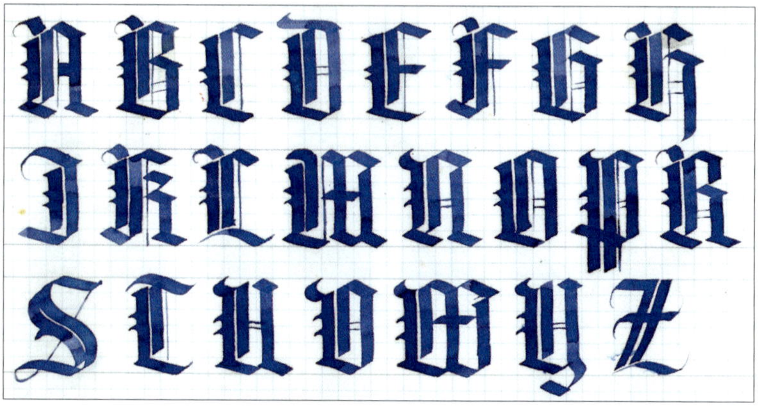

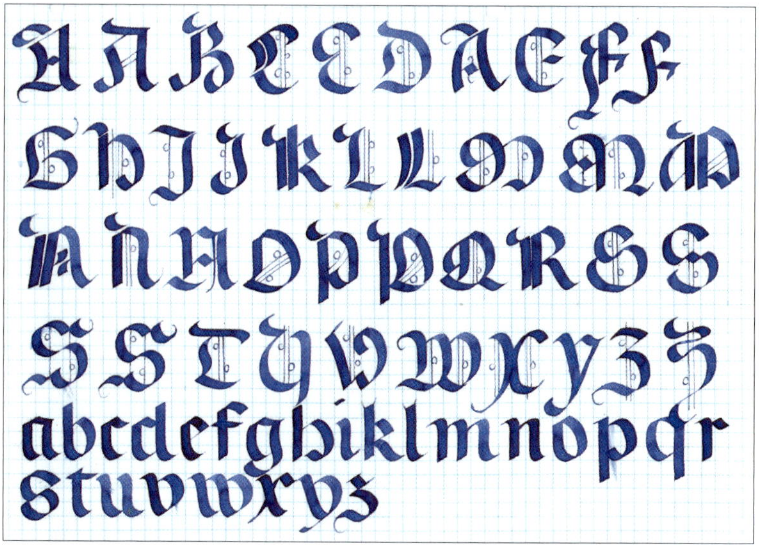

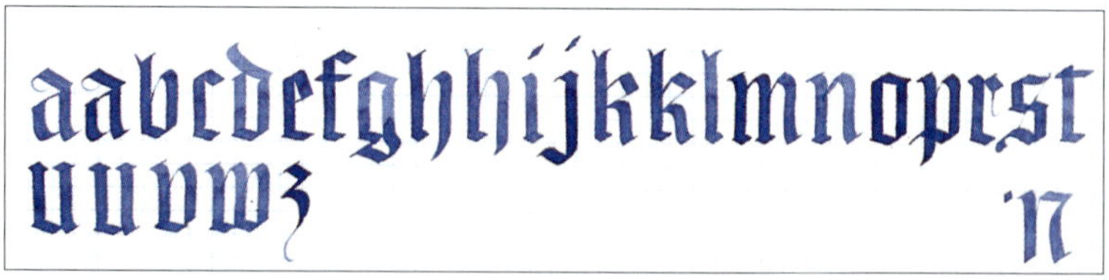

Unterschiedliche Kunstschriften …

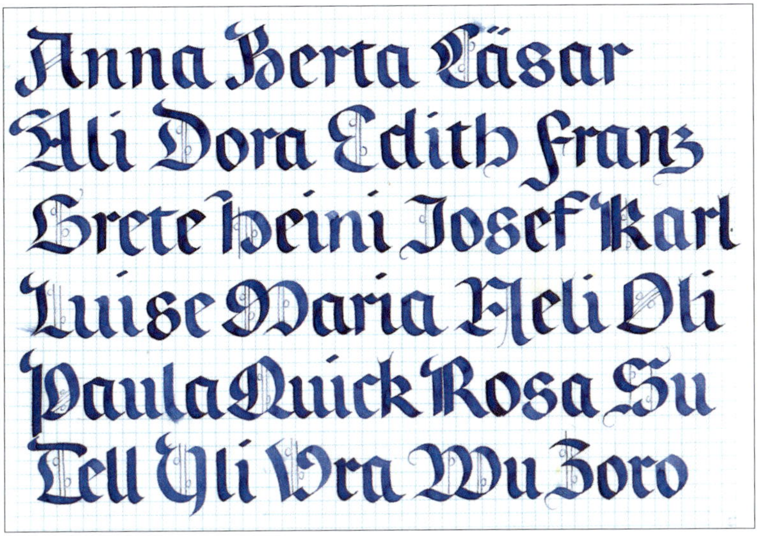

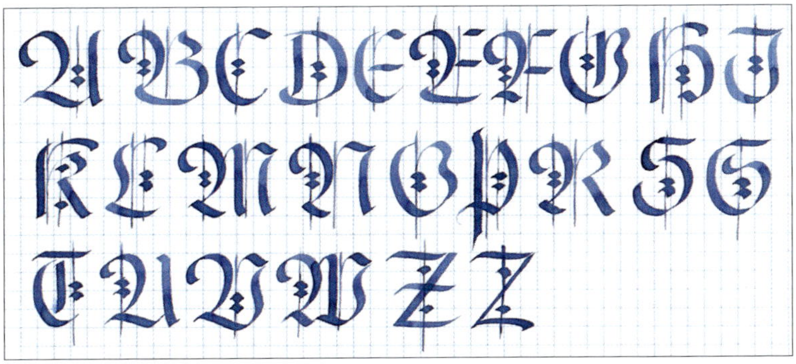

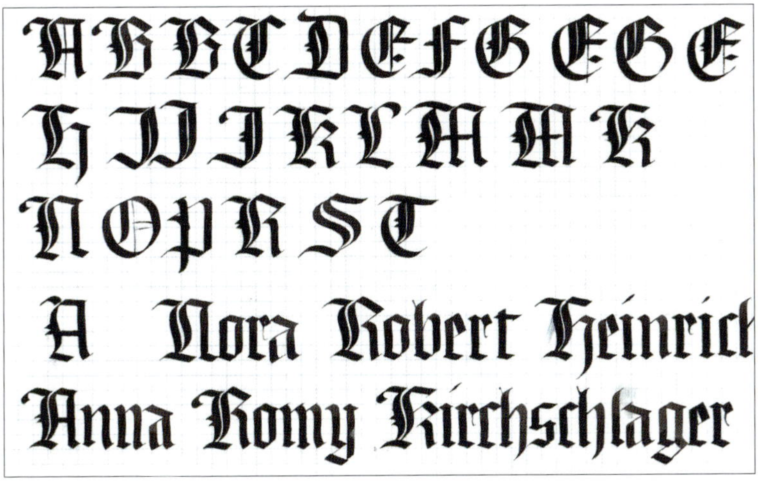

… als Abwandlungen klassischer Alphabete.

Bei der Gestaltung eines Schriftzuges, Monogrammes oder einer Jahreszahl ist darauf zu achten, dass sich diese dem Gesamtbild unterordnet und nicht aus dem „Rahmen" fällt. Der Buchstabe fügt sich in das Wort, das Wort in das Schriftbild und dieses ist wiederum nur ein schmückender Teil des Werkstückes. Das Bemühen um die richtige Form und die Proportion der Buchstaben sowie deren Abstände zueinander erfordert auch deshalb eine besondere Empfindsamkeit, weil unser Auge durch die Druckschrift „verwöhnt" ist und kleinste Fehler sofort wahrnimmt.

Begriffe aus der Typografie

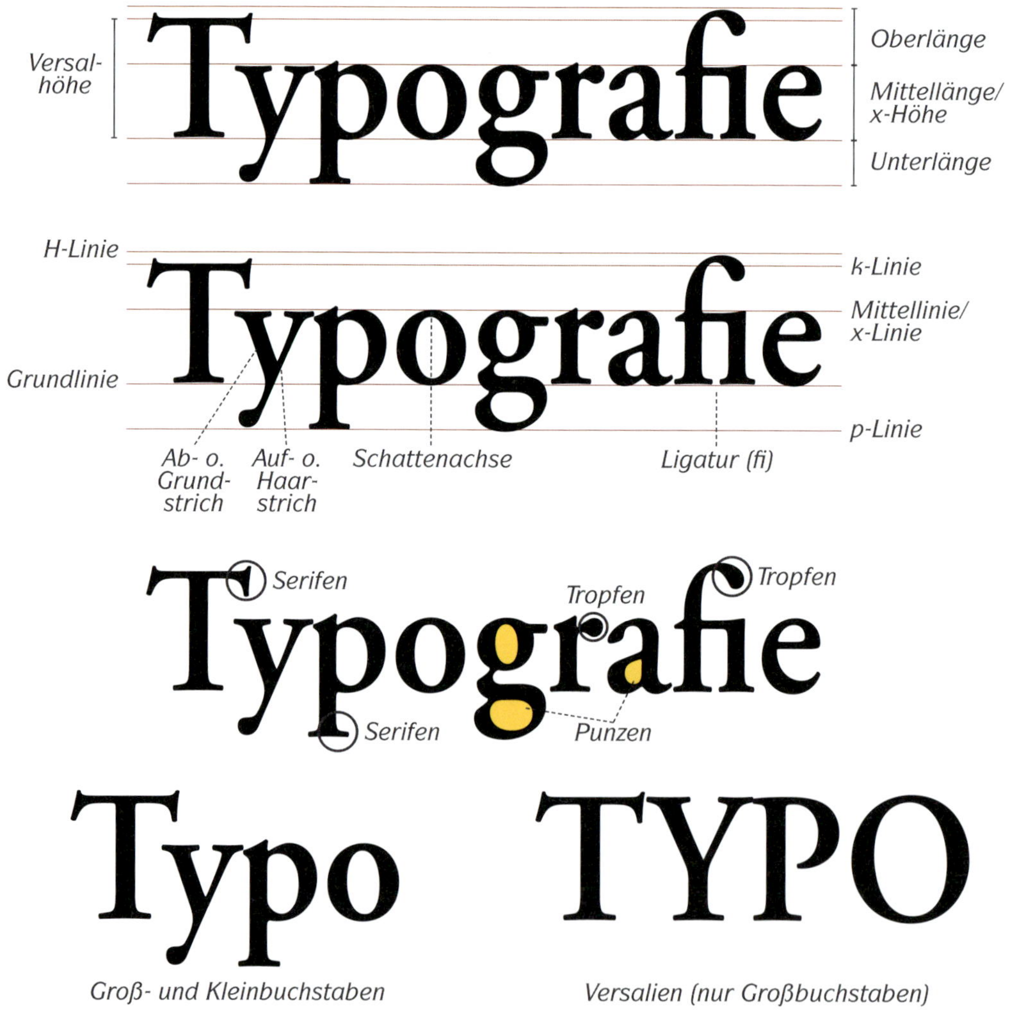

Unterschiedliche Serifenformen

Venezianische Renaissance-Antiqua *Schriftart: Centaur*	*leicht konkav* *stark gerundet* Hk
Französische Renaissance-Antiqua *Schriftart: Bembo*	*gerade* Hk
Barock-Antiqua *Schriftart: Baskerville*	Hk
Klassizistische Antiqua *Schriftart: Bodoni*	*nicht gerundet* Hk
Serifenbetonte Linear-Antiqua *Schriftart: Bodoni*	*Serifen und Grundstrich gleich stark* **Hk**

Gebrochene Schriften

Gotisch Rundgotisch
Fraktur Schwabacher

Gebrochene Schriften gehören zu den lateinischen Schriftarten, bei denen die Bögen eines Buchstabens aus einer Schreibbewegung entstehen, durch abrupte Richtungswechsel jedoch in der Schriftführung einen Knick im Bogen hinterlassen.

Zu beachten ist ferner, dass bereits ausgewählte Schriftzeichen (Versalien) für einen Kerb- oder Flachschnitt – zwecks werkzeuggerechter Ausführung – geringfügig abgeändert werden können.

Der Kunsthandwerker verwendet im Allgemeinen folgende ornamentale Schriften:

1. Die **Römische Kapitalschrift**, nur aus Großbuchstaben bestehend, ist von zeitloser Schönheit, elegant und statisch. Im stark verwitterten Zustand ist sie als einziger Schrifttypus noch lesbar. Frühere Schriftbilder hatten keine Buchstaben-Zwischenräume.
2. Die **Unziale** ist zur Zeit Karls des Großen im Umwandlungsprozess der statischen römischen Großbuchstaben (Majuskeln) in die dynamischen

Kleinbuchstaben (Minuskeln) entstanden. Merkmal ist die vermehrt verwendete Rundform im Alphabet.

3. Die **Gotik** wandelte, dem damaligen Zeitgeist entsprechend, Rundungen in „gebrochene" Formen. Durch die aufrechten Formelemente ist sie schwerer lesbar, da sie wenige Unterscheidungsmerkmale besitzt. Sie verzeiht auch keine Unregelmäßigkeiten.
4. Die **Schwabacher** Schrift entwickelte sich um 1500 aus der Gotik und ist dekorativer und auch besser lesbar als diese.
5. Die **Fraktur** kehrt wiederum teilweise zu Rundungen und Schwüngen zurück.
6. Die **Kursiv** hat ein zarteres Erscheinungsbild. Das Alphabet besteht aus schrägen Buchstaben von annähernd gleicher Breite.

Fast alle ornamentalen Schriften können in Schräglage angewendet werden. Für Schnitzereien und speziell beim Flachschnitt, wie er bei erhabenen Schriften angewandt wird, wird man auch auf entsprechende fette Strichstärken achten, damit ein Schriftzug zur gewünschten Geltung kommt.

Ornamentale Schriften

Römische Kapitalschrift

ABCDEFGHIJKLMNOPQRSTUVWXYZ ÄÖÜ
abcdefghijklmnopqrstuvwxyz äöüß &
0123456789

Schriftart: Sabon

Unziale

ABCDEFGHIJKLMNOPQRSTUVWXYZ ÄÖÜ &
0123456789

Schriftart: Smaragd

ABCDEFGHIJKLMNOPQRSTUVWXYZ ÄÖÜ &
0123456789

Schriftart: OMNIA

ABCDEFGHIJKLMNOPQRSTUVWXYZ ÄÖÜ
abcdefghijklmnopqrstuvwxyz äöüß &
0123456789

Schriftart: Neue Hammer Unziale

Gotik

ABCDEFGHIJKLMNOPQRSTUVWXYZ ÄÖÜ
abcdefghijklmnopqrstuvwxyz äöüß &
0123456789

Schriftart: Notre Dame

ABCDEFGHIJKLMNOPQRSTUVWXYZ ÄÖÜ
abcdefghijklmnopqrstuvwxyz äöüß &
0123456789

Schriftart: Linotext

Fraktur und Schwabacher

ABCDEFGHIJKLMNOPQRSTUVWXYZ ÄÖÜ
abcdefghijklmnopqrstuvwxyz äöüß &
0123456789

Schriftart: Fette Fraktur

ABCDEFGHIJKLMNOPQRSTUVWXYZ ÄÖÖ
abcdefghijklmnopqrstuvwxyz äöüß &
0123456789

Schriftart: Mathematikal Pi 2

ABCDEFGHIJKLMNOPQRSTUVWXYZ
abcdefghijklmnopqrstuvwxyz &

Schriftart: Schwabacher

Kursiv

ABCDEFGHIJKLMNOPQRSTUVWXYZ ÄÖÜ
abcdefghijklmnopqrstuvwxyz äöüß &
0123456789

Schriftart: Poetica Chancery III

Diese Schriften finden sich auch in vergrößerter Ausführung im Anhang

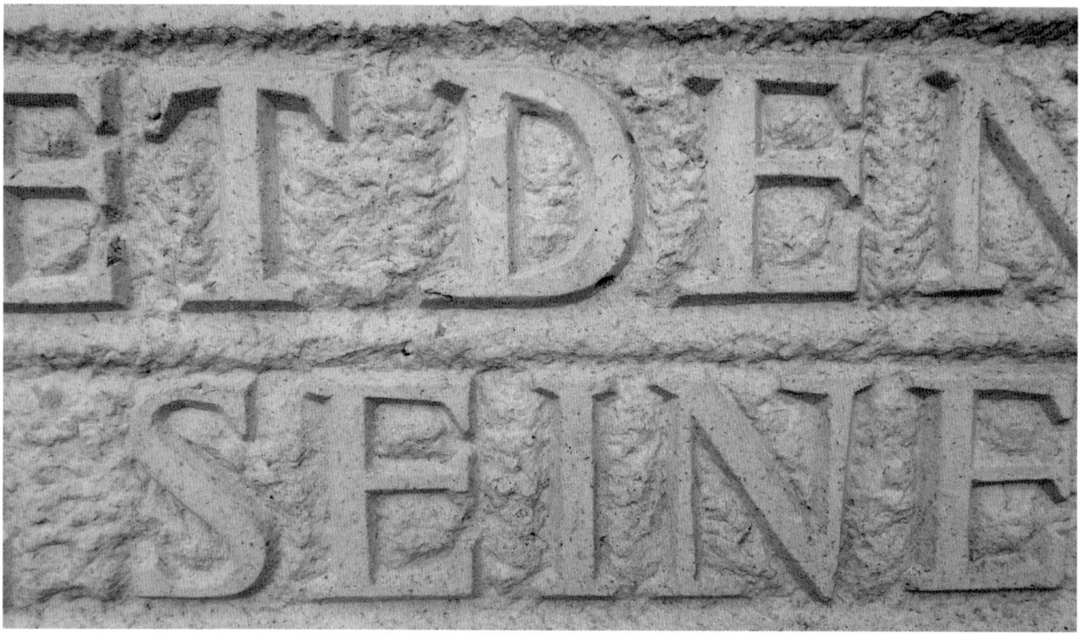

Erhabene Schrift in Stein, der Grund ist stark strukturiert

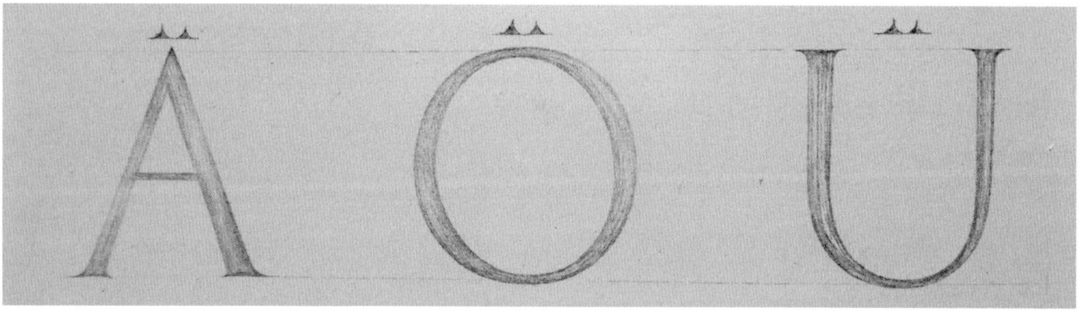

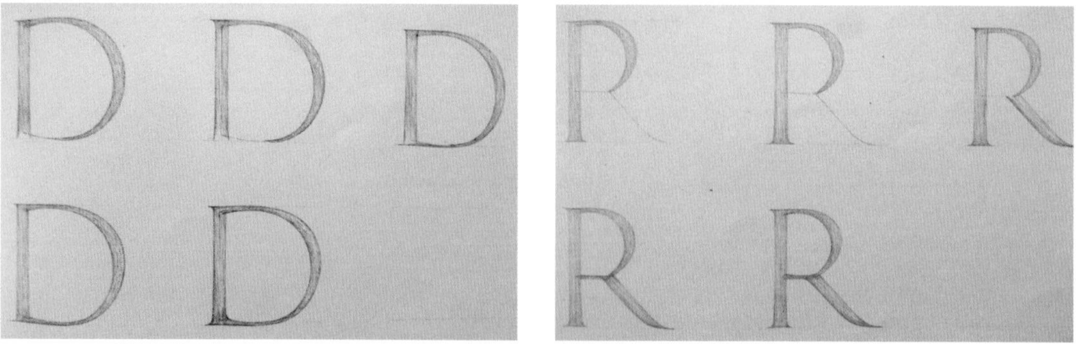

Antiquaversalien, zeitlos schön

Schriftbeispiele

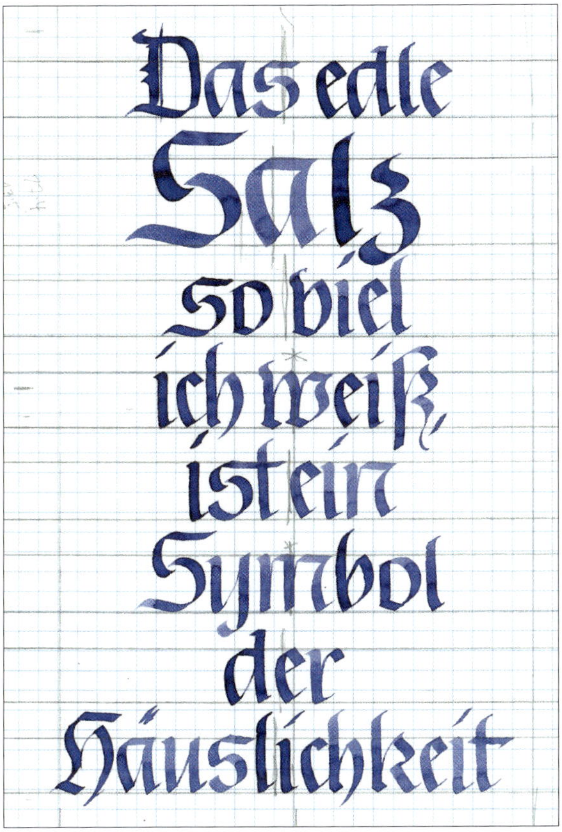

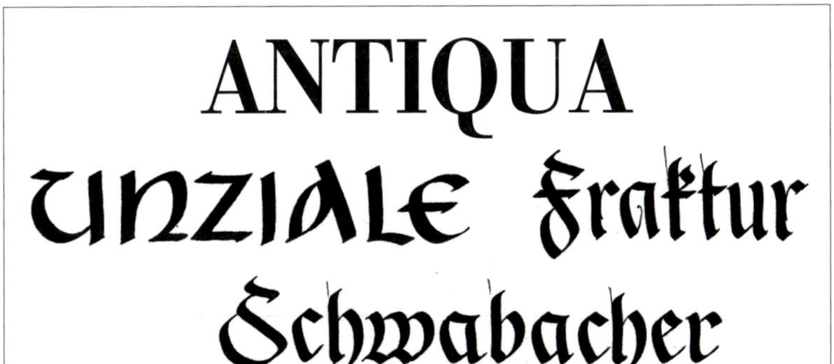

Reine Normschriften

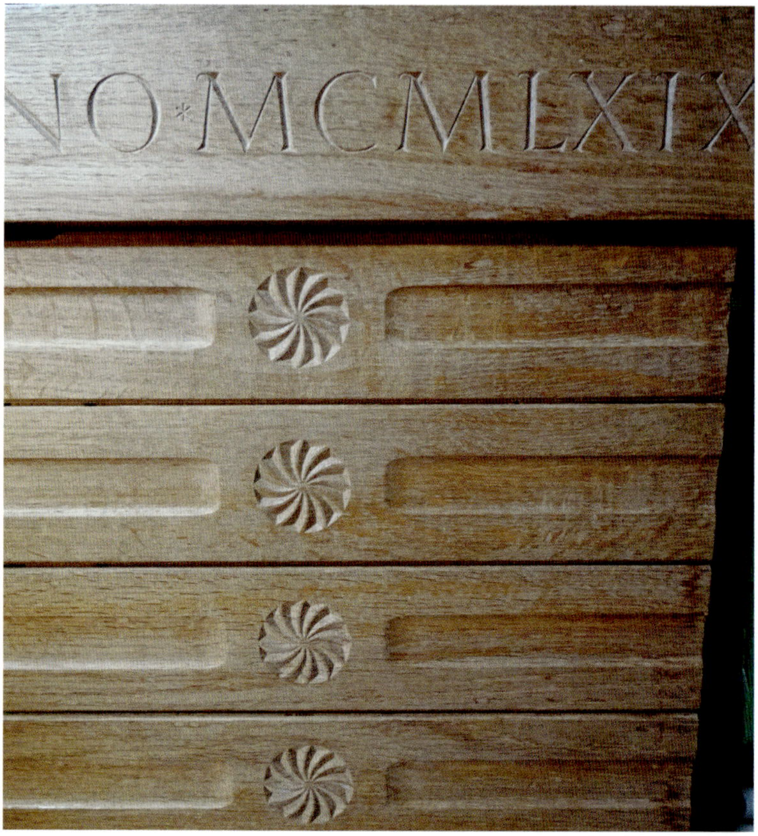

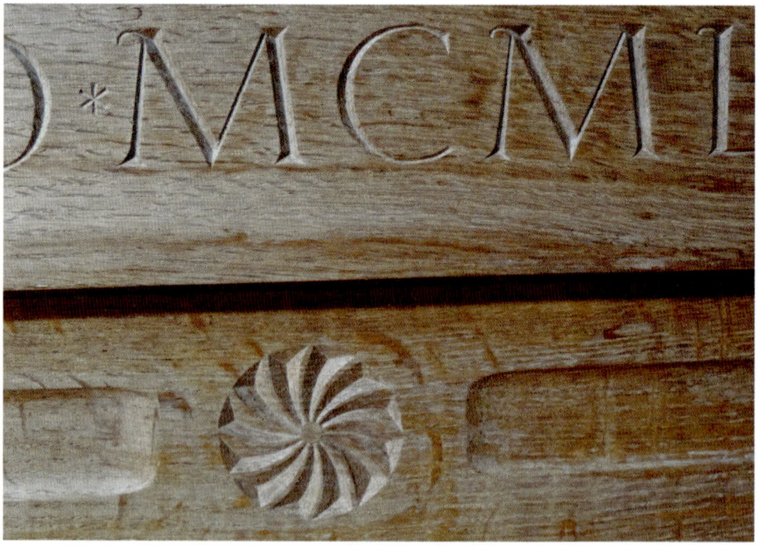

Truhenfront in Eiche, römische Jahreszahl in Antiqua mit Kerbschnitt – Detailaufnahme am unteren Bild

Entwurf und Werkstück

Für den Entwurf eines Schriftbildes oder eines Monogramms macht man zweckmäßig vorerst einige Skizzen. Der ungeübte Zeichner oder Schreiber hat oft eine gewisse Scheu vor dem „weißen Blatt Papier", er ist deshalb gut beraten, für Skizzen eher minderwertiges Zeichenmaterial, wie Packpapier, Rotationspapier oder Skizzenpapier, zu verwenden. Der Entwerfer soll frei und ungehemmt „schmieren" dürfen und zwar locker und spielerisch aus dem Handgelenk heraus. Steht der Schriftzug endgültig fest, so folgt eine konkrete Zeichnung in der Originalgröße.

Ein geschlossenes wie harmonisches Schriftbild entsteht allerdings nicht durch ein Aneinanderreihen von Buchstaben mit gleichmäßigen Abständen, sondern durch differenzierte Abstände, damit keine „Löcher" entstehen.

Ein harmonisches Schriftbild durch differenzierte Abstände.

> Als Regel gilt: Parallele (M, N, I) auseinanderziehen, bei A, L, O, C usw. dafür auf größere Abstände achten!

Auf die Ausbildung der Serifen ist besonders zu achten. Als Serifen bezeichnet man den Abschluss am Buchstabenstrich, ähnlich einem „Füßchen". Die geeignete Serifenform (werkzeug- und werkstoffgerecht) bestimmt die angewandte Schnitztechnik, den Kerbschnitt oder den Flachschnitt. Der Kerbschnitt verlangt spitz auslaufende Serifen. So genannte „Tropfen" sind hingegen nur im Flachschnitt machbar. Auf die Größe der Punzen ist ebenfalls zu achten.

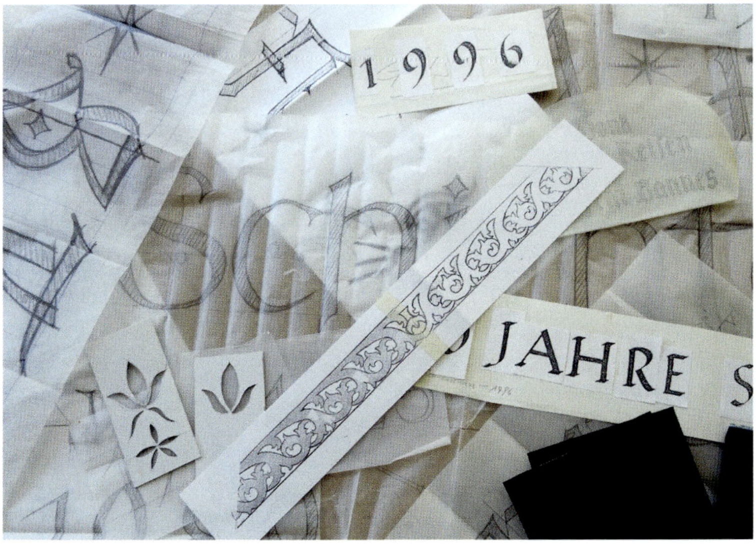

Flachschnittmotive auf Packpapier

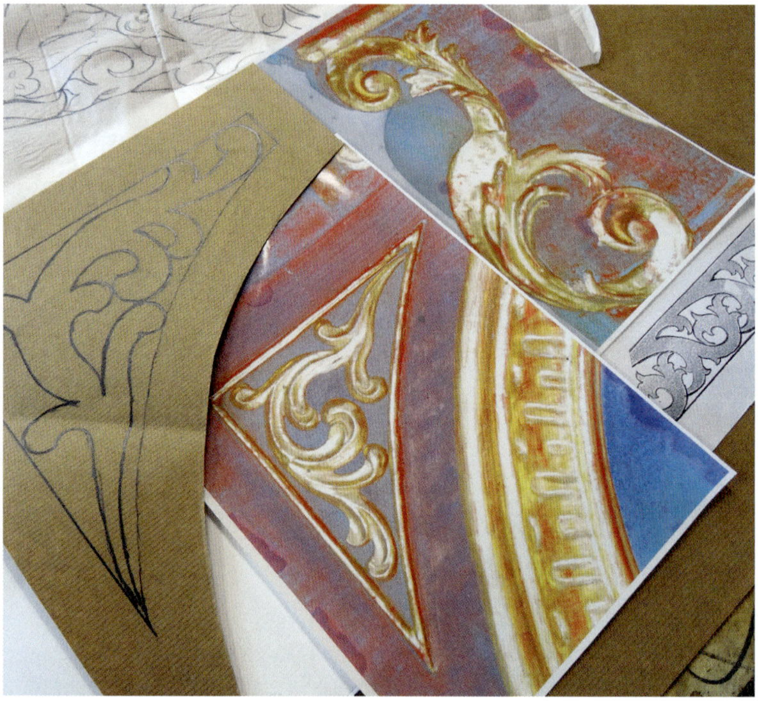

Entwürfe auf Skizzenpapier, Kohle- und Blaupapier

Das Internet bietet mehr als 100.000 Schrifttypen an

Alphabete aus einschlägigen Büchern sind hilfreich, aber auch Computer, Scanner und Drucker ersparen Zeit und Mühe, zumal man jede beliebige Schriftart und Schriftgröße festlegen kann. Das Internet bietet zum Beispiel mehr als 100.000 Schrifttypen an, für die Schnitzerei sind aber nur einige wenige brauchbar. Interessant hingegen sind so genannte Bastardschriften, das sind Mischformen verschiedener Schriften. Beim Gestalten von Monogrammen ist das „Ineinanderschieben" von Versalien sehr reizvoll. Auch aus der Volkskunst sind uns verschiedenste Zeichen und Symbole erhalten.

Die Verwendung von Schablonen aus stärkerem Papier erleichtert ebenso das Gestalten. Schablonen ersparen auch beim Aufreißen längerer Schriftzüge viel Zeit. Das Übertragen des Entwurfes auf die Holzoberfläche geschieht am besten mit Kohlepapier. Das Schwärzen der Vorlage auf der Rückseite mit weichem Bleistift ist ebenfalls eine einfache Methode. Bei der Verwendung von Blaupapier ist besonders darauf zu achten, dass es leicht verschmiert.

Im Anhang sind verschiedene Alphabete und Schriftproben des Hallstätter Kalligraphen Dir. OSR Heinrich Kirchschlager zu finden, die eventuell als Kopiervorlage dienen können.

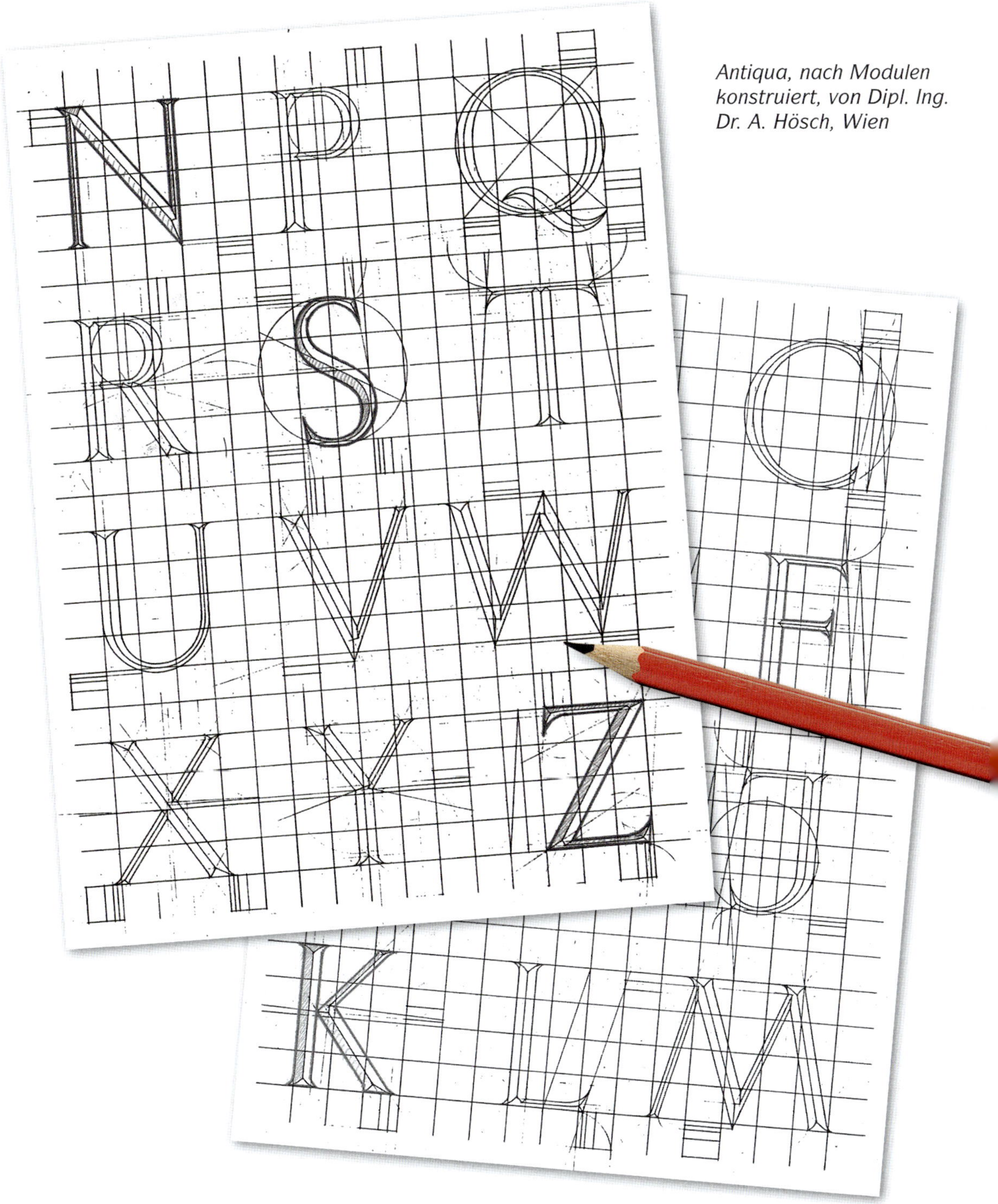

Antiqua, nach Modulen konstruiert, von Dipl. Ing. Dr. A. Hösch, Wien

Zeichen und Kürzel – Beispiele

Christliche Zeichen und Kreuze

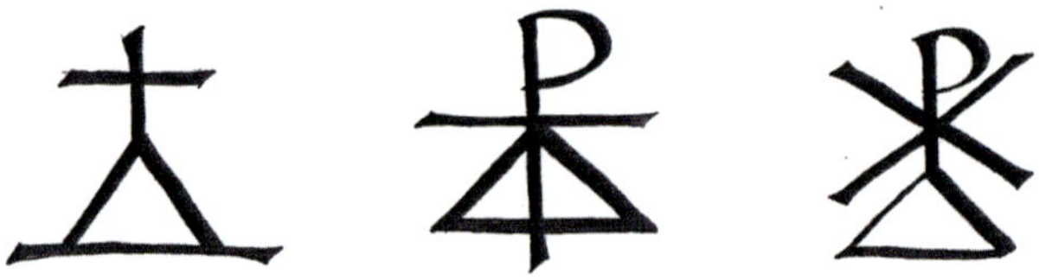

Sinnbilder der Dreifaltigkeit

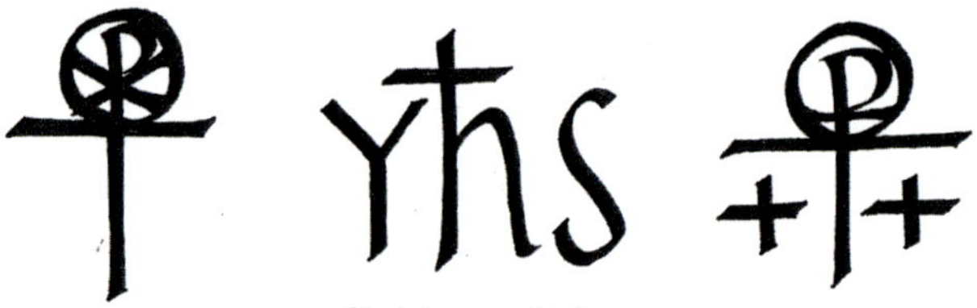

Christussymbole

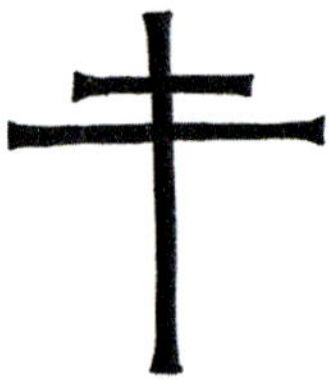

Lothr. oder Patriarchenkreuz

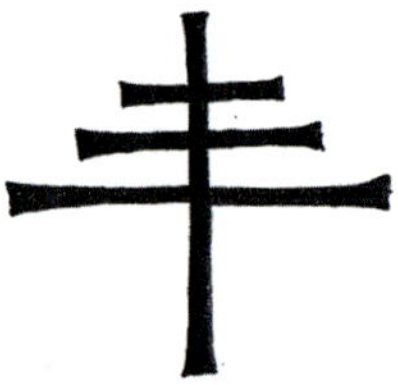

Päpstl. Kreuz Dreifaches Kreuz der Abendländer

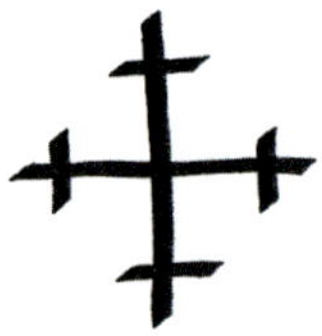

Weihekreuz Deutsches Kreuz

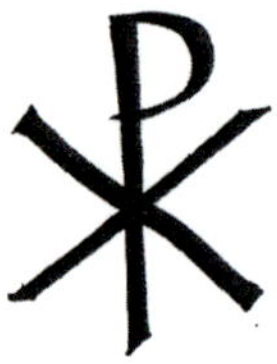

Signum Dei

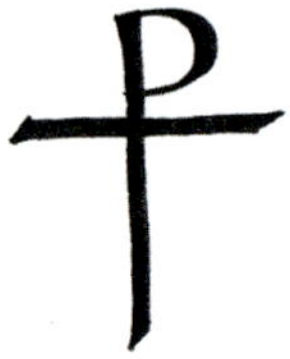

Jesus Christus

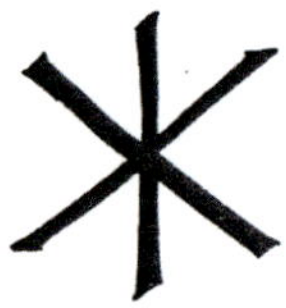

Jesus Christus

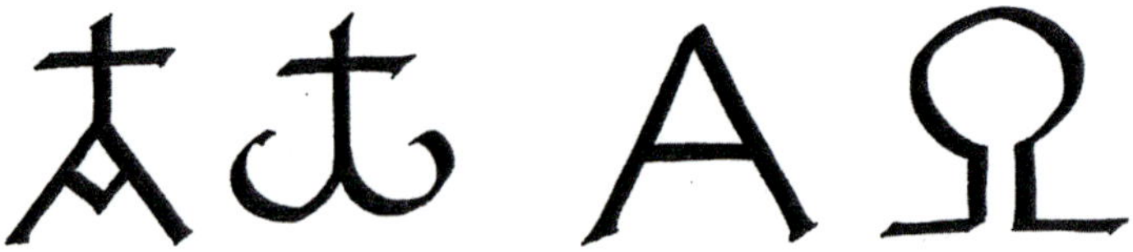

Alpha und Omega

Wochentage

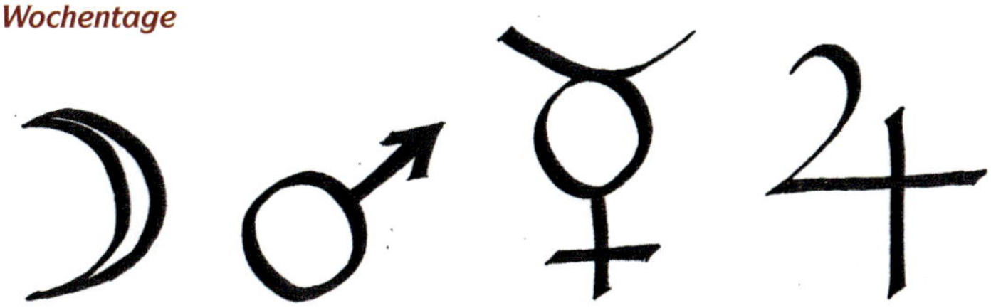

Montag (dies innae) *Dienstag (dies martis)* *Mittwoch (dies mercurii)* *Donnerstag (dies joris)*

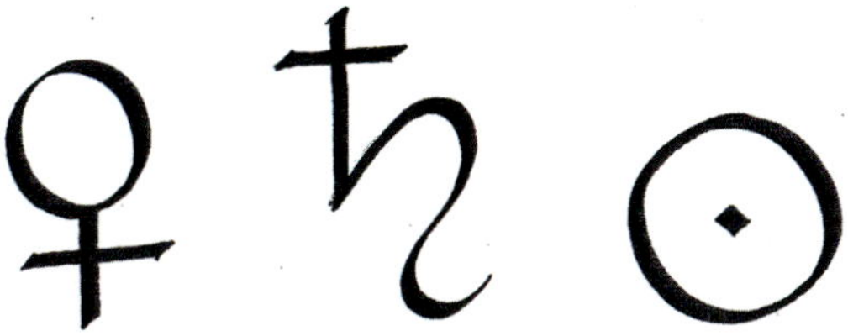

Freitag (dies veneris) *Samstag (dies saturni)* *Sonntag (dies solis)*

Haus- und Hofzeichen

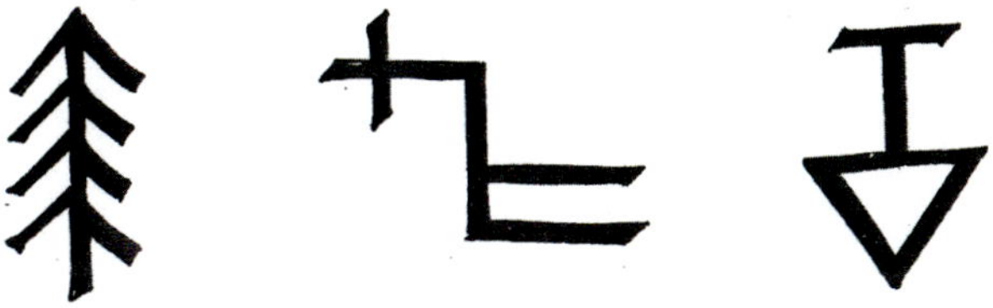

Haferrispe *Windmühle* *Spaten*

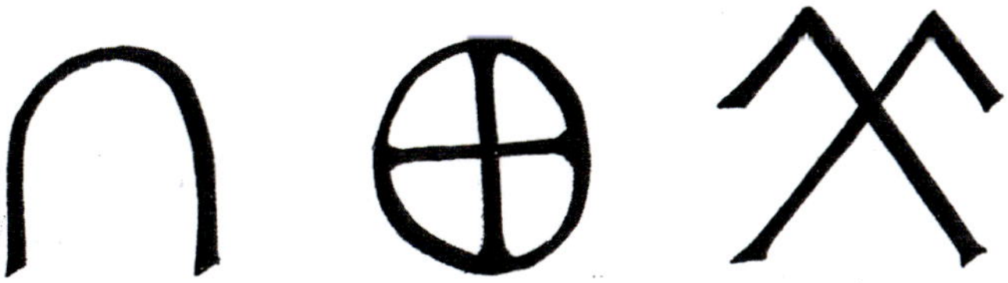

Hufeisen *Mühlrad* *Doppelflegel*

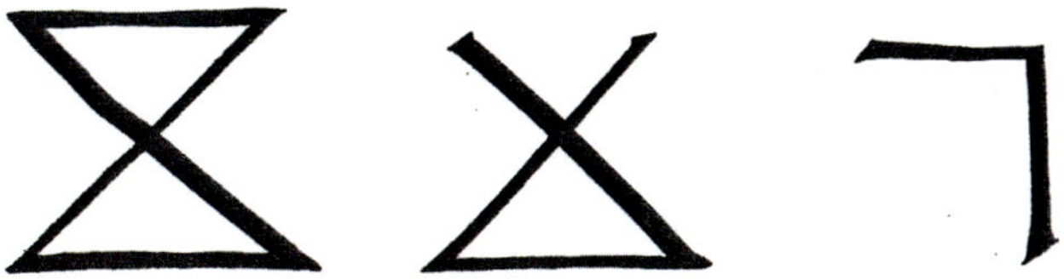

Stundenglas *Halbstundenglas* *Winkelmaß*

Weitere Zeichen und Kürzel finden Sie im Anhang (Seite 140 und 141).

Arbeitsschritte

Die folgenden Bilder zeigen die einzelnen Arbeitsschritte:

1. Das Übertragen der Schrift auf das Werkstück erfolgt mittels Kohlepapier (siehe Abb. 1).

2. Einsetzen (Einstechen der Mittellinie) mit dem geraden Balleisen bzw. mit einem Flacheisen entsprechender Rundung (siehe Abb. 2–4).

3. Gerade Kerben werden mit dem geraden Balleisen geschnitten. Abstriche oder Schattenstriche, also dicke Kerben, sollten nur so tief geschnitten werden, dass die beiden Schnittflächen einen Winkel größer als 90° bilden (siehe Abb. 5+6). Haarstriche können im Verhältnis dazu etwas tiefer angelegt werden, damit sie besser sichtbar sind. Bei runden Kerben werden zuerst die hohlen Kerbflächen mit dem Flach- oder Hohleisen fertig geschnitten (siehe Abb. 7). Konkave Kerbflächen sowie die Serifen schneidet man mit dem geraden Balleisen (siehe Abb. 8+9). Das Schultermesser – auch Schnitzer – ermöglicht das Schneiden von tiefen Kerben mit beiden Händen (siehe Abb. 10). Die Lesbarkeit einer geschnittenen Schrift lässt sich außerdem durch eine farbige Gestaltung der Kerben verbessern (siehe Abb. 11). Dabei ist Folgendes zu beachten: Jede Farbe neigt dazu, an den Hirnholzrändern zu verlaufen. Um dies zu verhindern, streicht man die Kerben vor dem Einfärben großzügig mit Sperrgrund. Dieser verhindert ein unkontrolliertes Eindringen der Farbe in das Hirnholz. Ist die Farbe trocken, kann die Oberfläche überschliffen werden und die Konturen zeichnen sich scharf ab (siehe Abb. 12–18).

4. Der Flachschnitt verlangt fette Versalien, das sind meist gebrochene Schriften, deren Umrisse etwas schräg nachgestochen werden, sodass der Buchstabe am Grund etwas dicker bleibt (siehe Abb. 19–21).

5. Zum Ausgründen benötigt man gekröpfte Werkzeuge, hauptsächlich das schräge Balleisen (siehe Abb. 22).

6. Das Nachbearbeiten (Punzieren), beispielsweise mit einem Nagelkopf, kaschiert so manches und erzeugt einen strukturierten Grund (siehe Abb. 23).

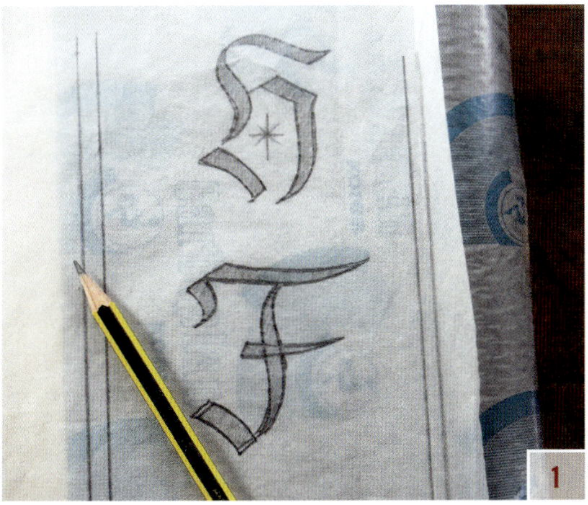

1

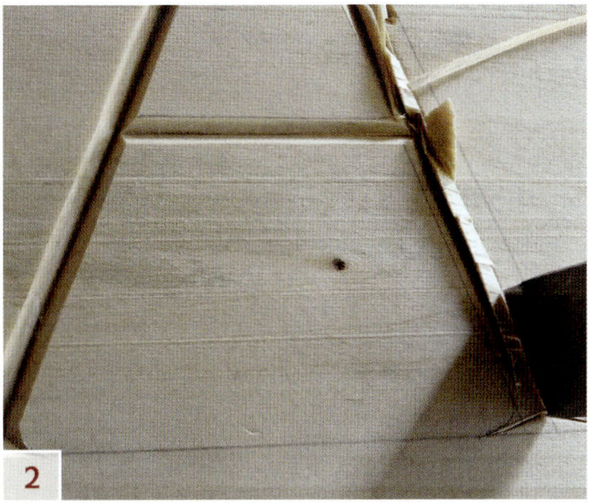

2

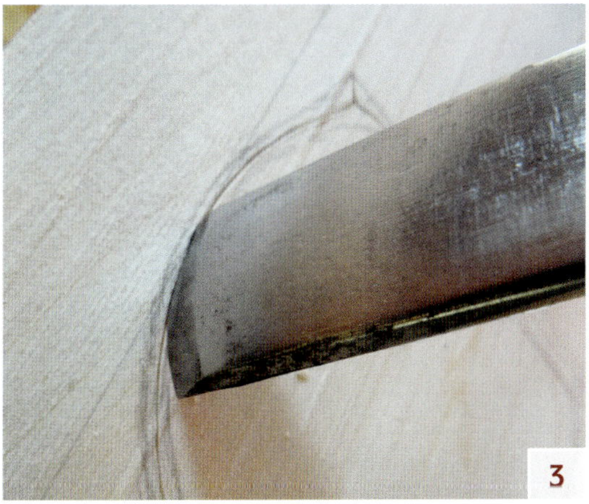

3

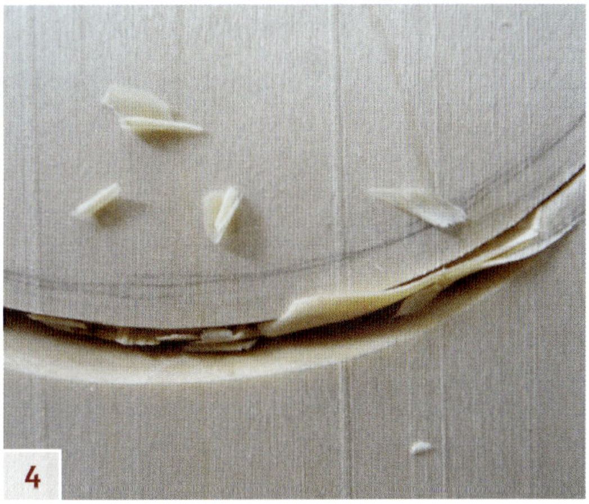

4

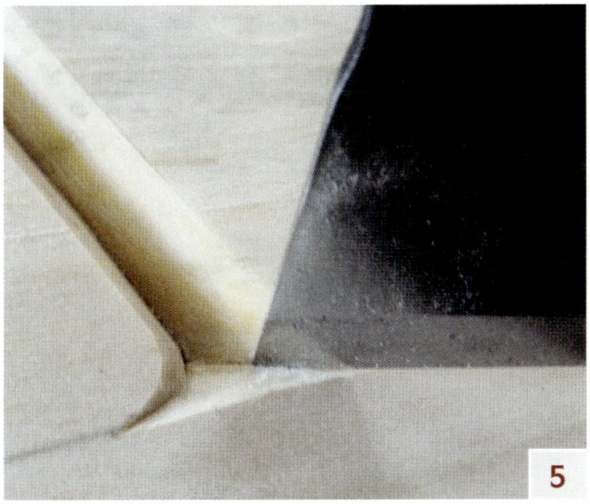

5

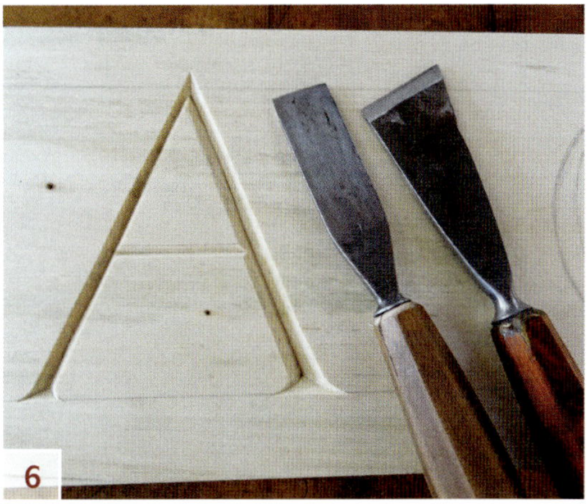

6

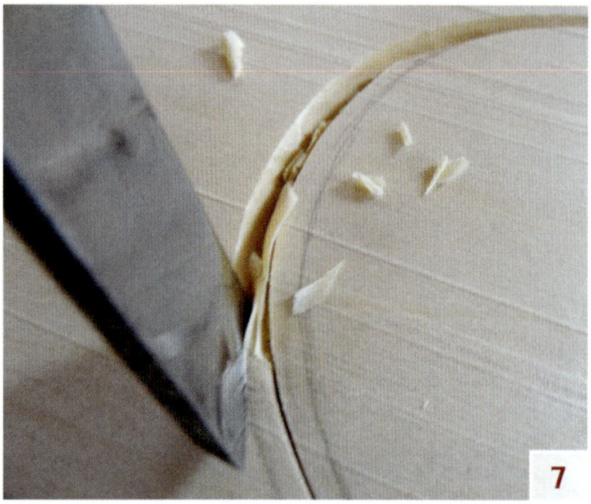
7

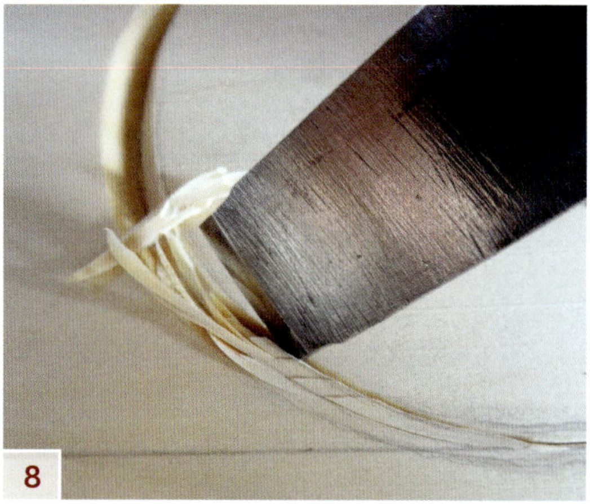
8

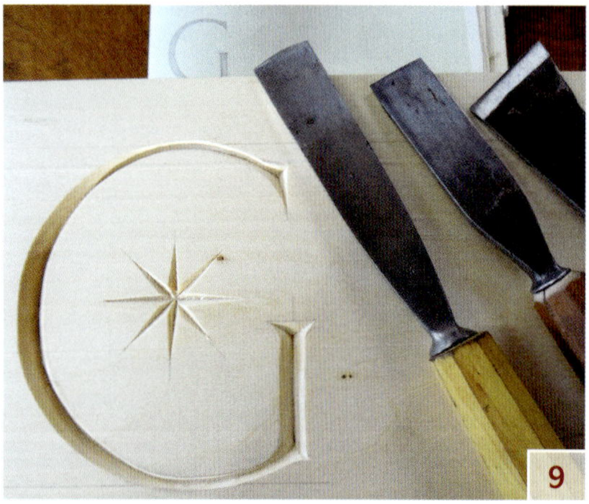
9

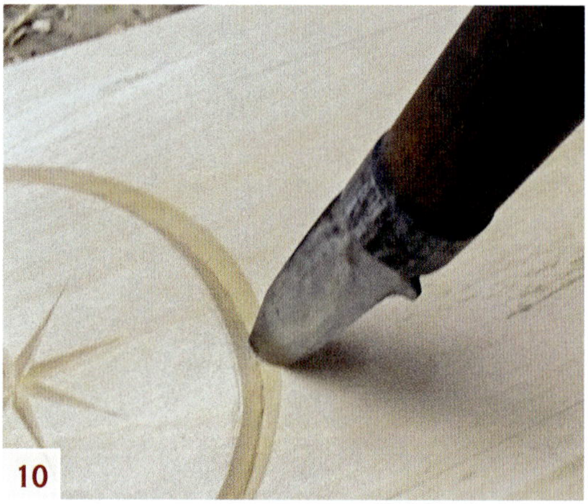
10

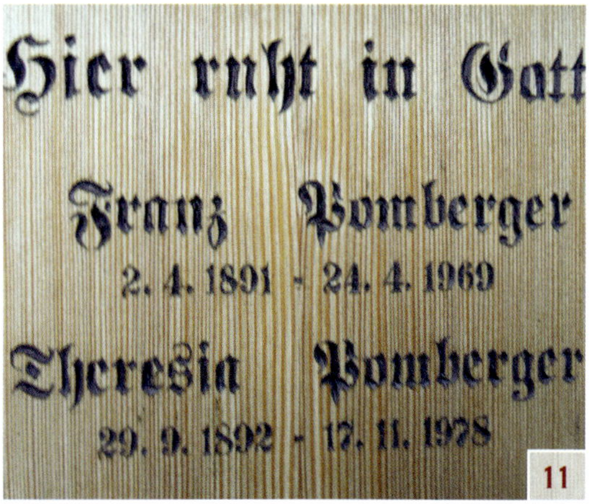
Hier ruht in Gott
Franz Pomberger
2. 4. 1891 - 24. 4. 1969
Theresia Pomberger
29. 9. 1892 - 17. 11. 1978
11

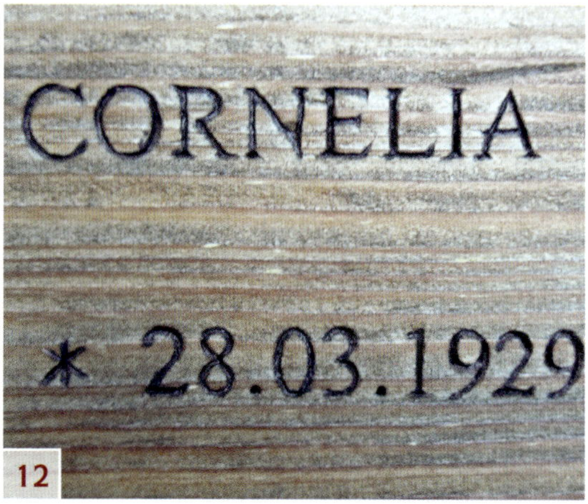
CORNELIA
* 28.03.1929
12

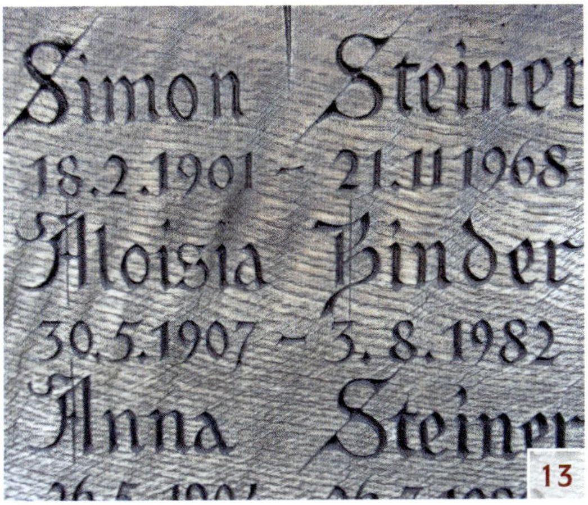

13

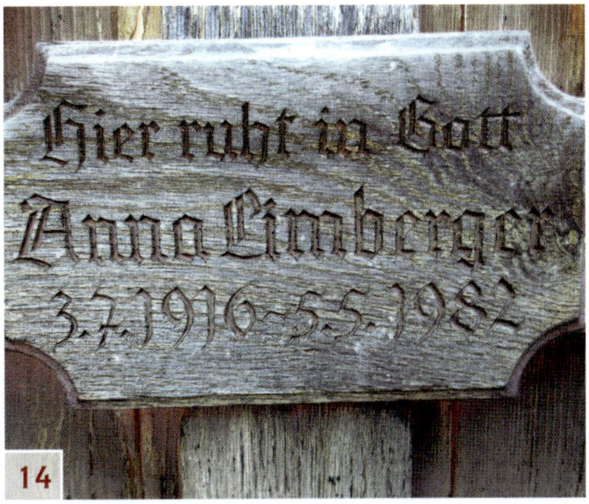

14

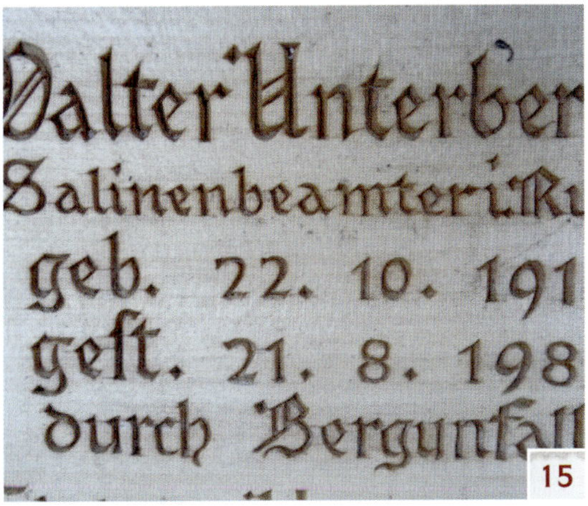

15

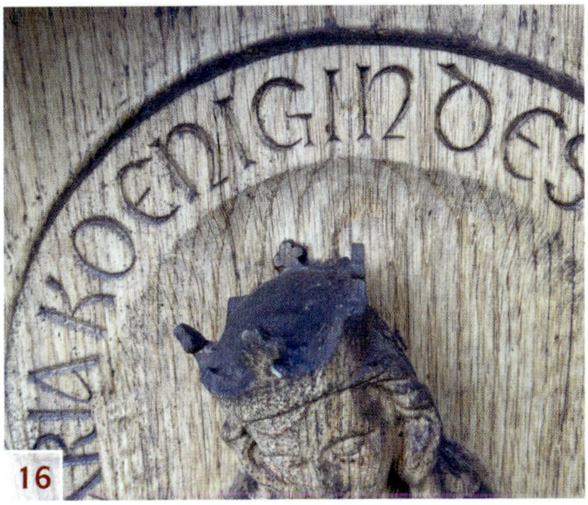
16

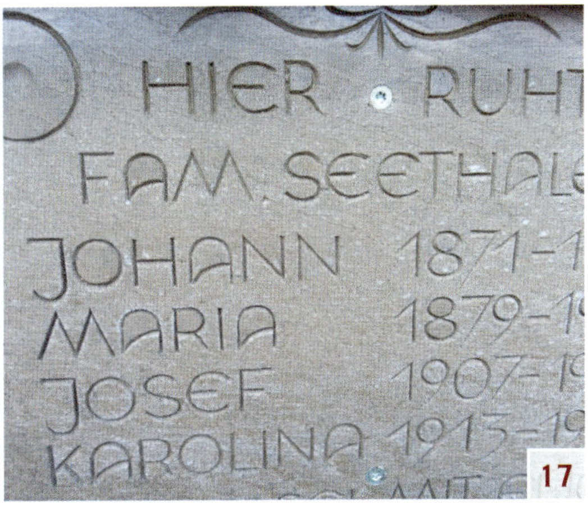

17

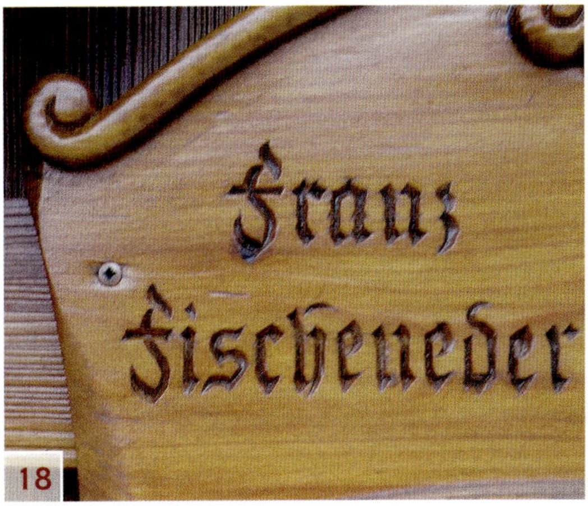

18

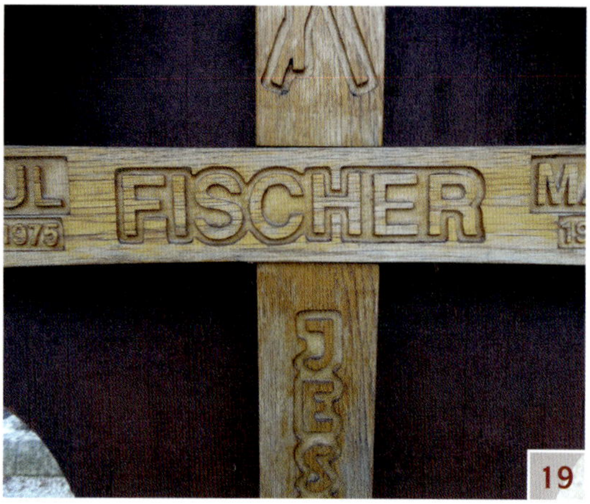

19

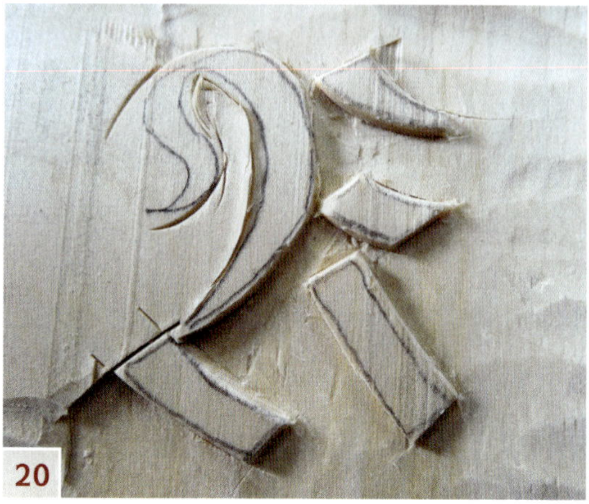

20

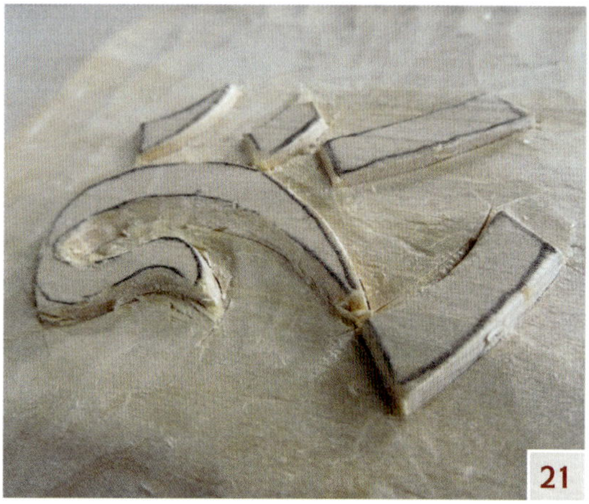

21

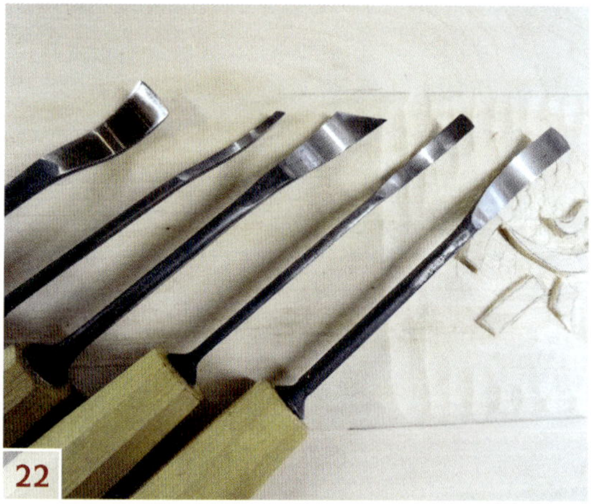

22

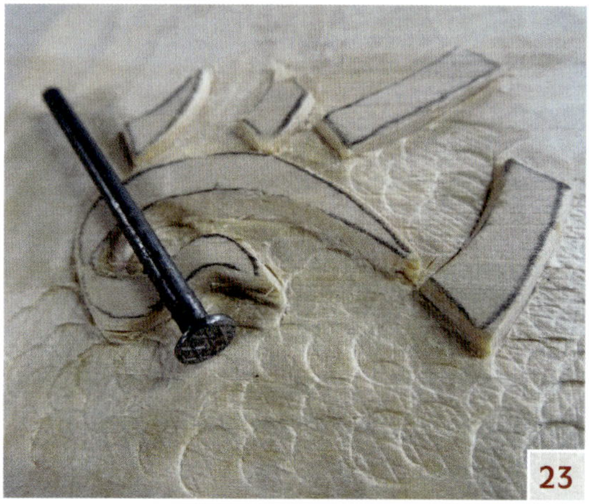

23

Vom Flachschnitt zum Relief

Alle Hochkulturen verfügten über eine hochentwickelte Reliefkunst. Der Formenreichtum ist groß und reicht von einfachen, der Natur abgeschauten Pflanzenmotiven bis zur Darstellung des menschlichen Körpers. Die Motive wurden entweder naturalistisch oder aber stilisiert, minimalisiert und abstrahiert.

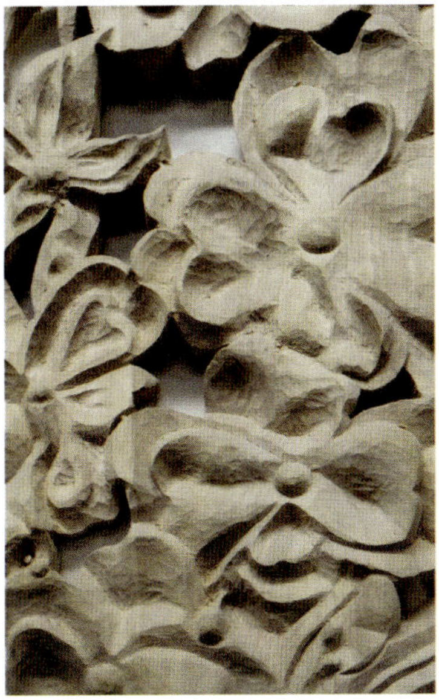

Spielerische Umsetzung pflanzlicher Elemente

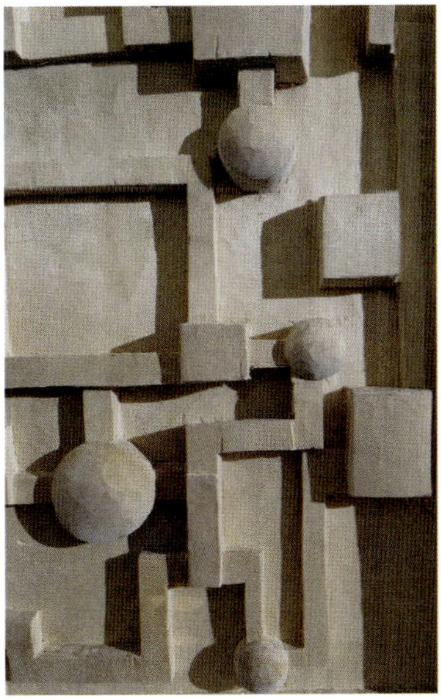

Abstrakte Arbeit eines 15-Jährigen

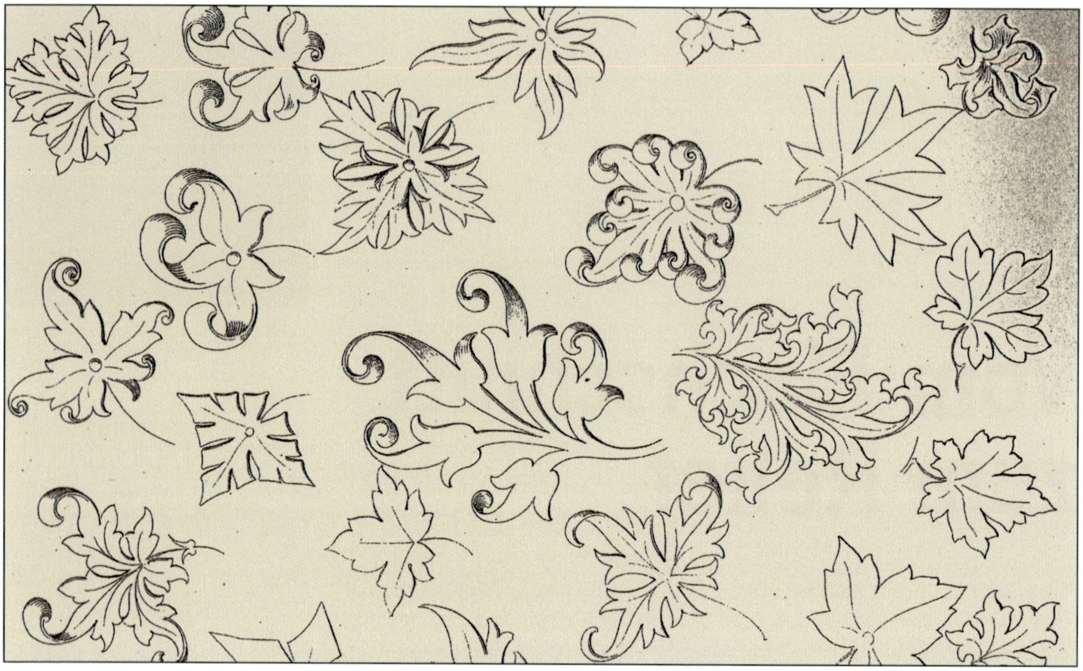

Verschiedene Blattmotive

Verschiedene Heraldikmotive

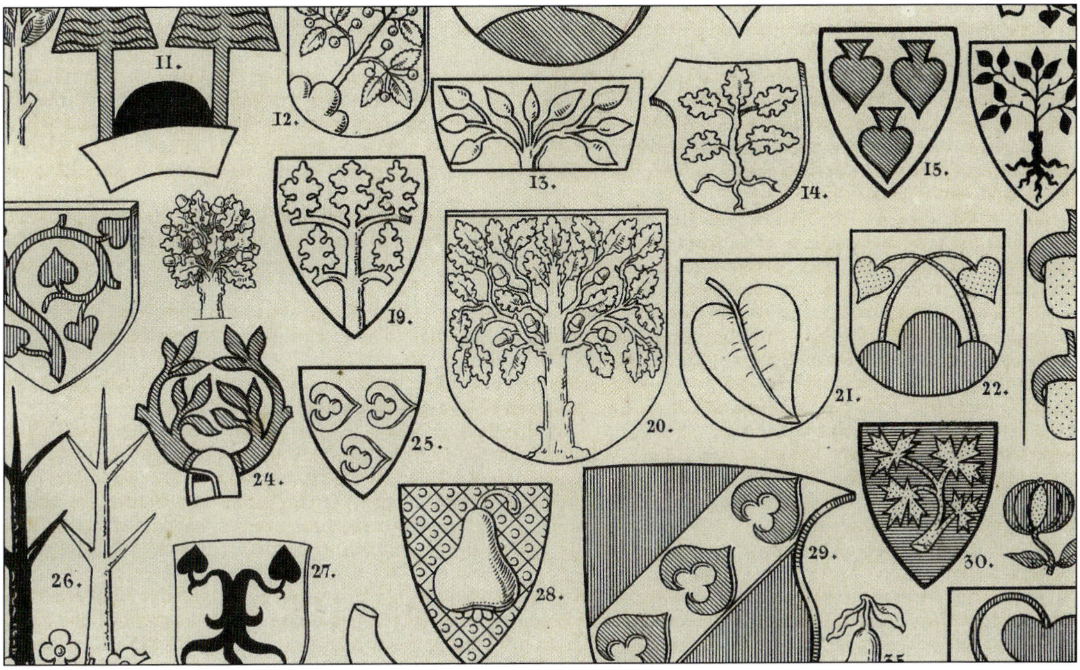

Verschiedene Heraldikmotive

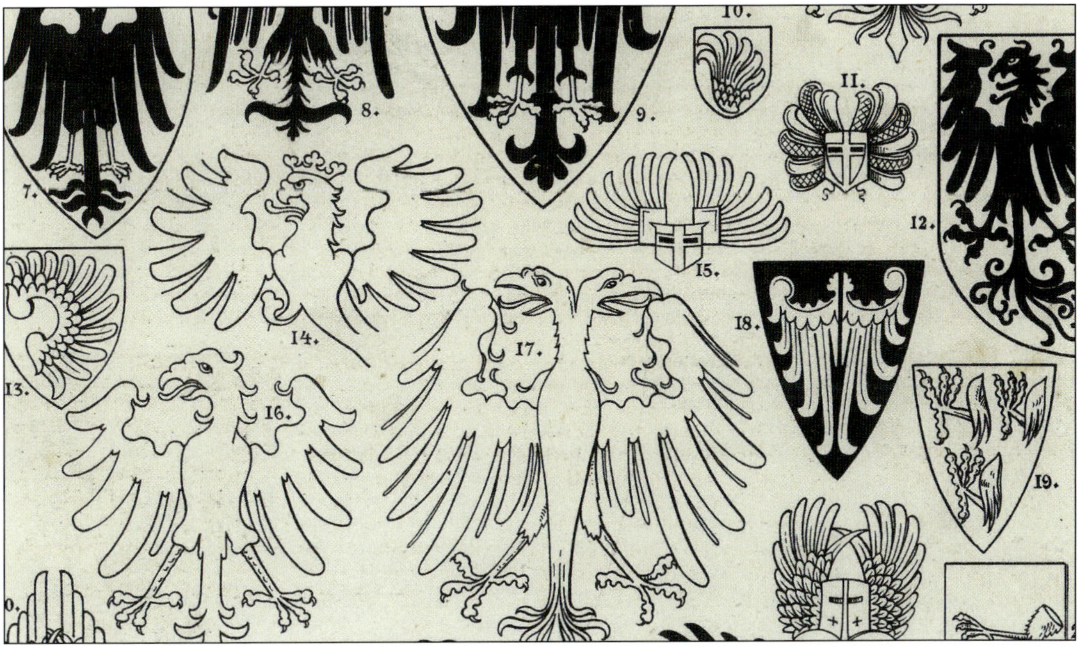

Verschiedene Heraldikmotive

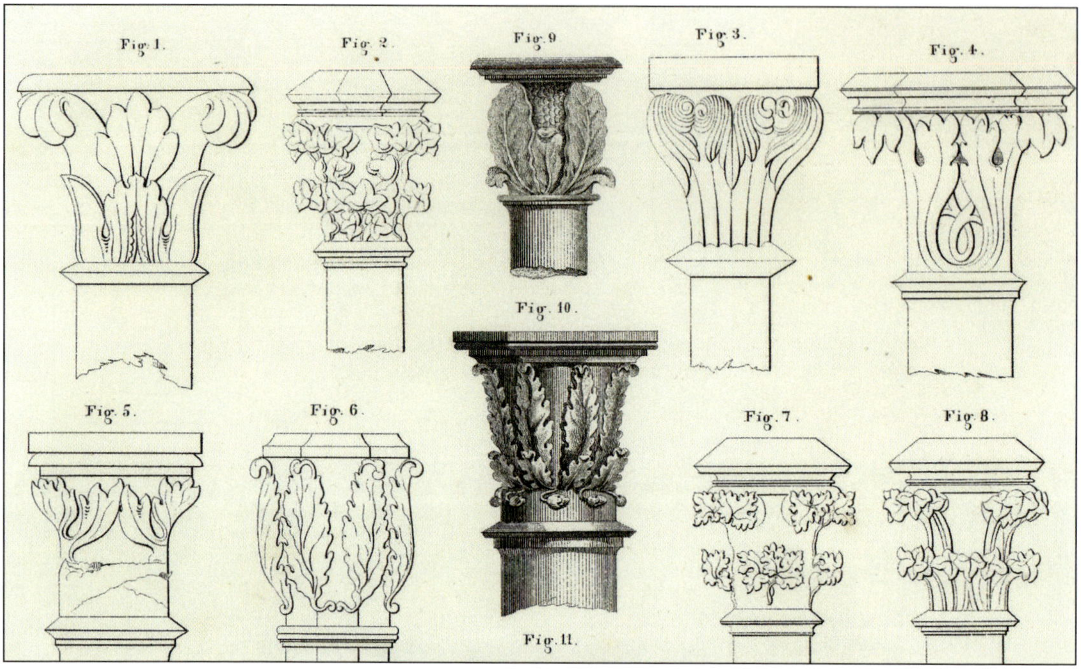

Verschiedene Ornamentikmotive

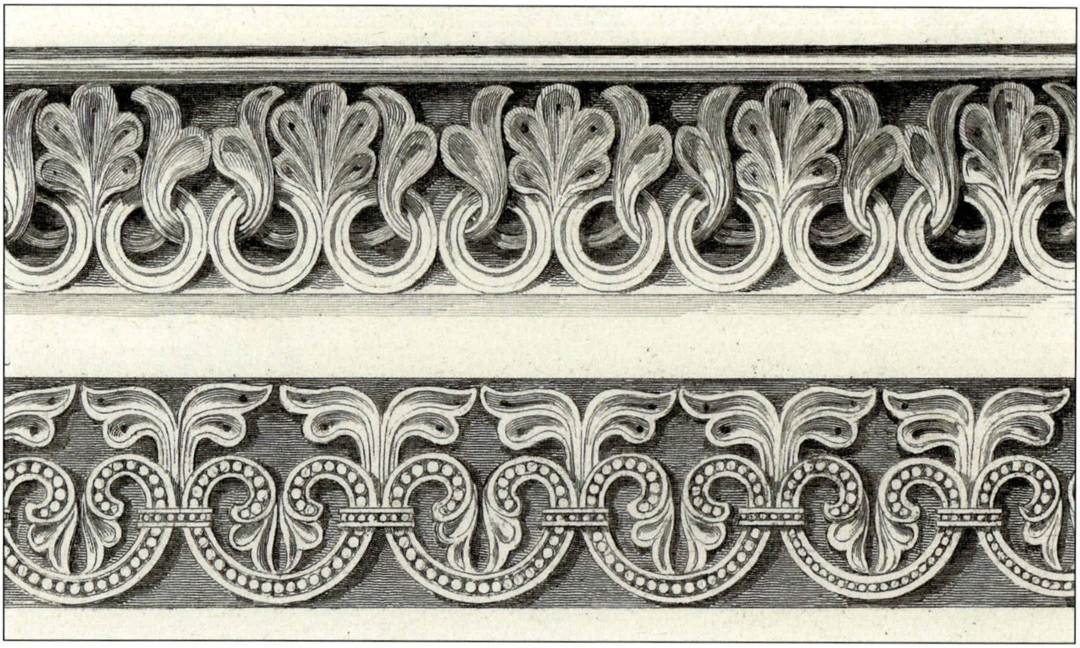

Verschiedene Ornamentikmotive

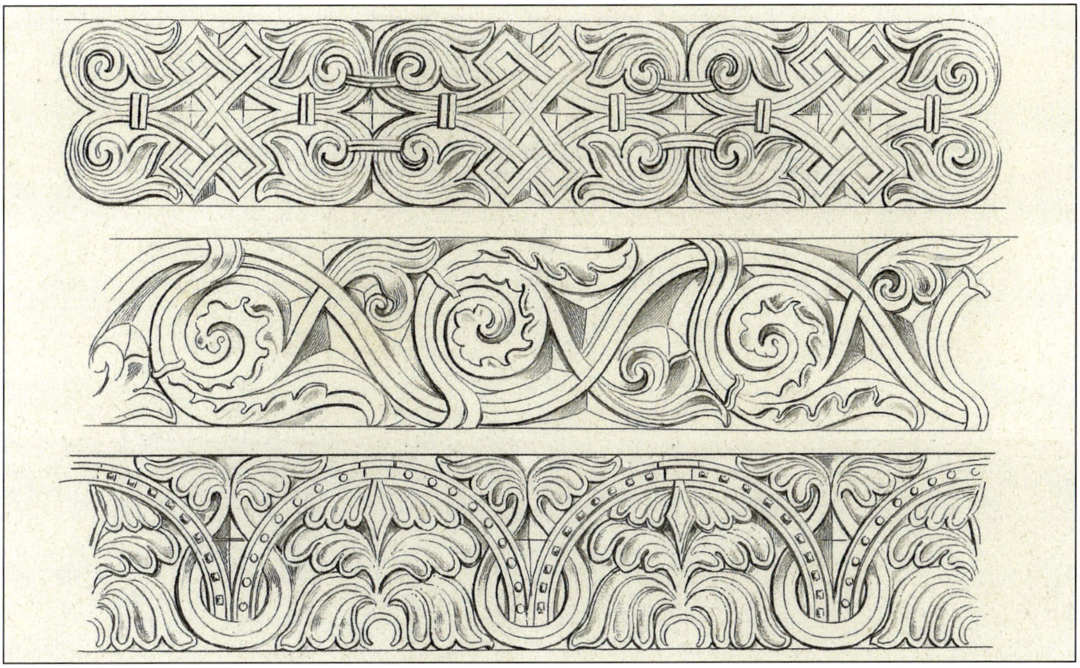

Verschiedene Ornamentikmotive

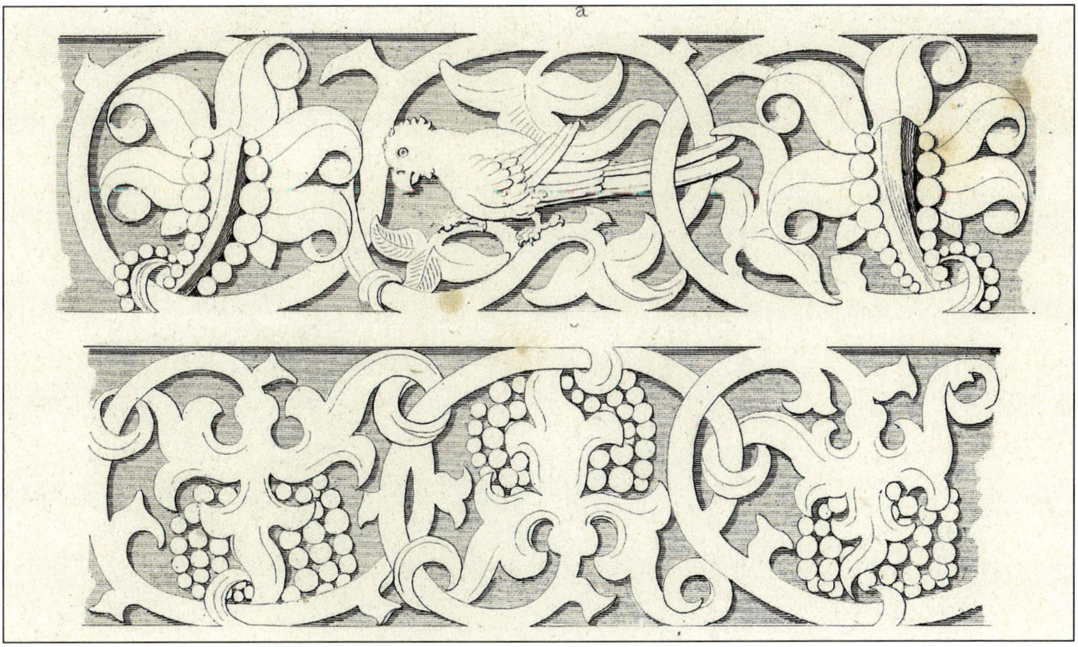

Verschiedene Ornamentikmotive

Der Entwurf

Es sind gerade die floralen Elemente, die mit geringfügigem Aufwand bei der Gestaltung wie beim Schneiden eine optimale Wirkung ergeben. Für das Entwerfen geschnitzter Werkstücke können Motive aus der Heraldik oder der Ornamentik sehr hilfreich sein. Die Abbildungen auf den vorigen Seiten bzw. im Anhang sollen als Anregung dienen, sie sind es sicher wert, dass man sie kopiert. Jeder Schnitzer wird sich im Laufe der Zeit eine individuelle Sammlung von geeigneten Vorlagen anlegen. Aus diesem Fundus lässt sich dann immer etwas Brauchbares hervorholen. Dem Anfänger sei empfohlen, mit einigen simplen Mustern und Übungen zu beginnen.

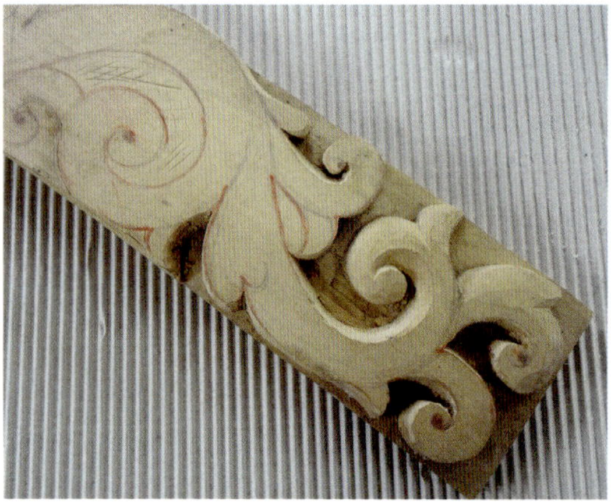

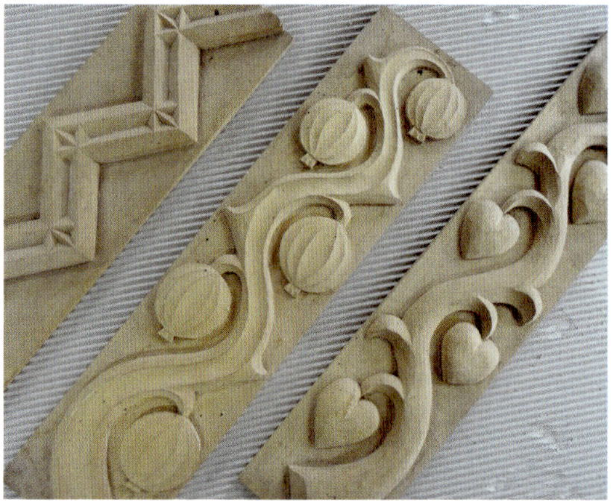

Mit einfachen Flachschnittübungen bekommt man Handfertigkeit und Routine. (oben)

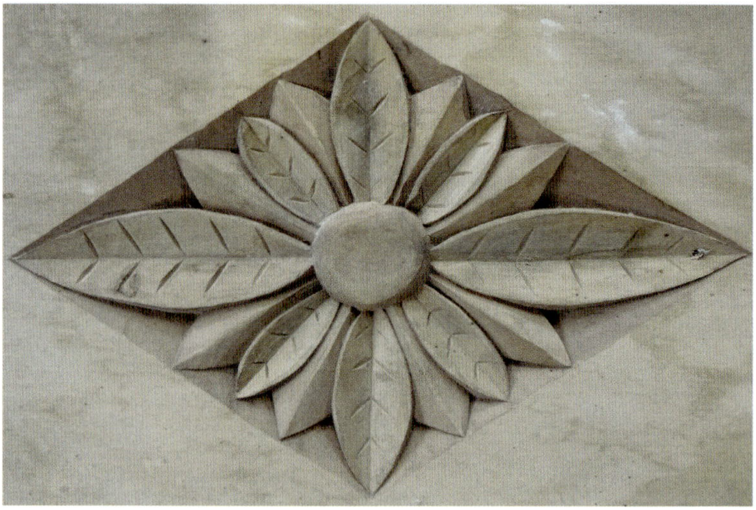

Motiv für eine Türfüllung (Kerbschnitt in Linde) (rechts)

Für das Ausheben des Grundes verwenden wir gekröpfte Bildhauereisen verschiedener Breite mit gerader und schräger Schneide (Abb. 22 auf Seite 58). Genaues Arbeiten mit scharfer Schneide ist eine Grundvoraussetzung, denn auch da gilt wieder: Gute Schneide = halbe Arbeit! Für großflächige Ornamente und große Schriftzüge, wie sie in der alemannischen Kulturlandschaft (Bodenseegebiet) zu bestaunen sind, werden großteils mit dem Schultermesser (Schnitzer) geschnitten. Bei diesen kraftaufwändigen Schnitzereien wird das Schultermesser mit beiden Händen geführt. Der etwa 50 cm lange Holzschaft liegt zur besseren Führung an der Schulter.

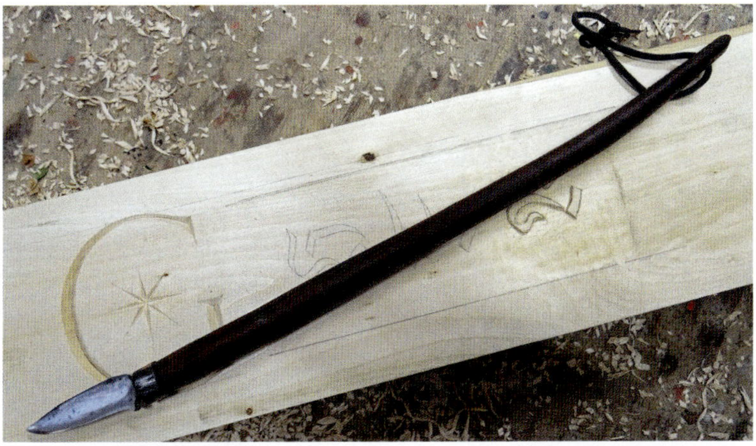

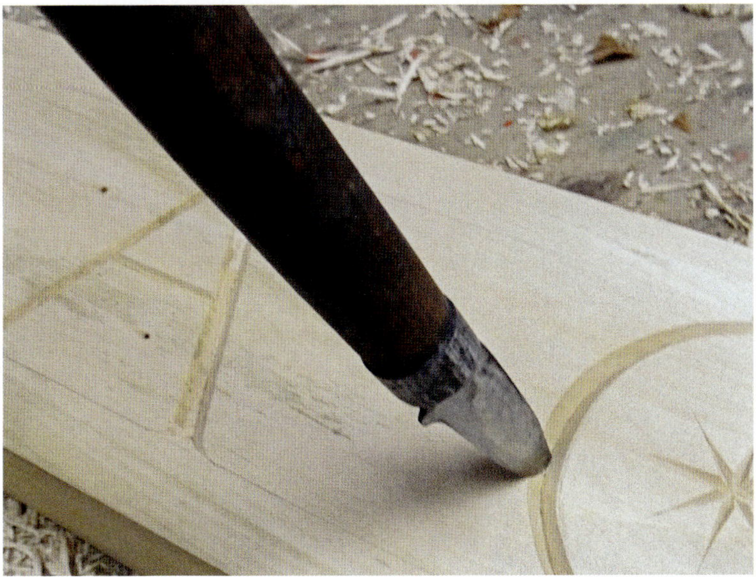

Das Schultermesser – auch Schnitzer (oben) – ermöglicht das Schneiden von tiefen Kerben mit beiden Händen.

Durchbruch-Füllungen sind geeignete Werkstücke, um das Dreidimensionale langsam zu erfassen. Mit geringem technischem Aufwand – das Meiste machen die Bohrmaschine und die Stich- oder Laubsäge – entsteht das erste „Kunstwerk" (siehe Abbildungen ab S. 67).

In der Klassischen Bildhauerei wurde das Akanthusblatt als pflanzliches Motiv seit der Antike verwendet. Der Volkskunst dienten die **Blätter** und **Ranken** von Wein, Eiche, Efeu, Buche oder Legföhre als Vorlage (siehe Abbildungen ab S. 69).

Vielerorts erfreuen sich **geschnitzte Bilderrahmen** und **Trophäenschilder** wiedergewonnener Beliebtheit. Da diese Arbeiten meist von einfacher Machart sind, lohnt es sich für den Anfänger, damit zu beginnen. Das allmähliche Herantasten an das Dreidimensionale lässt so das Körperliche, im wahrsten Sinne des Wortes, begreifen. Die Abbildungen ab S. 72 zeigen eine Auswahl unterschiedlich angewandter Schnitztechniken.

Das Reliefschnitzen

Die Bezeichnung **„Relief"** wurde im 18. Jahrhundert aus dem Französischen entlehnt, das sich aus dem lateinischen *relevare* (in die Höhe heben) herleitet. Reliefschnitzen ist von außerordentlicher Vielfalt, der eigenen Fantasie sind keine Grenzen gesetzt. Die Tiefe eines Reliefs ist nicht von Bedeutung. Die plastische Wirkung kann meist nicht durch tiefes Schneiden gesteigert werden. Ein flach geschnittenes Werkstück verlangt mehr Präzision und Können und wirkt insgesamt eleganter (siehe Abbildungen ab S. 96).

Es waren einfache Leute, wie Bergmänner, Salinenarbeiter und Holzknechte im Salzkammergut, die sich ohne fachliche Ausbildung dem Schnitzen widmeten. Angeregt durch die sakrale Kunst des 18. Jahrhunderts – die großen Bildhauerdynastien Astl (Flügelaltar Hallstatt), Michael Pacher (Flügelaltar St. Wolfgang), Meinrad Guggenbichler (Mondsee), Schwanthaler (Pfarrkirche Gmunden, Wallfahrtskirche Lauffen) und Moroder (Kirchenkrippe in Bad Ischl, 19. Jahrhundert) schufen gerade gewaltige Figuren, Altäre und Krippen in dieser Gegend –, wurde das Schnitzen zum beliebten Zeitvertreib, zumal es an sonstigen Belustigungen mangelte. Man wetteiferte und tauschte seine Kenntnisse aus. Von einigen Familien gingen besonders talentierte Schnitzer hervor. Die Abbildungen ab Seite 92 lassen das meisterliche Schaffen erkennen!

Den Bilderrahmen auf Seite 94 kann man wohl als Kunstwerk bezeichnen. Man beachte, mit welcher Präzision und Routine dieses Werk geschnitzt wurde. Die Rückseite gibt Aufschluss über das Hinterschneiden von Blattwerk und bestätigt nochmals das Können des Bildhauers.

Durchbruch-Füllungen (hier mit Schellackoberfläche)

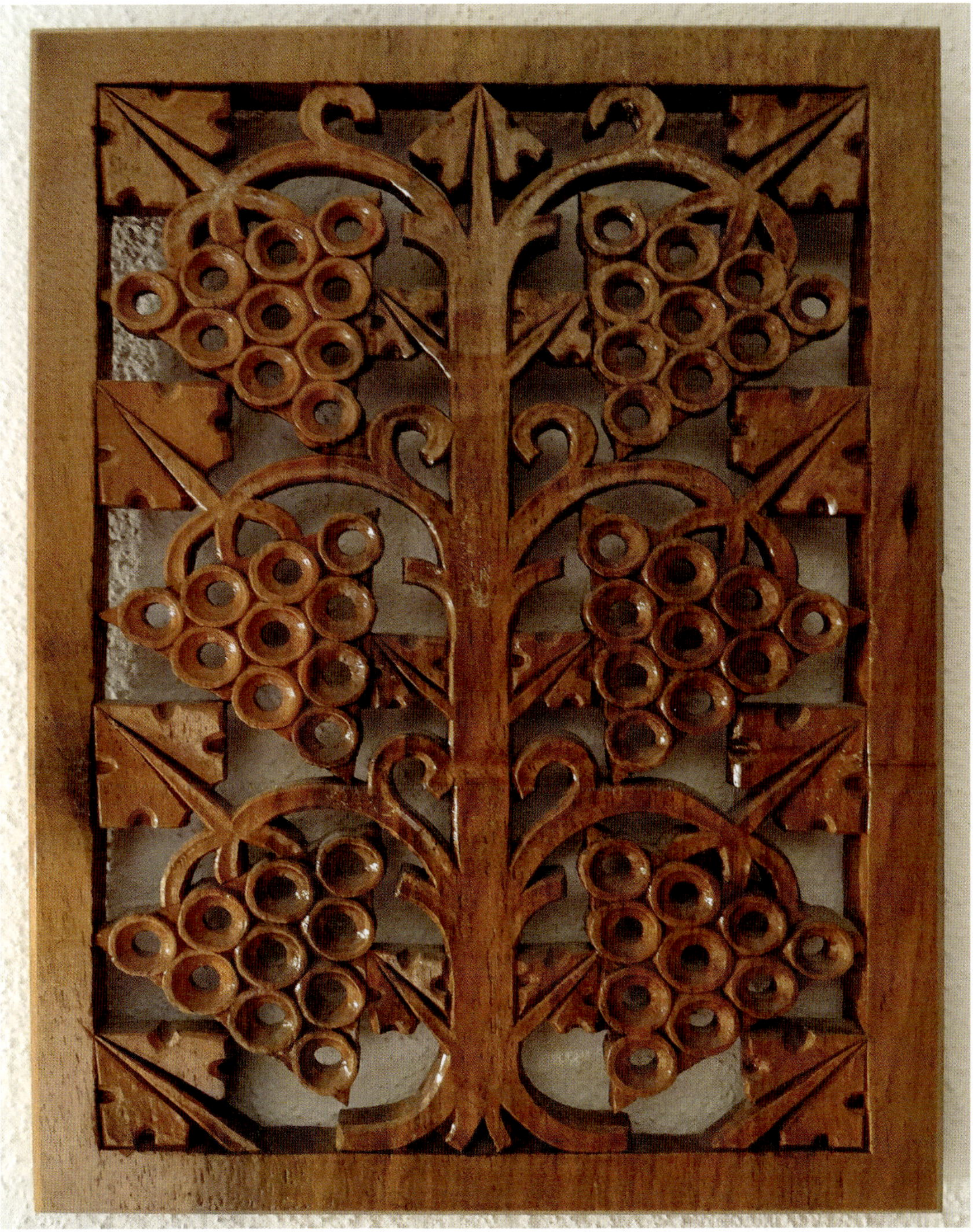

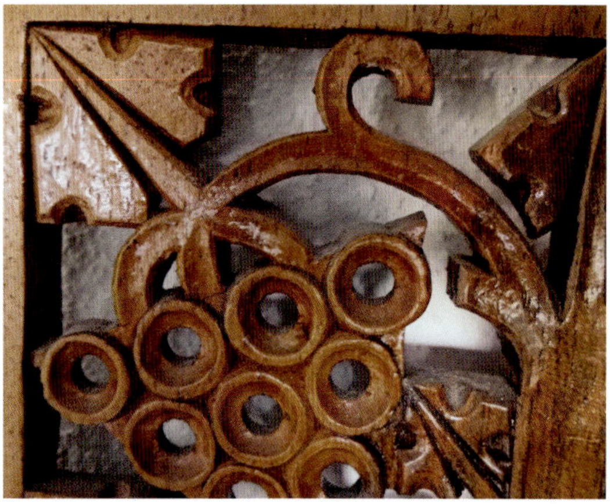

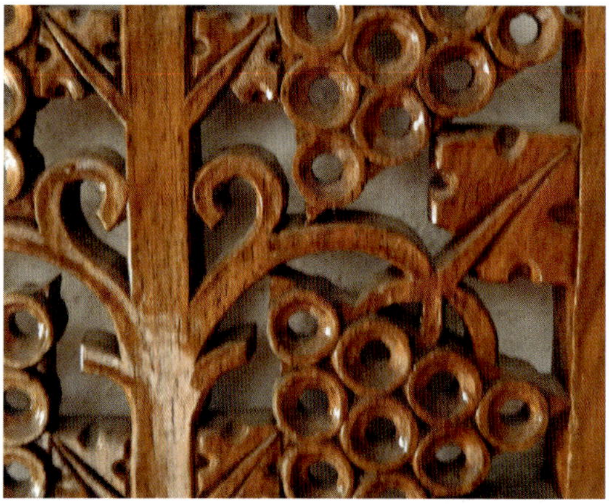

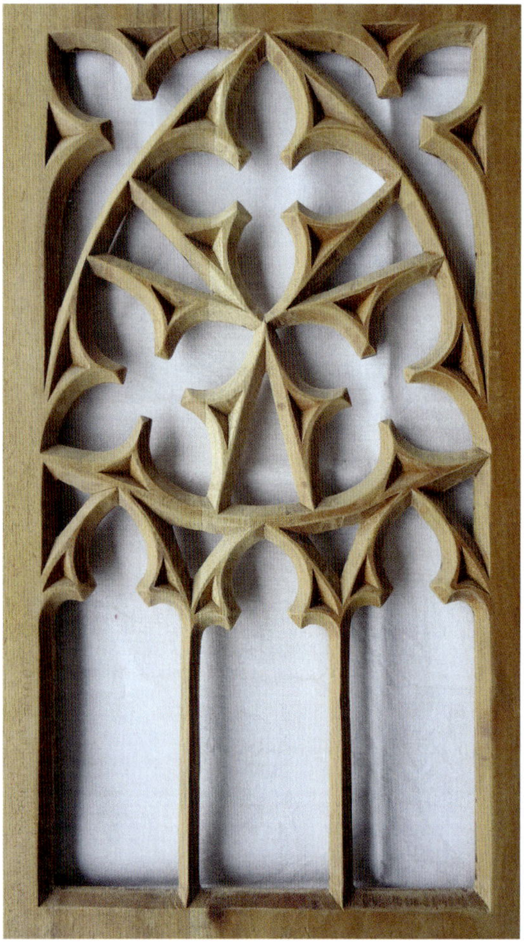

Einfache, dekorative Durchbrucharbeit in Nuss (Seite 69) und Details (oben)

Gotische Ornamentik als Durchbruchfüllung, Litauen 2000 (links) und Detail (unten)

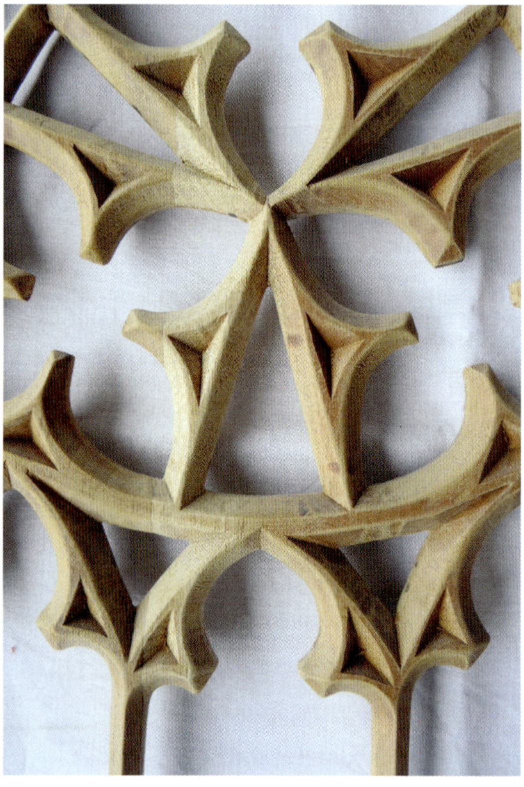

Blätter und Ranken

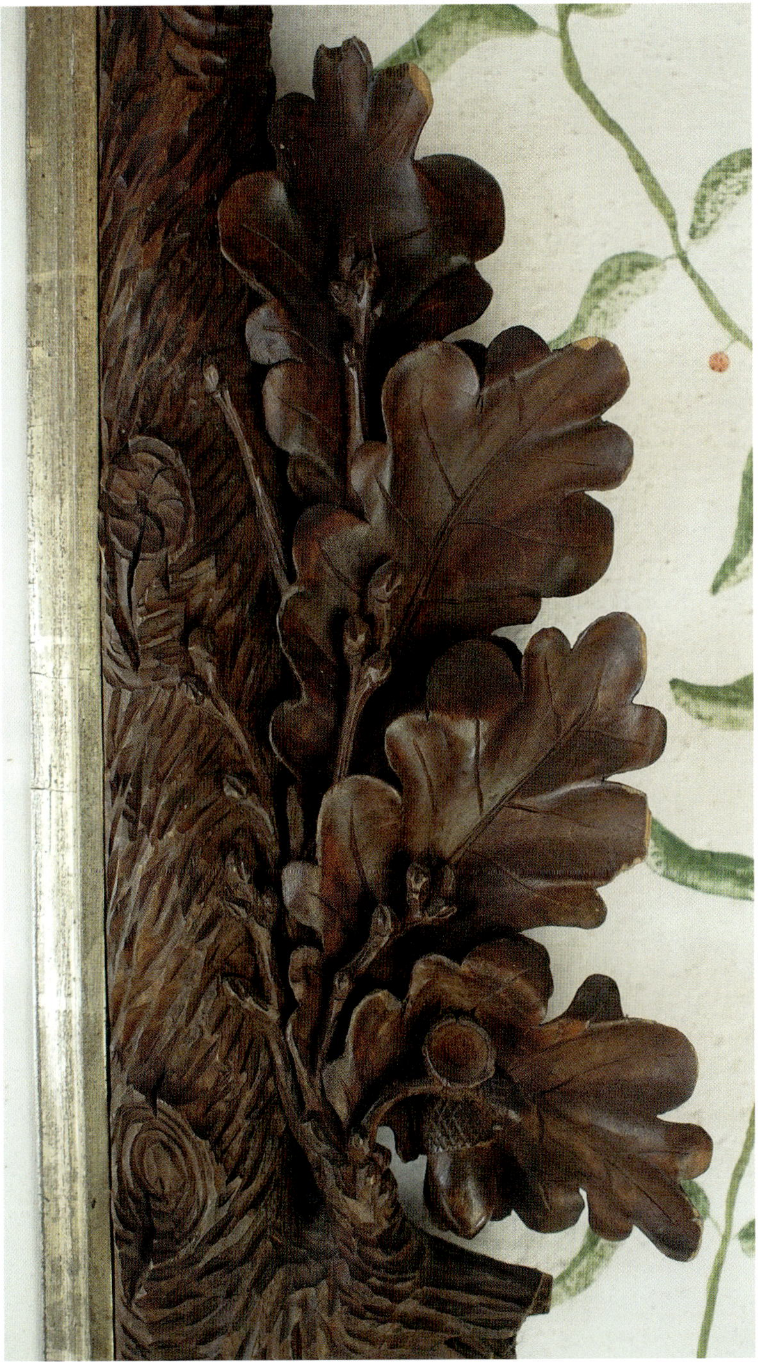

Gekonnte Blattschnitzerei und Details auf den nächsten beiden Seiten.

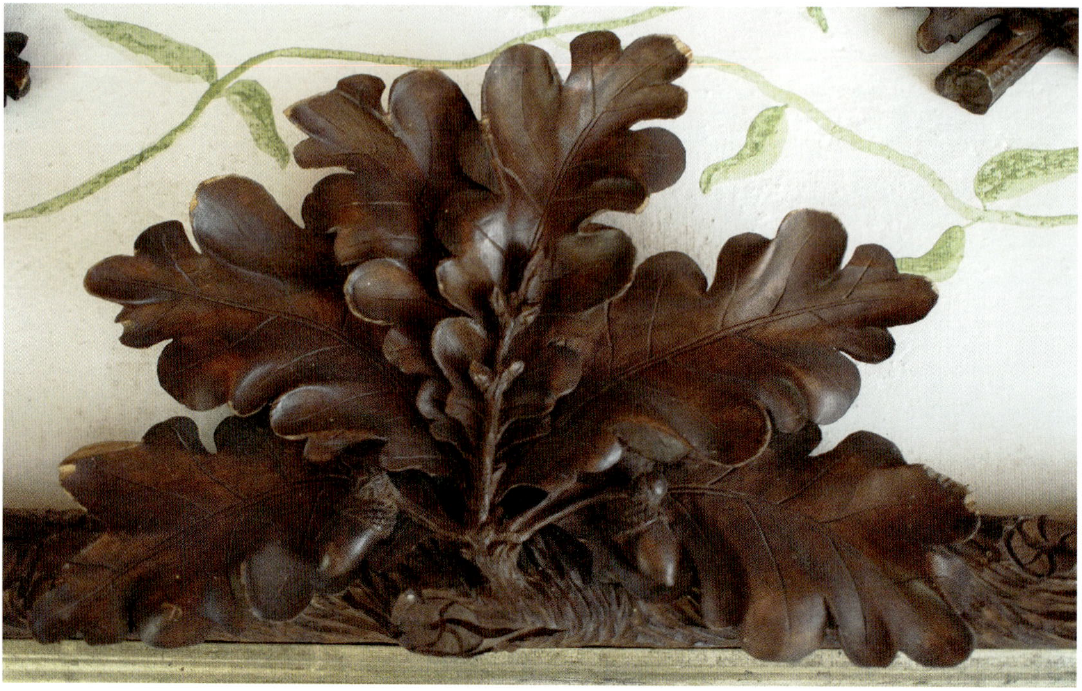

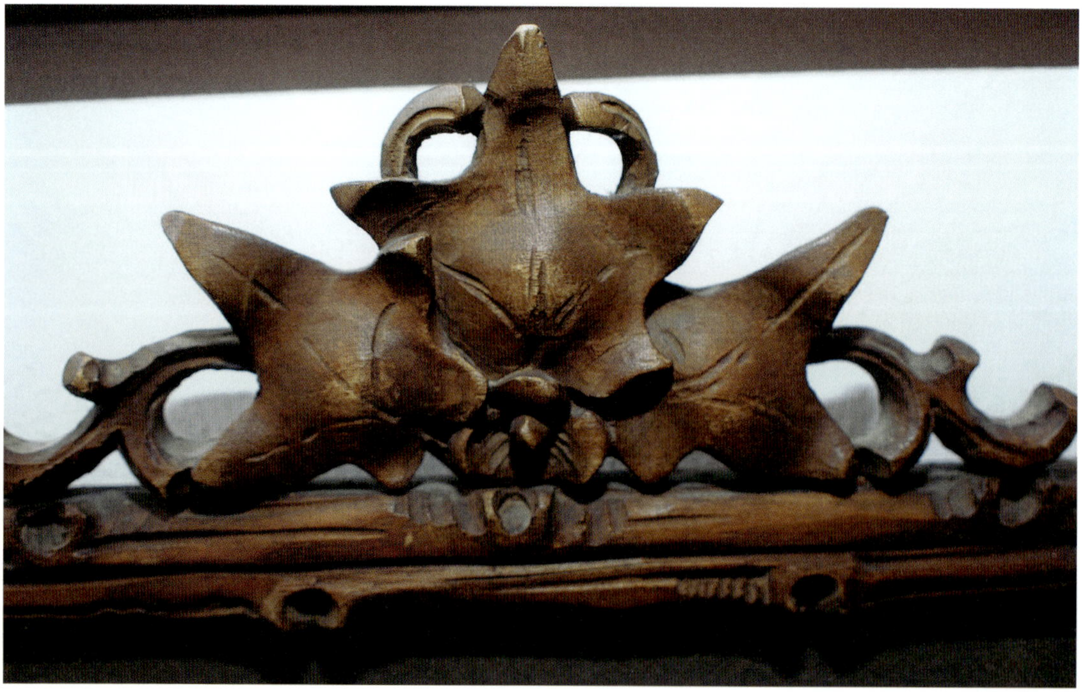

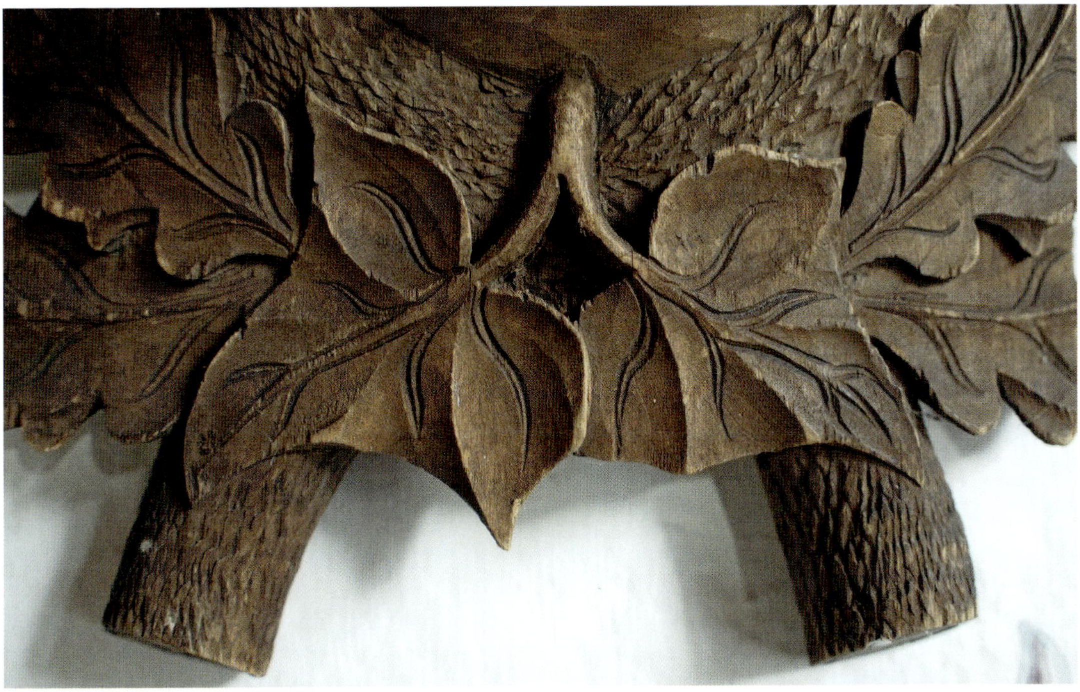

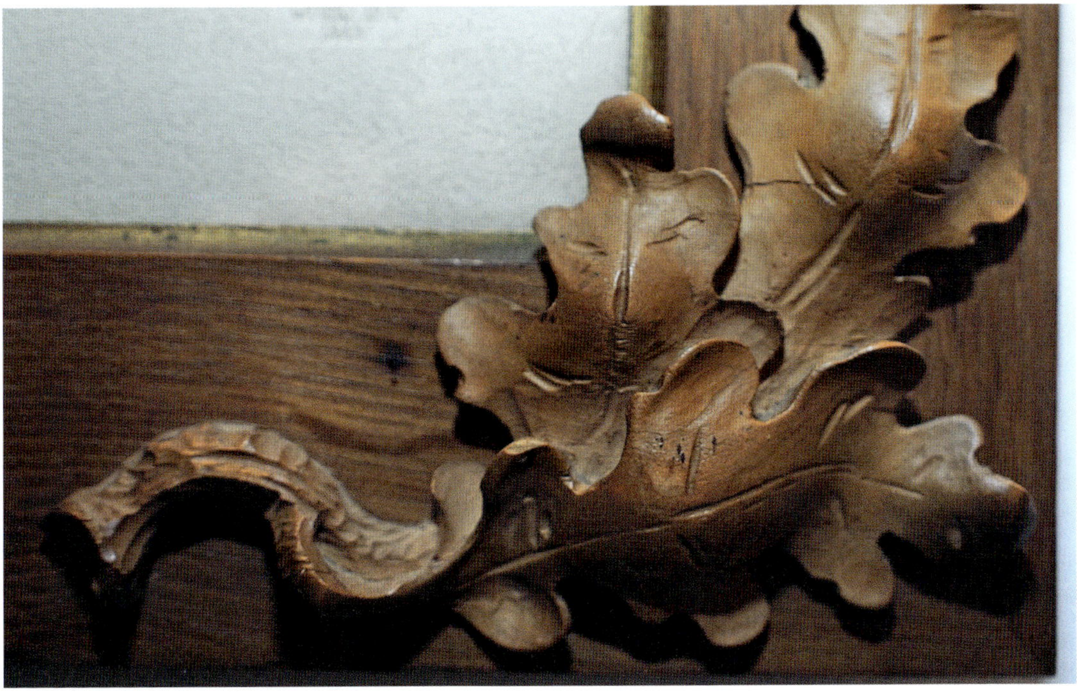

Trophäenbrettchen

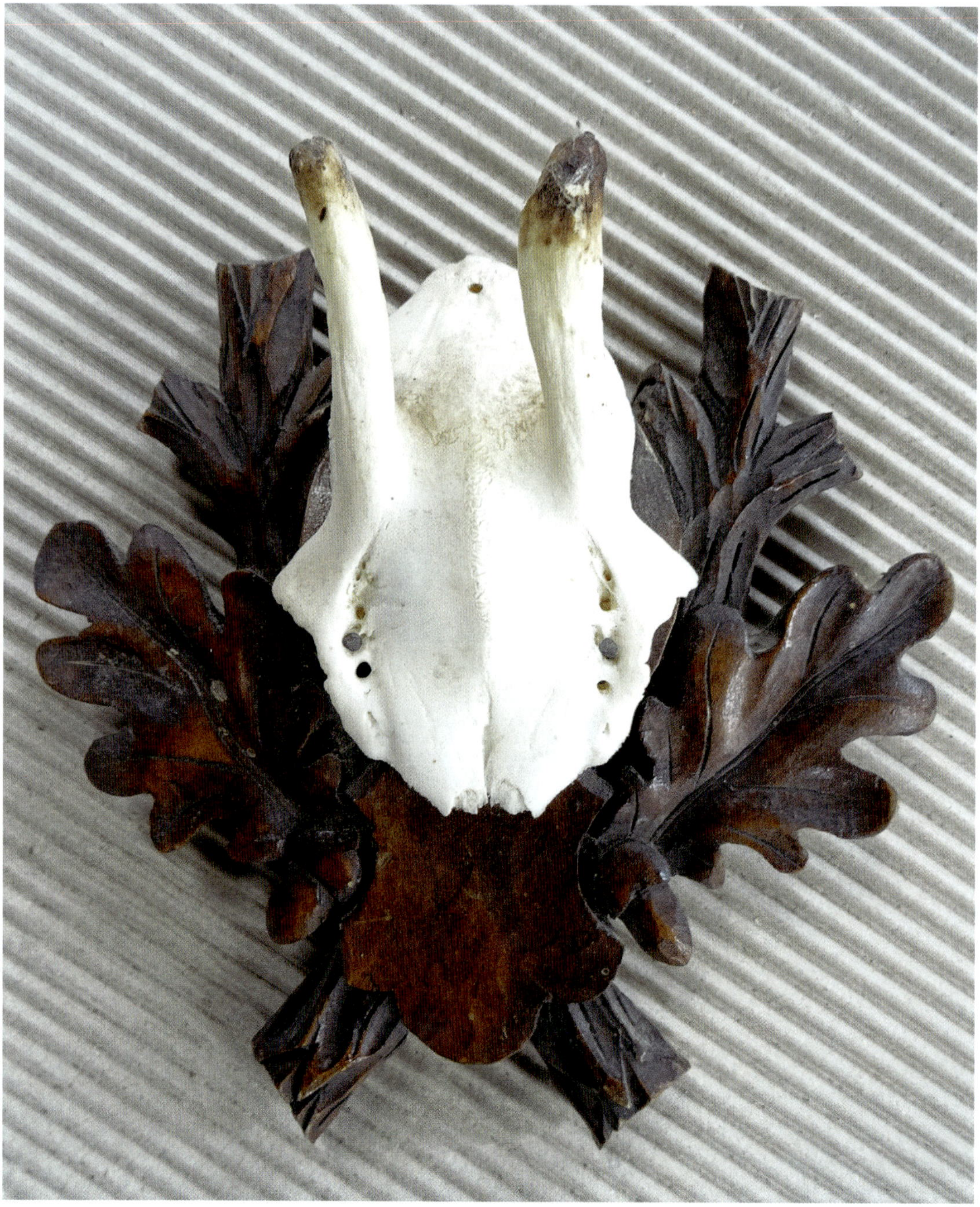

Trophäenbrettchen (oben) und Details verschiedener Trophäenschilder (rechte Seite)

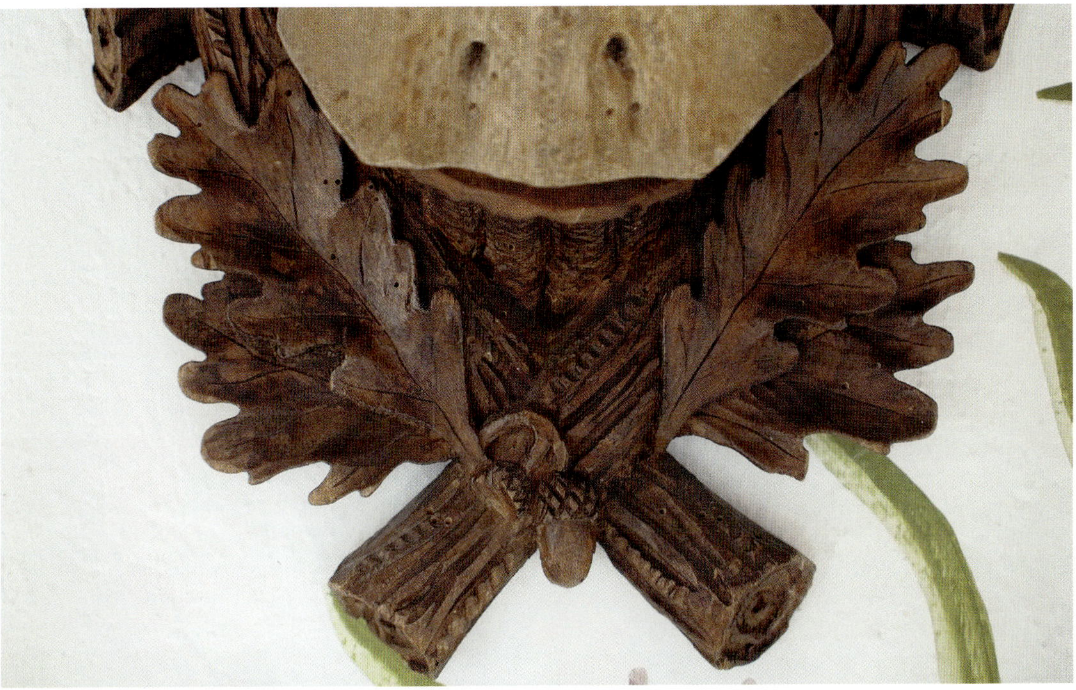

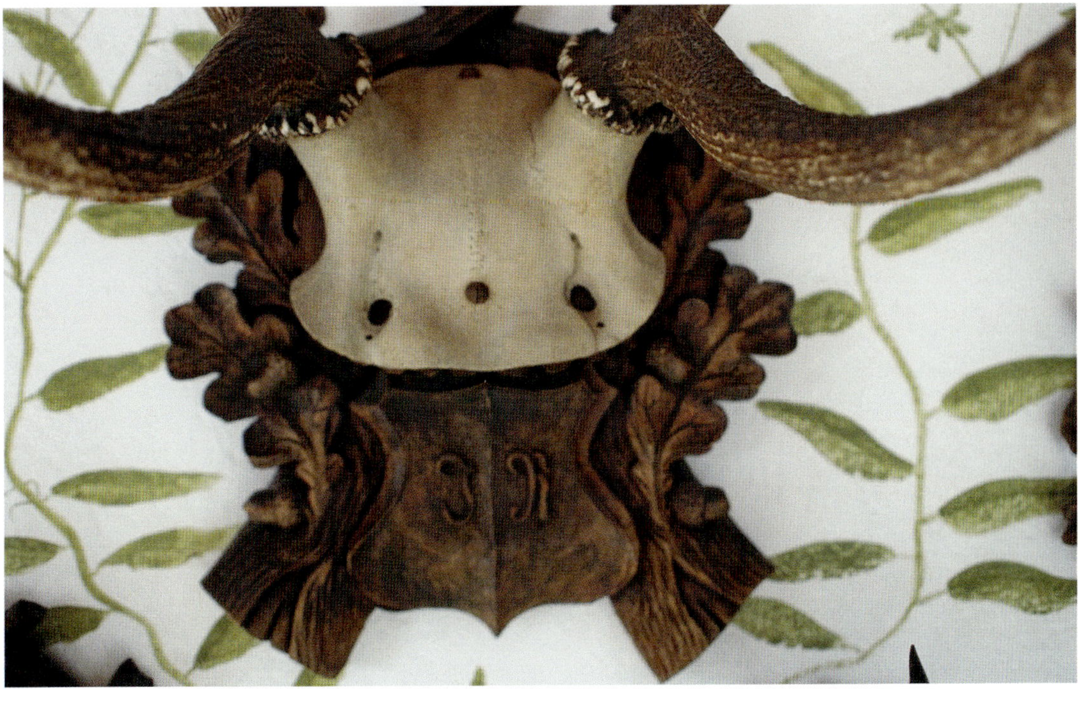

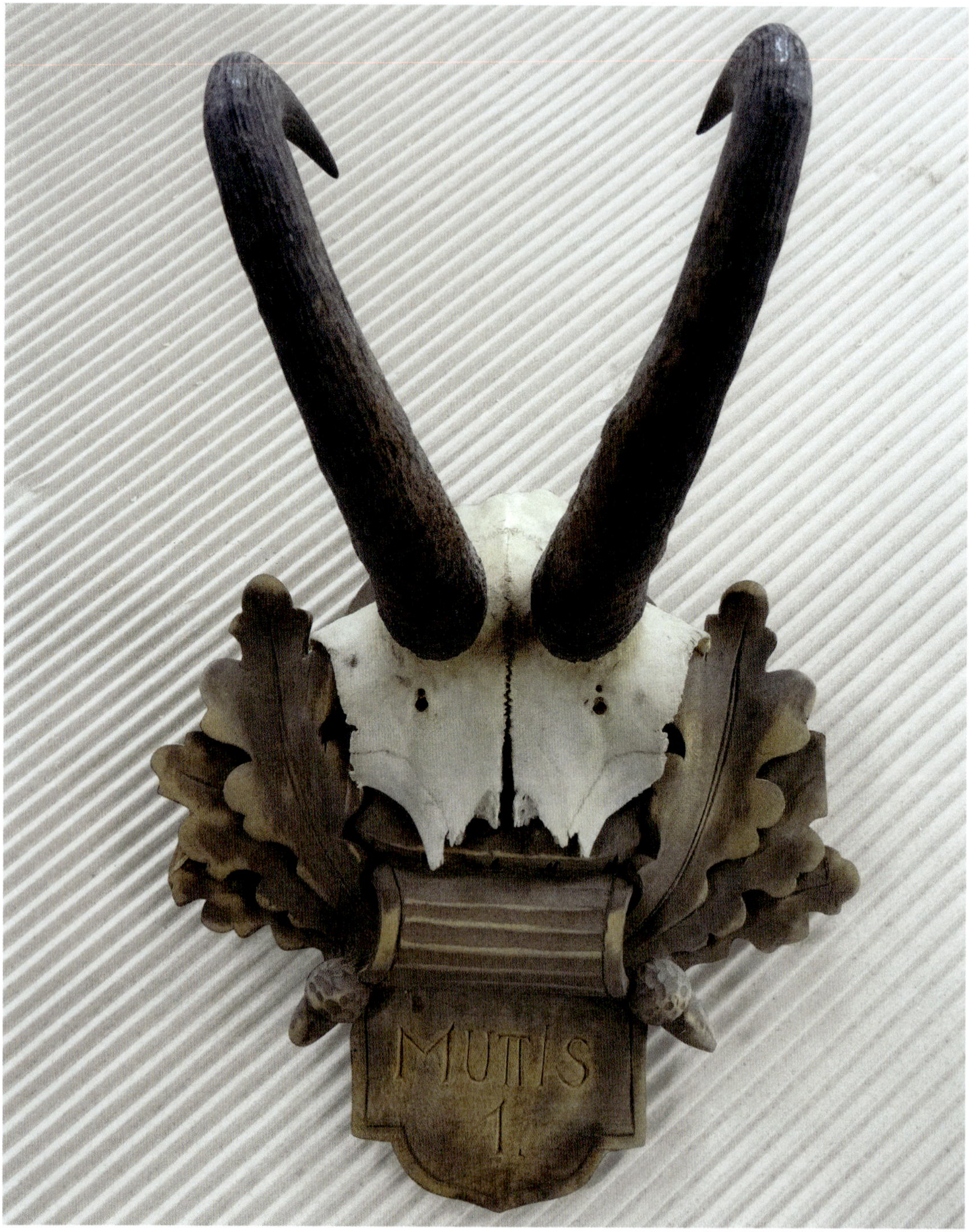

Gamsschild, Linde gebeizt

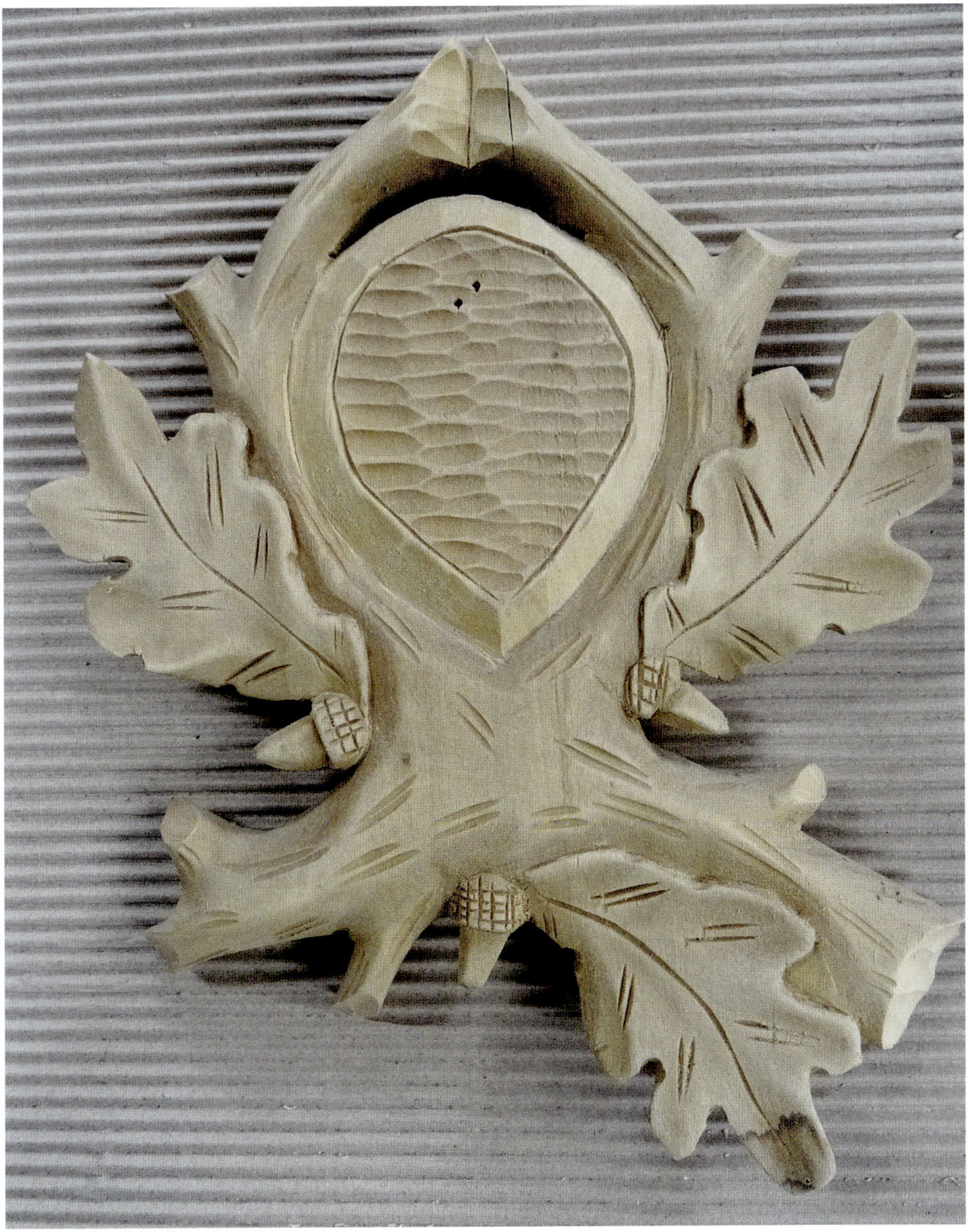

Trophäenschild, Linde, ukrainisch

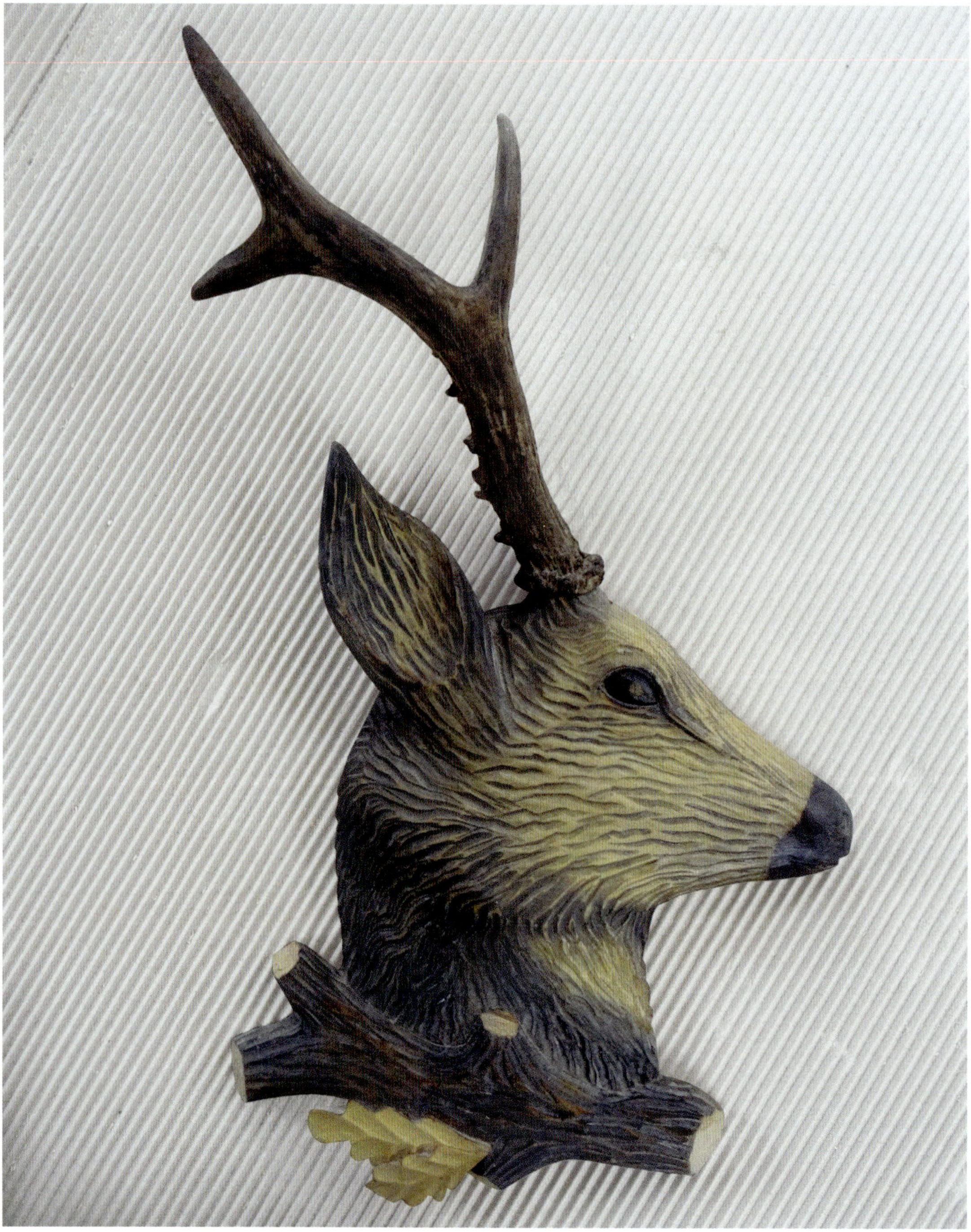

Geschnitztes Rehhaupt …

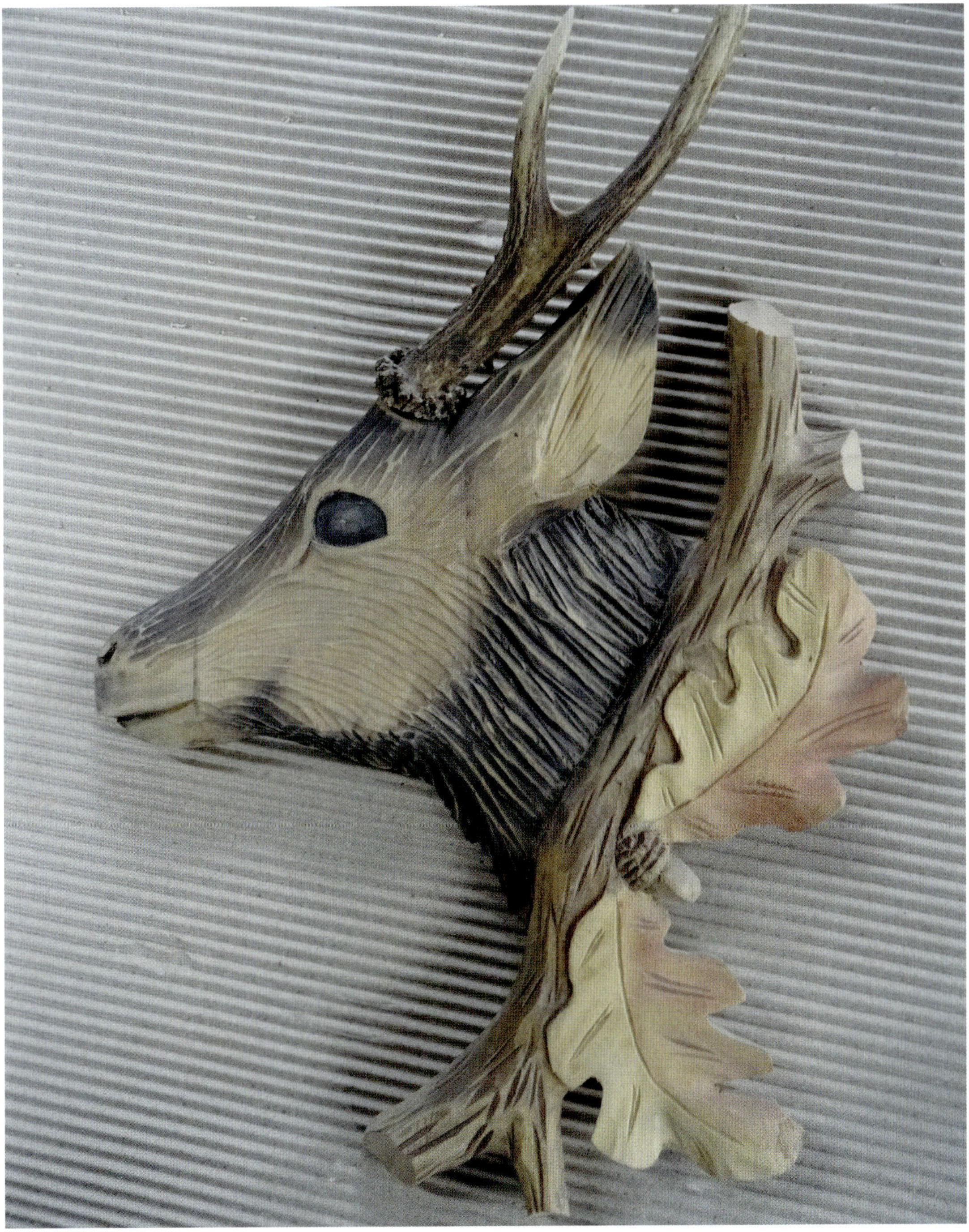

... für Abwurfstangen, leicht gebeizt, ukrainisch

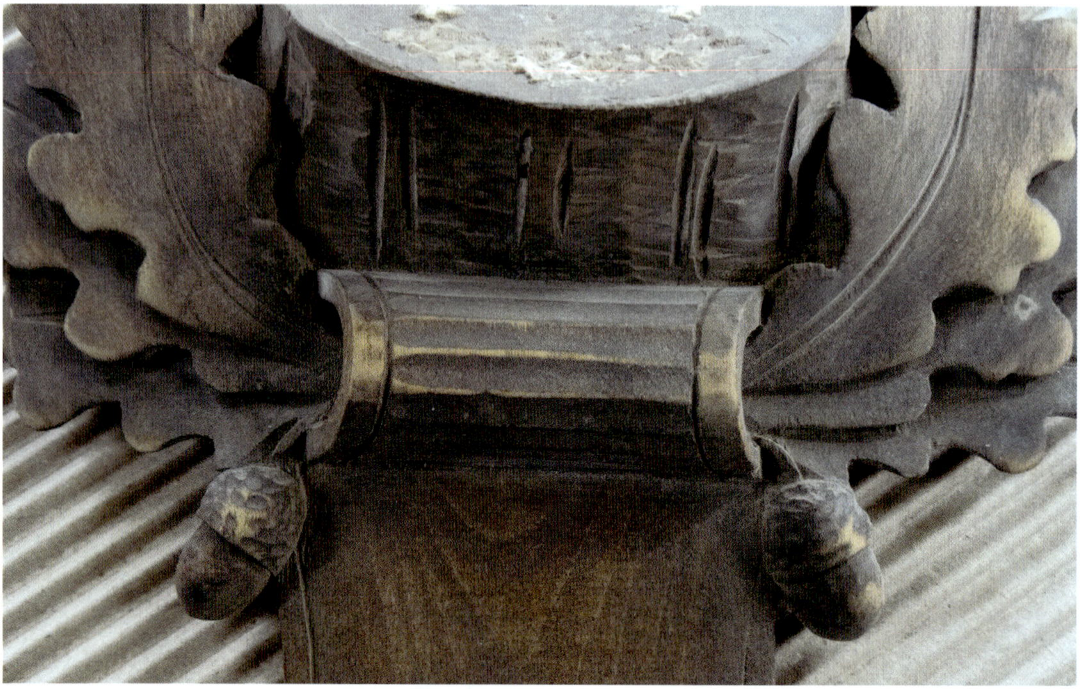

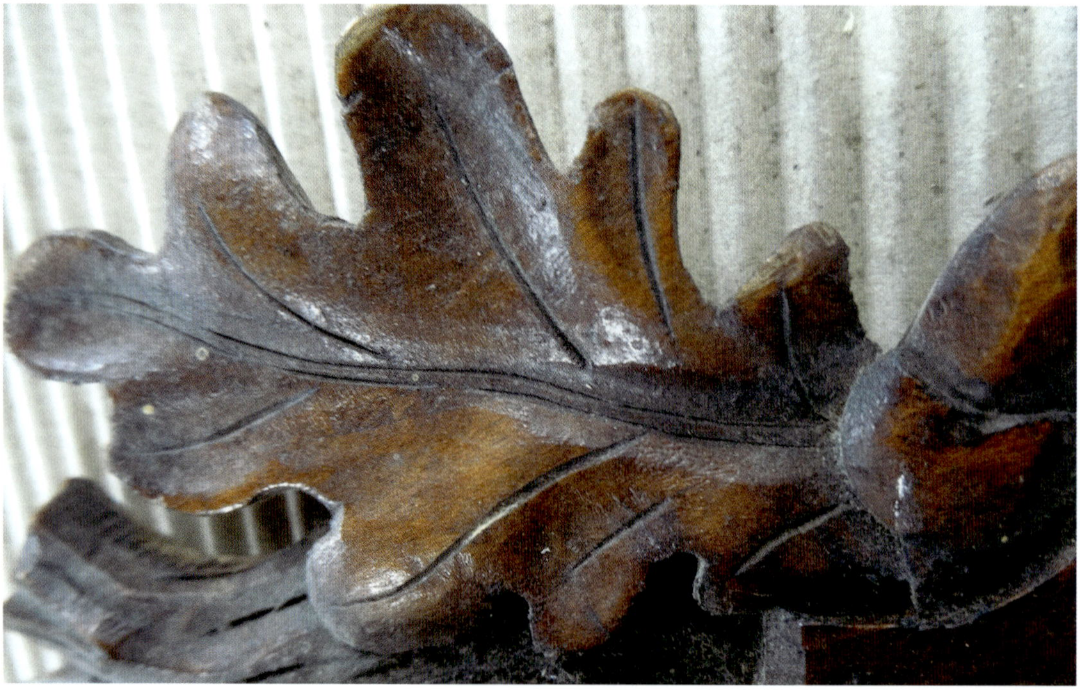

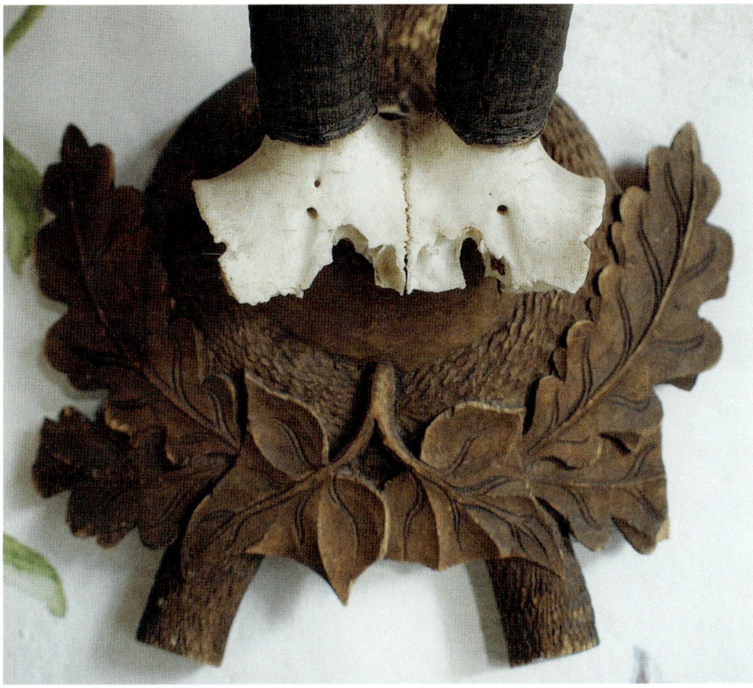

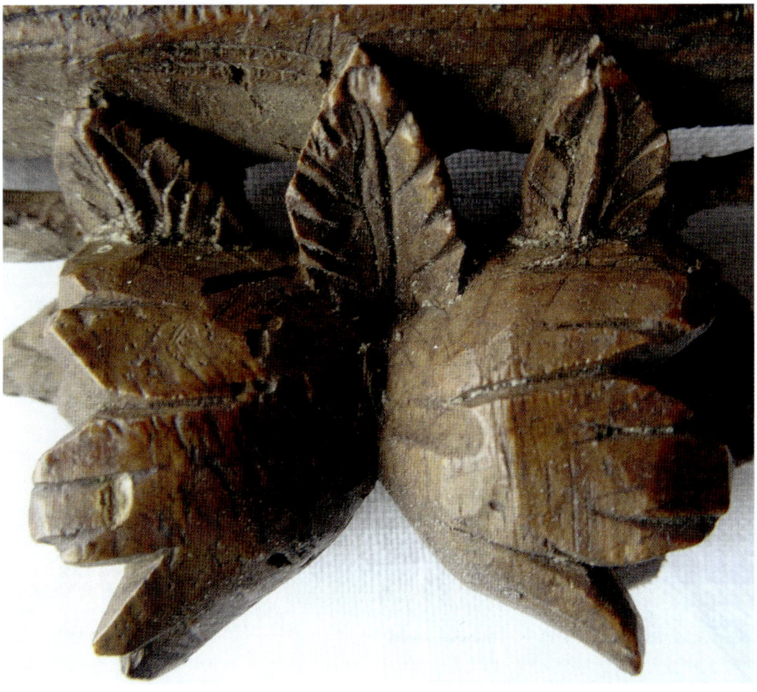

Details zu verschiedenen Trophäenschildern (diese Doppelseite)

Reliefschnitzerei bei Bilderrahmen

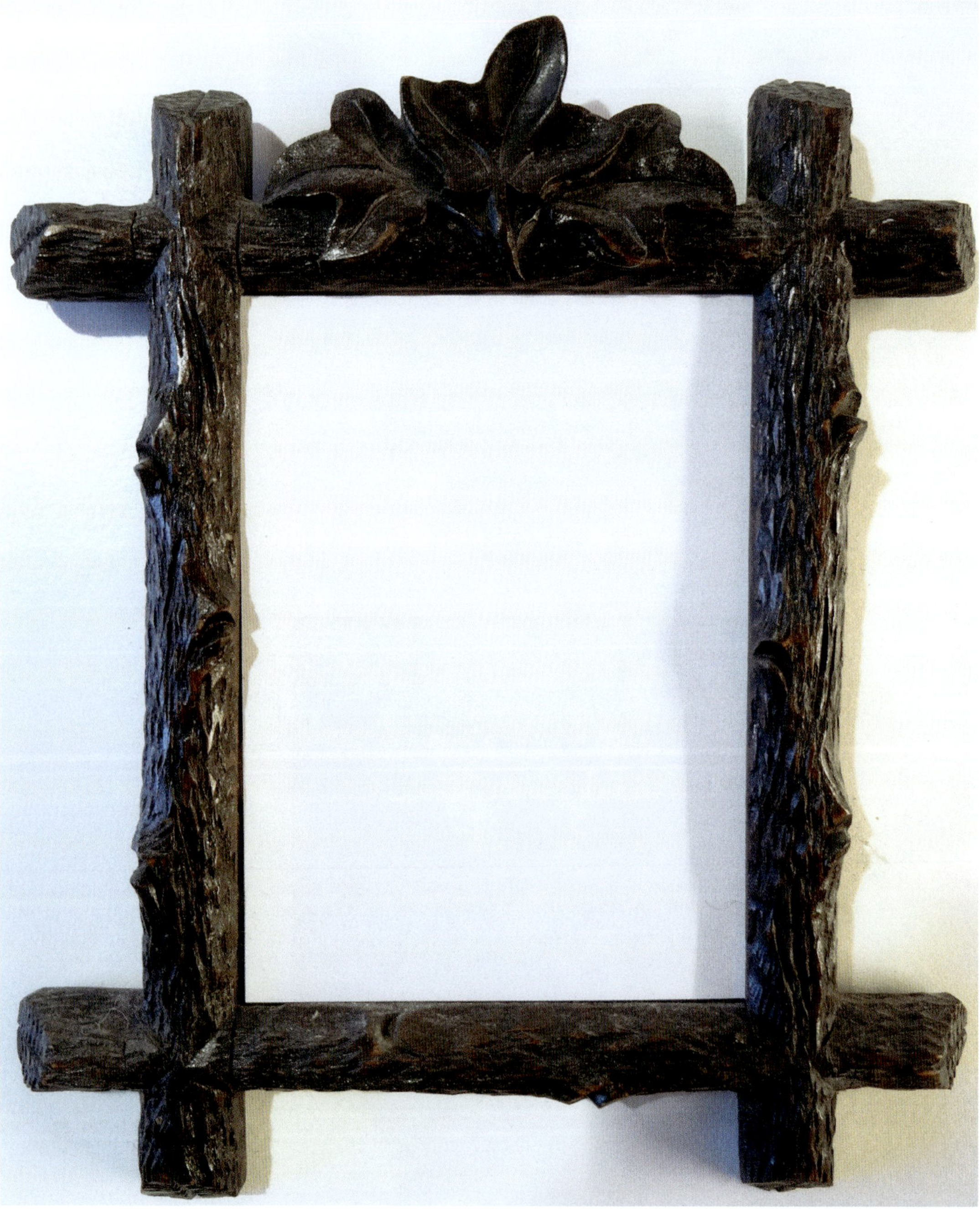

Bilderrahmen mit Eichenblattwerk, um 1900

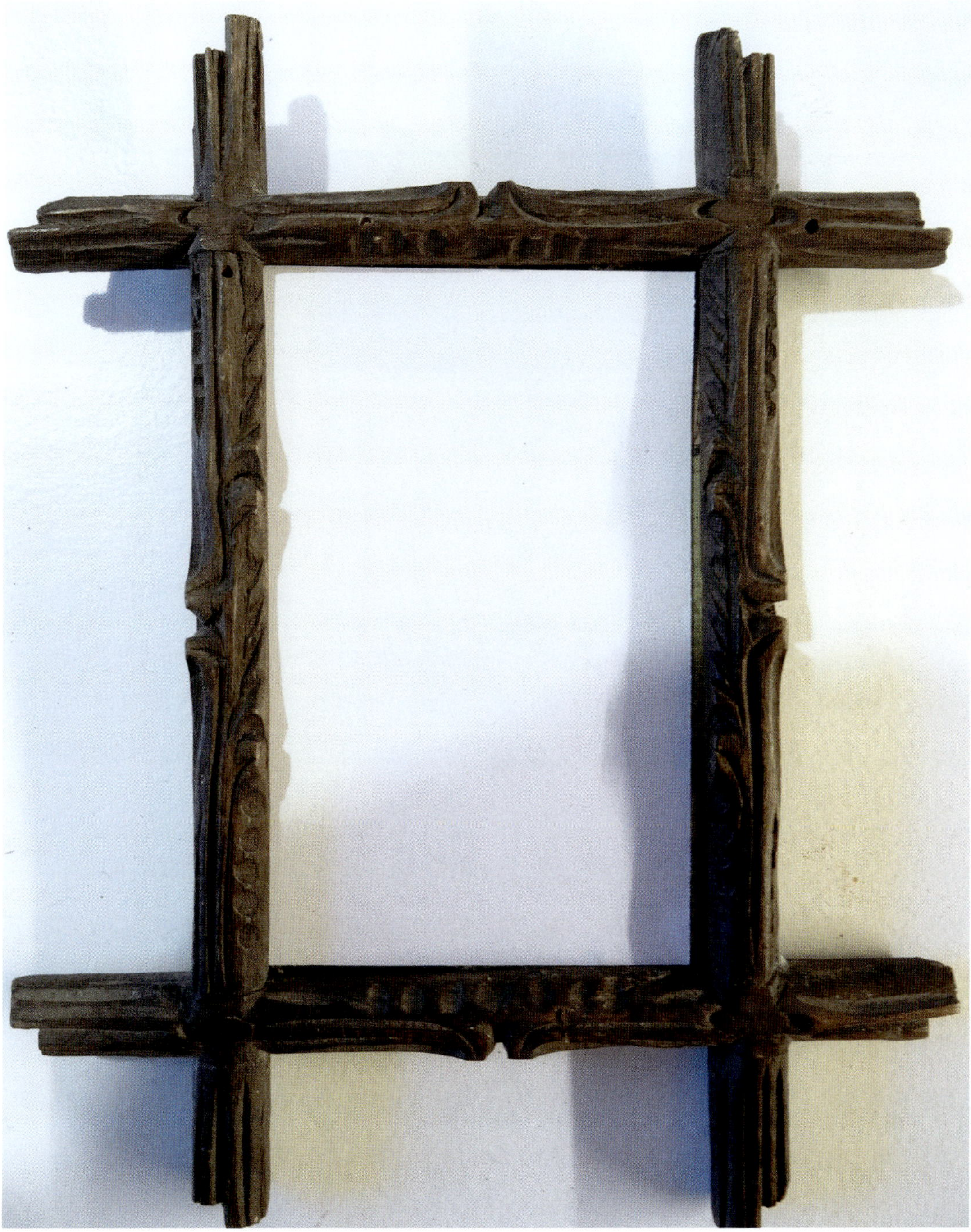

Einfacher Bilderrahmen in Lindenholz, gebeizt

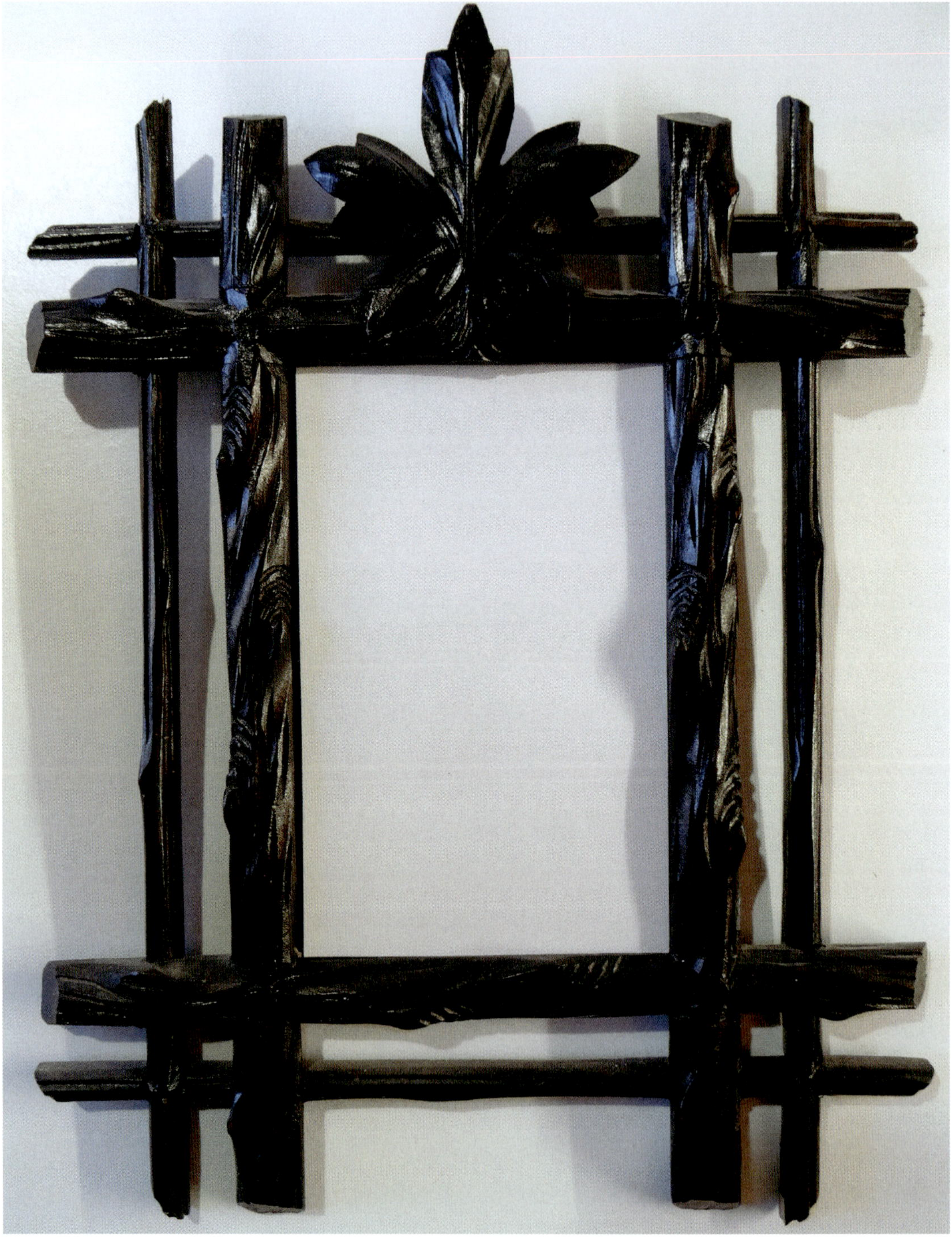

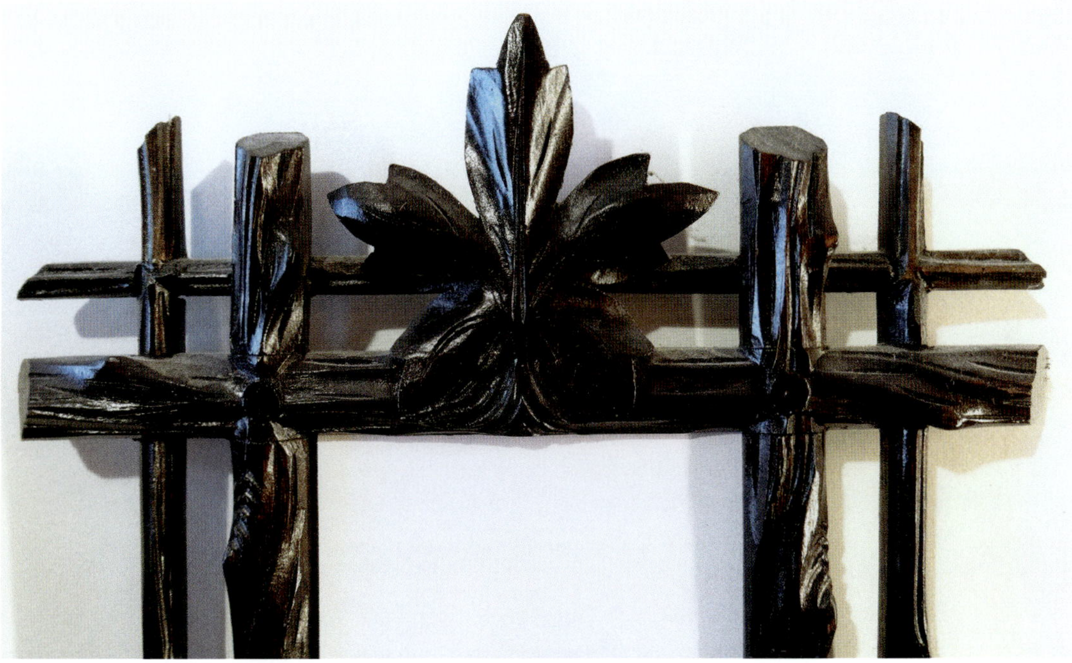

Bilderrahmen, 1912 (links) und Detailansicht der Vorder- und Rückseite

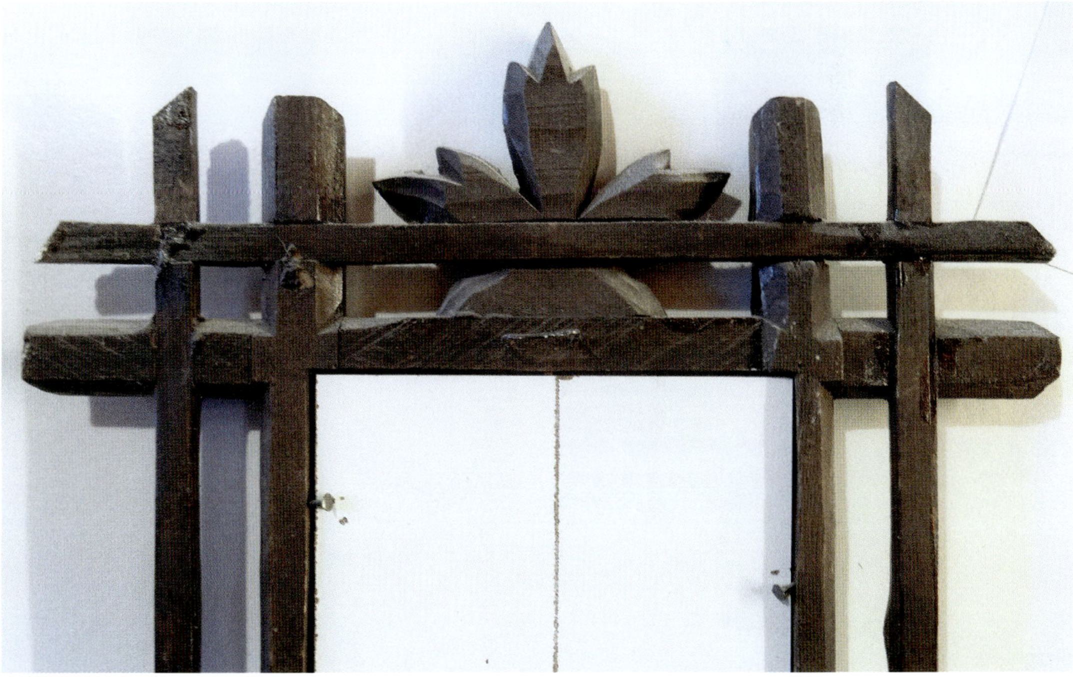

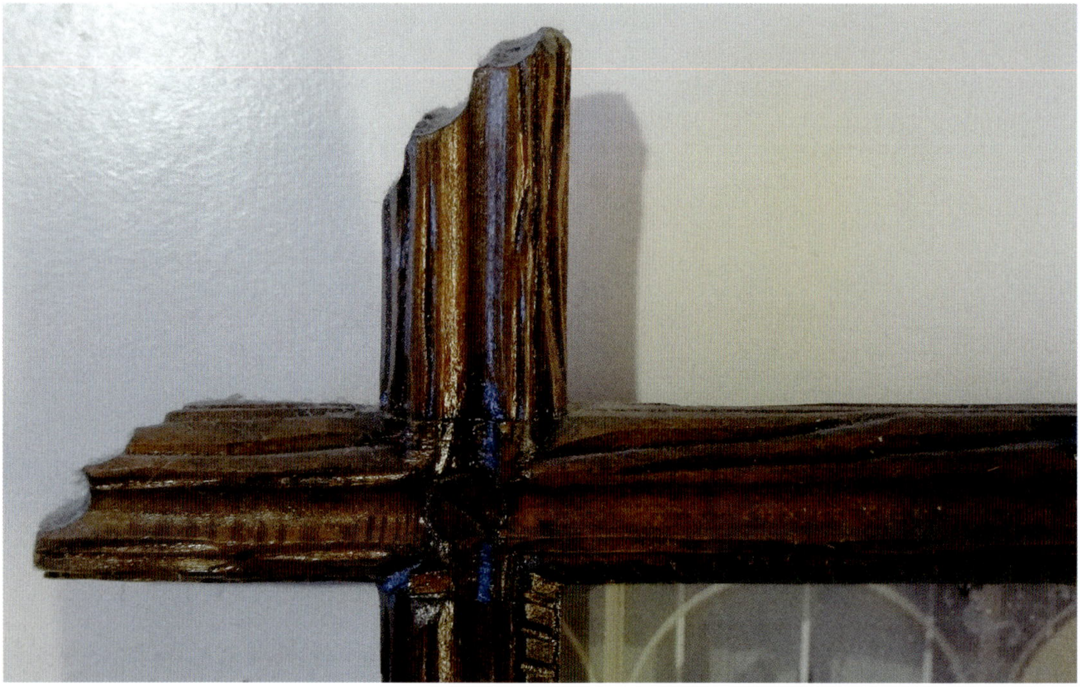

Unterschiedliche Ausbildungen der Rahmenecken

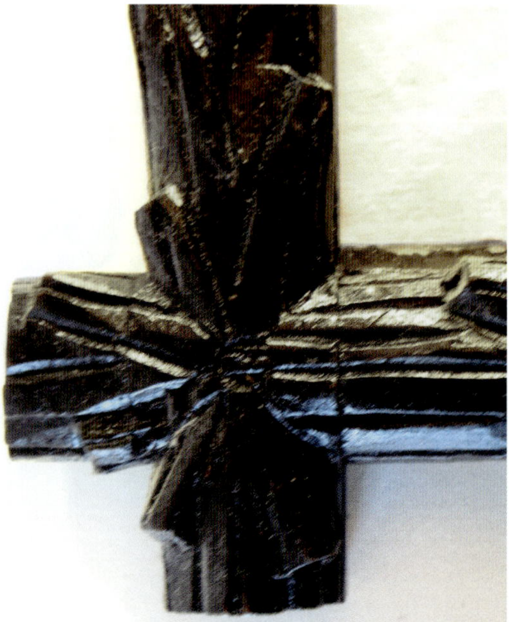

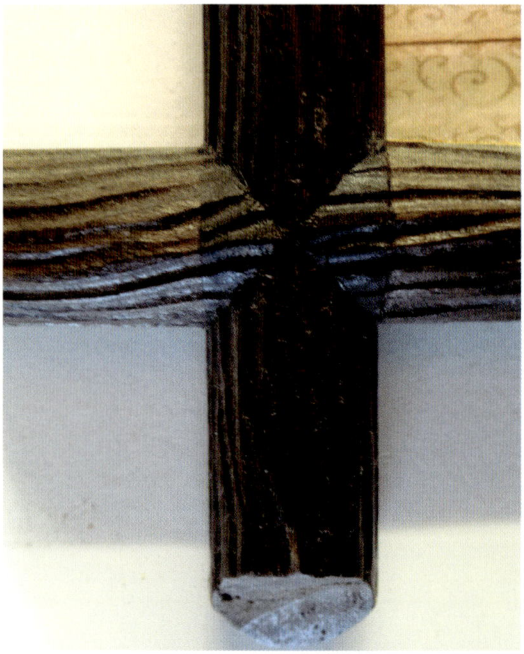

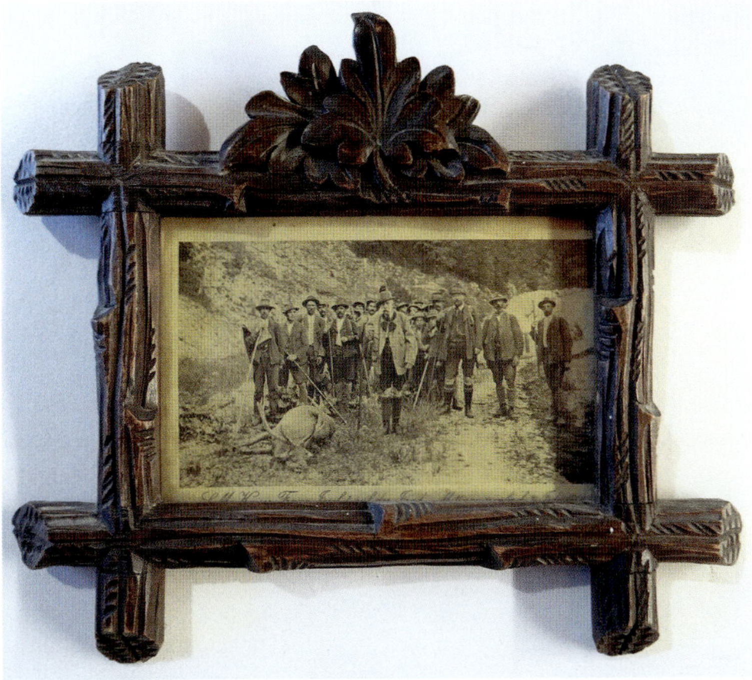

Bilderrahmen um 1912 (oben) und Detailansicht (unten)

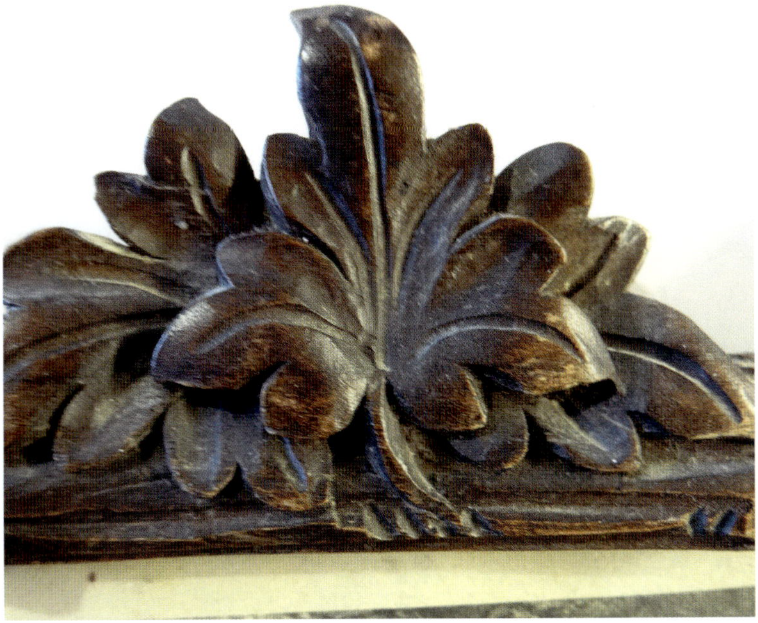

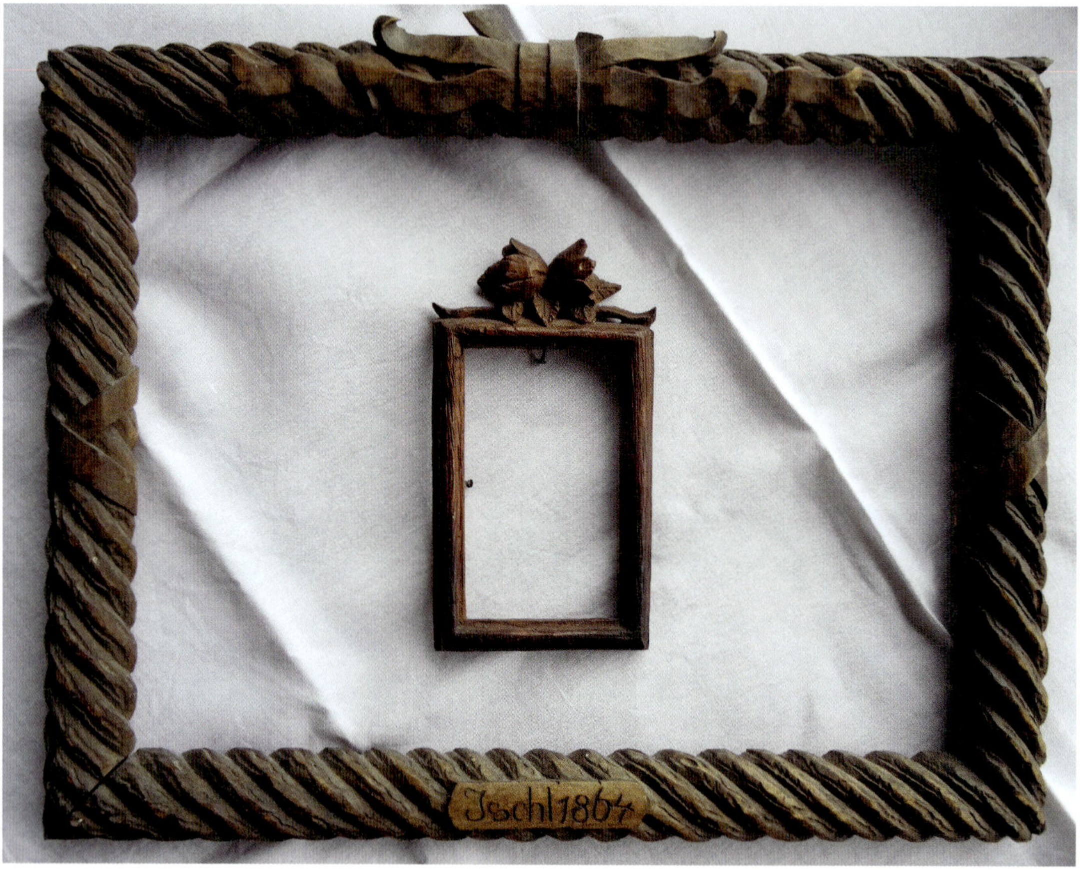

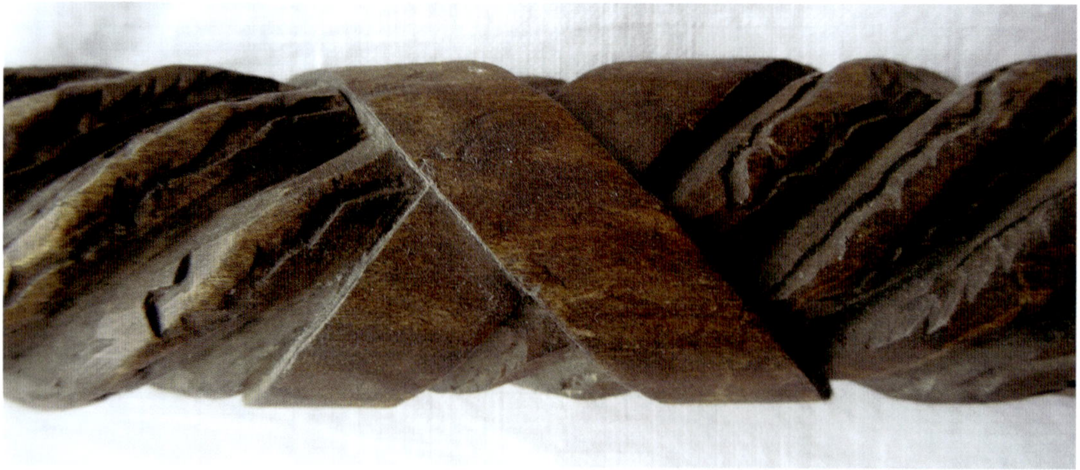

Geschnitzter Wund mit Bändern, Bilderrahmen auf Gehrung, 1864 (oben) und Detail (unten)

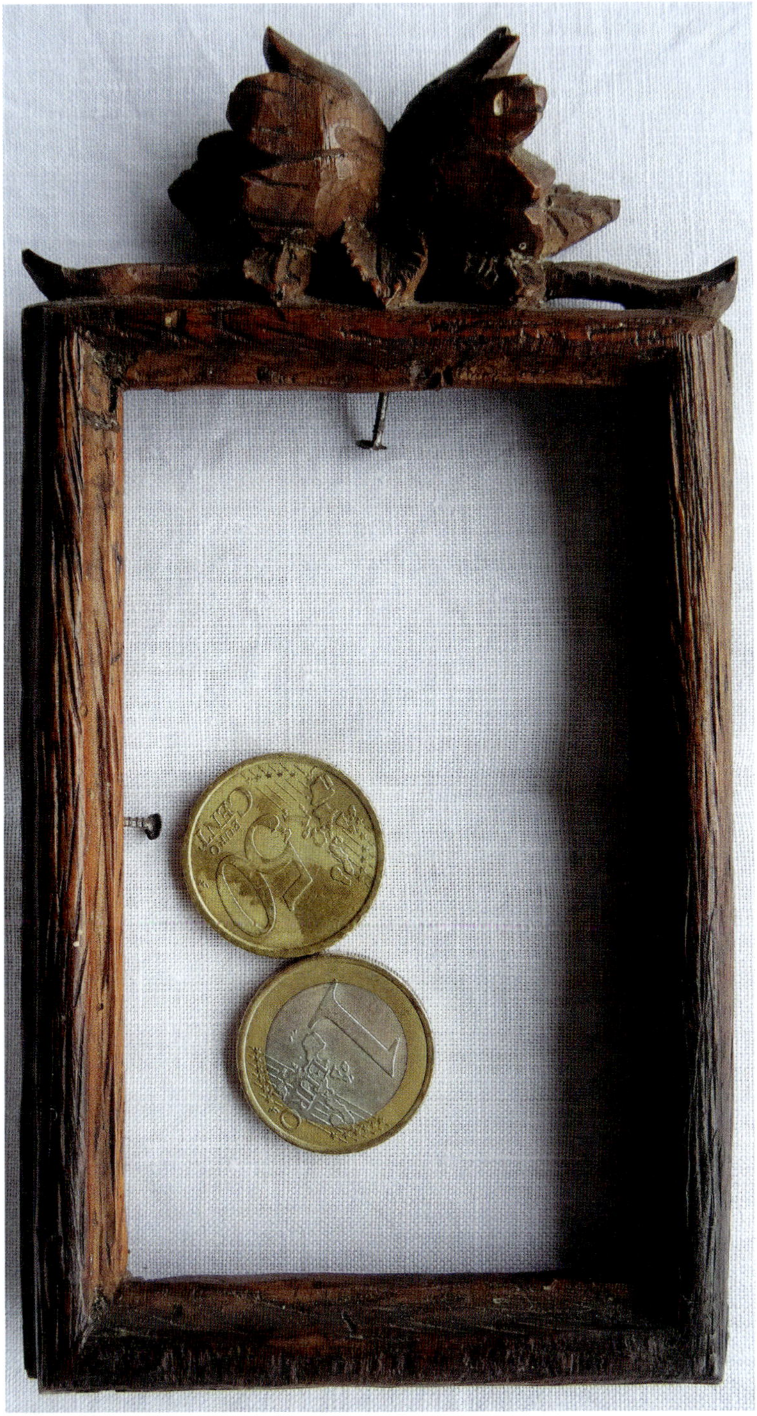

Kleiner Rahmen mit Blüten, aus einem Stück geschnitzt, Eichenholz

Meisterhafte Schnitzereien am Bilderrahmen

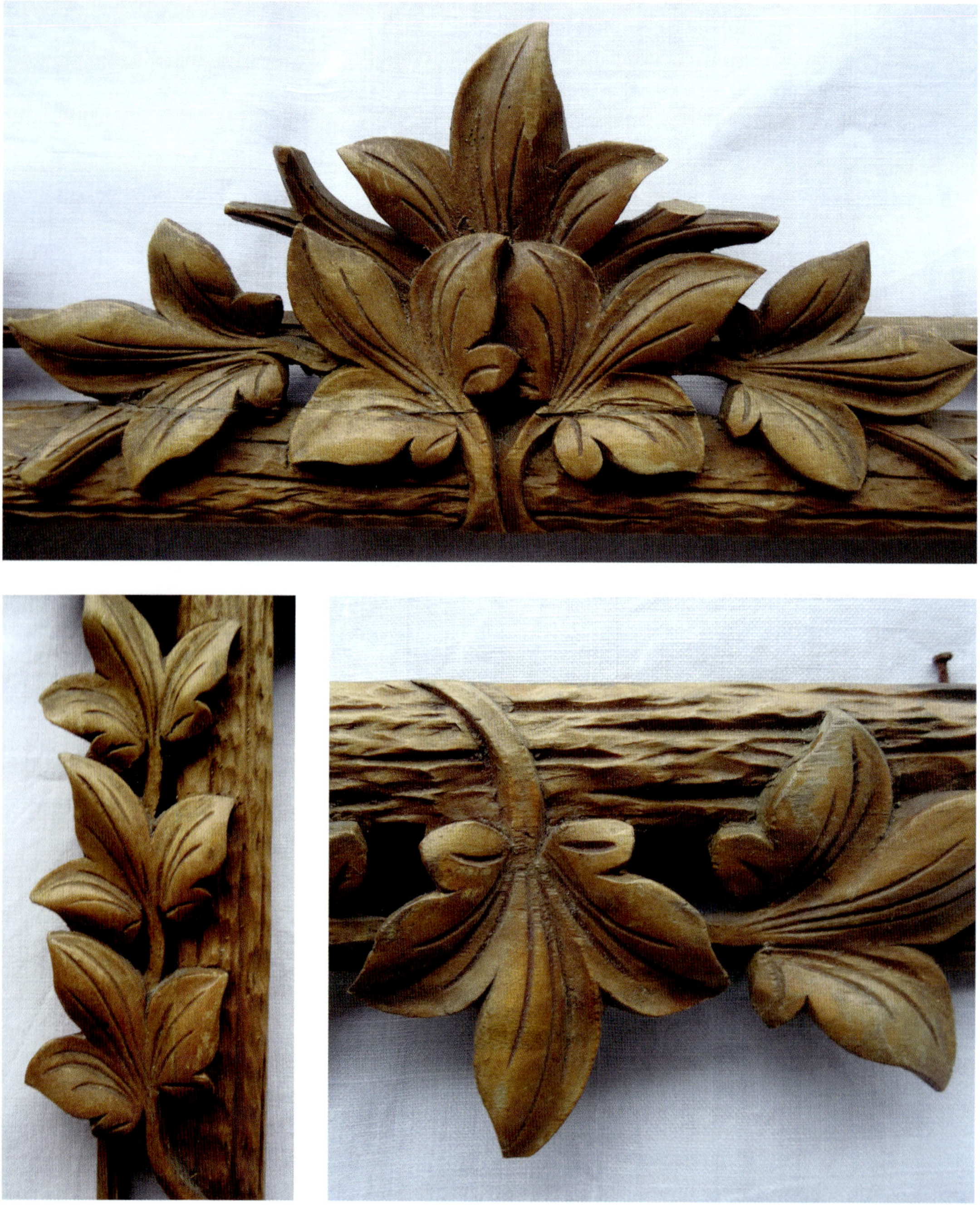

Nachahmenswertes Blattwerk, Lindenholz

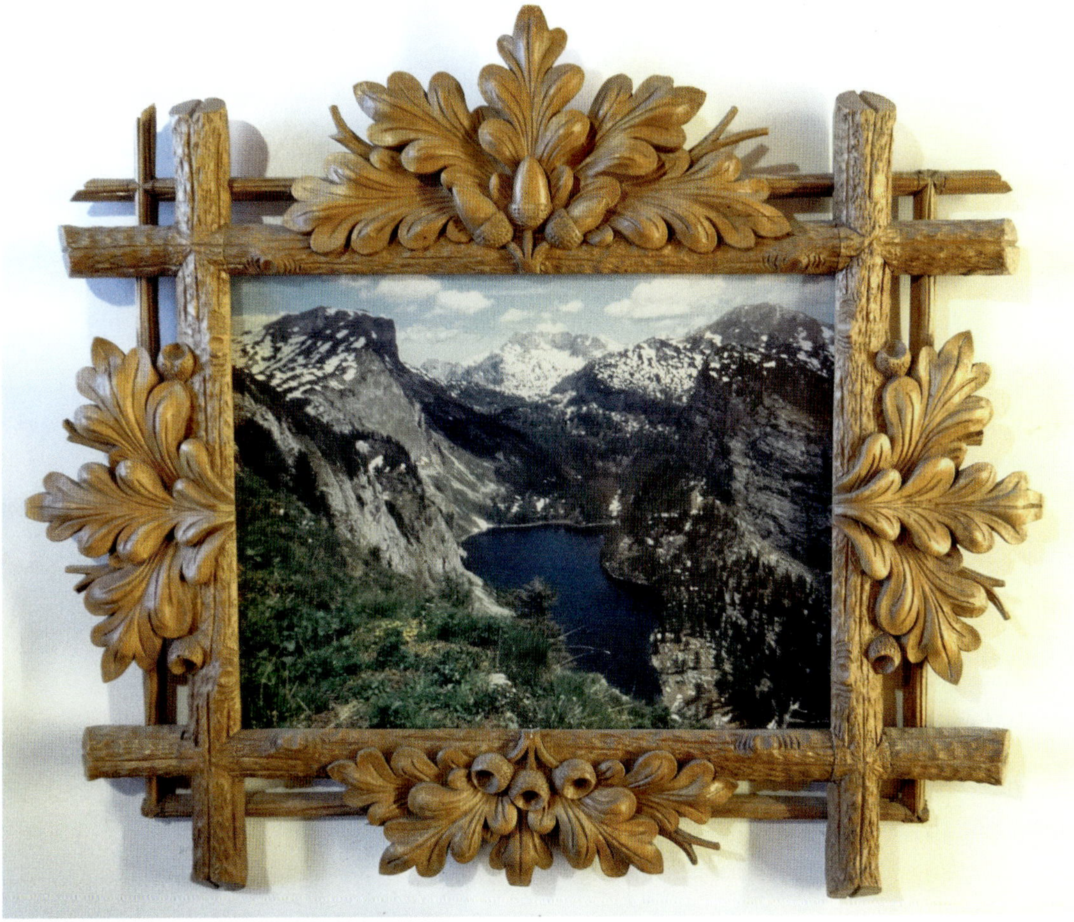

Bilderrahmen mit Eichenblattwerk – meisterhafte Schnitzerei aus Ebensee.
Das Eichenblatt war in vielfältigen Variationen bis ins 20. Jahrhundert sehr beliebt.

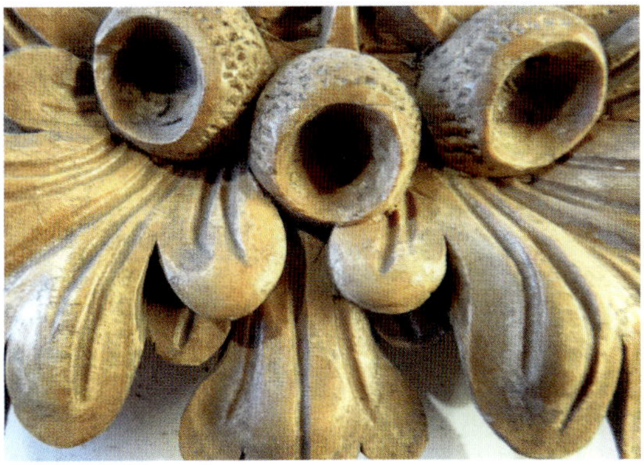

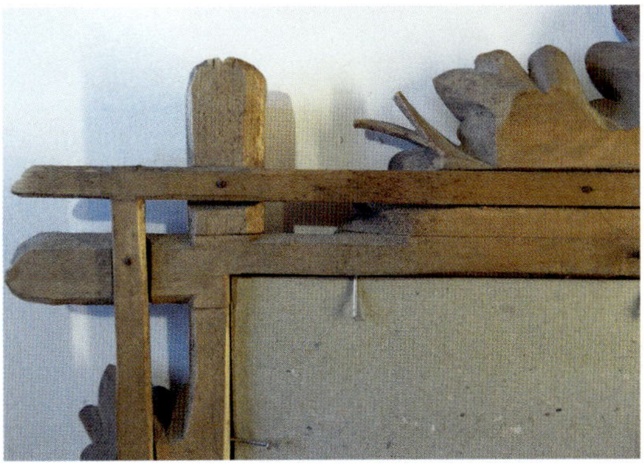

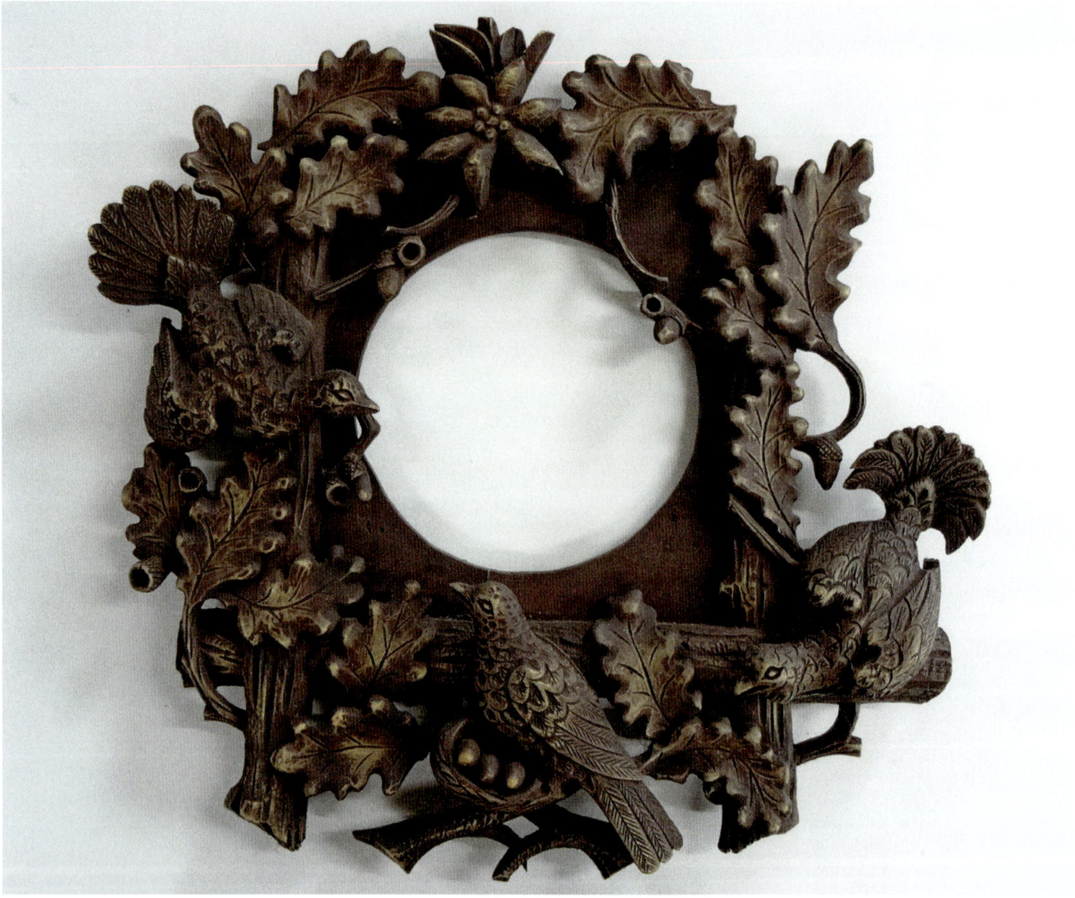

Vogel- und Eichenblattmotive an einem Spiegelrahmen um 1970.

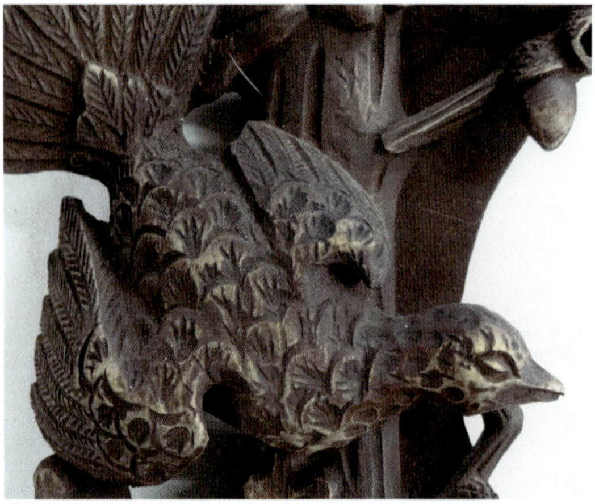

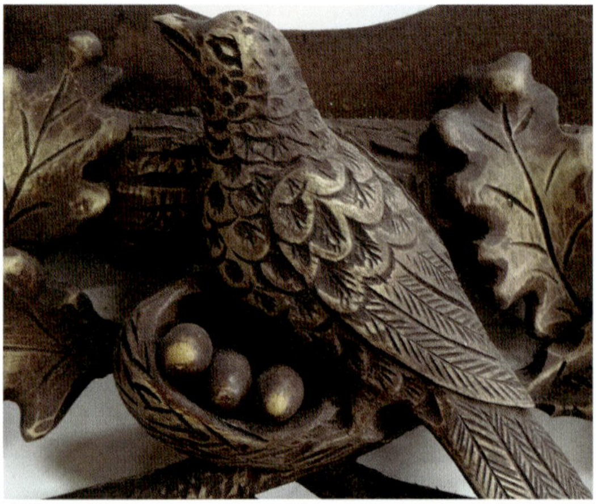

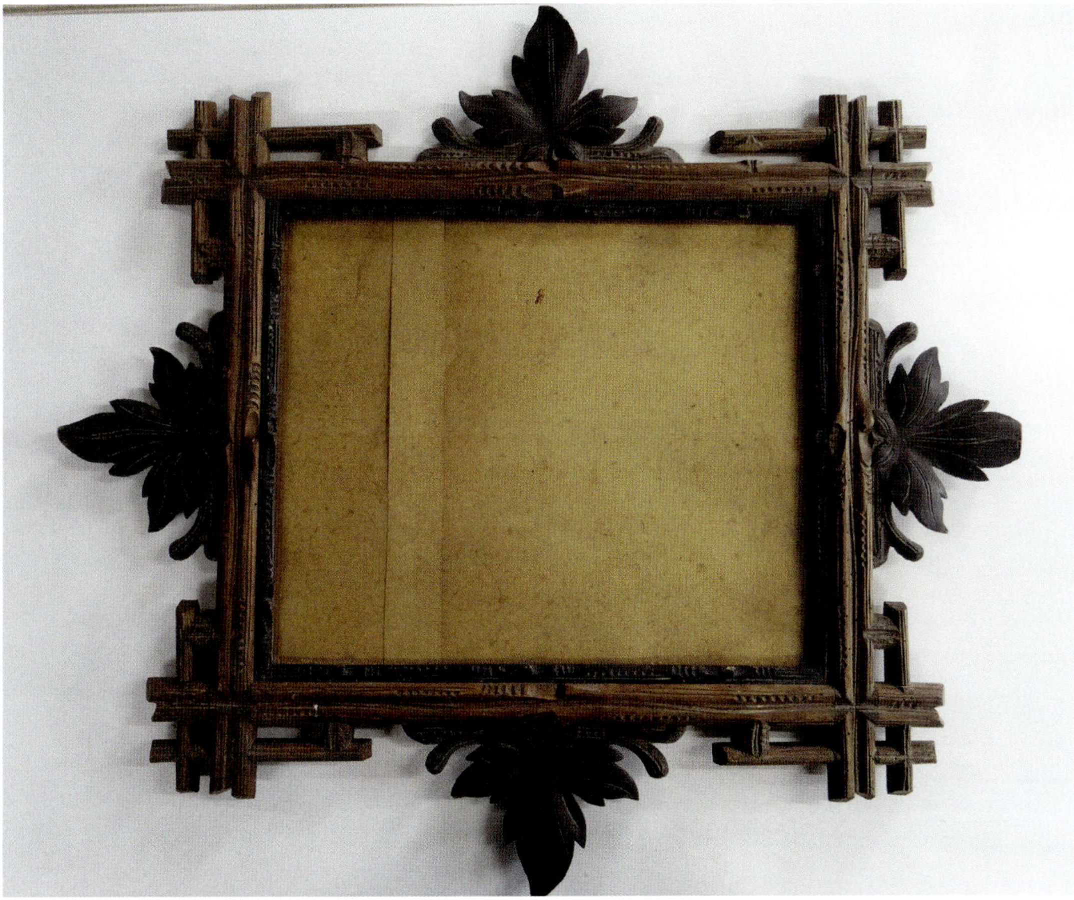

Klassische Arbeit des 19. Jahrhunderts, zweifarbig gebeizt

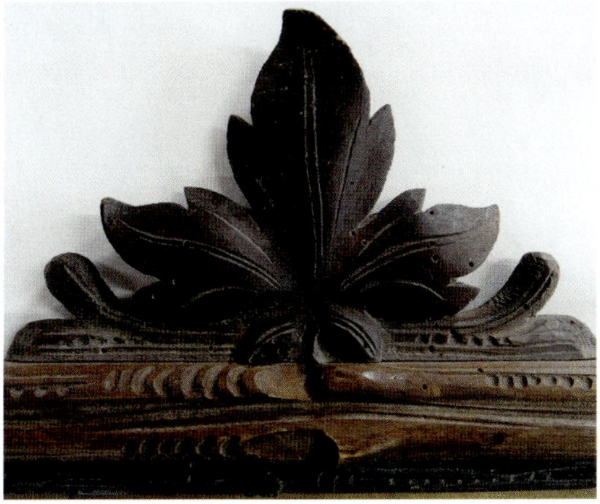

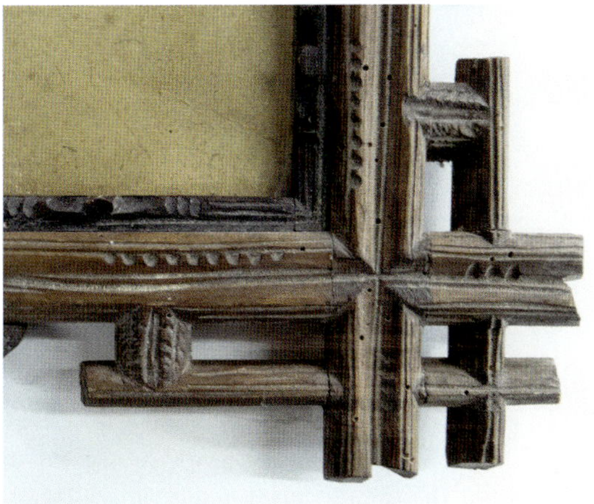

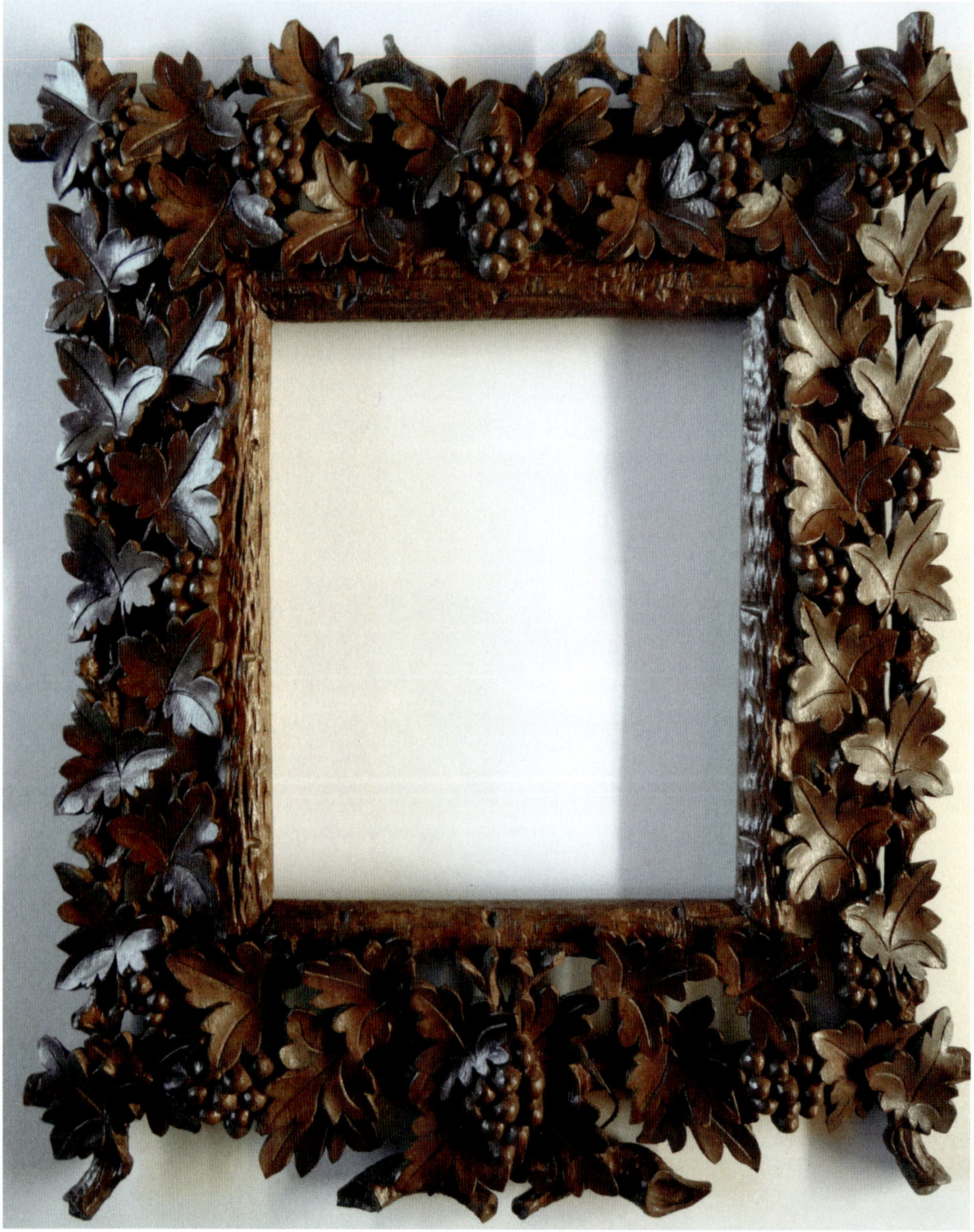

Dieser Spiegelrahmen wurde aus einem Stück Lindenholz gefertigt.

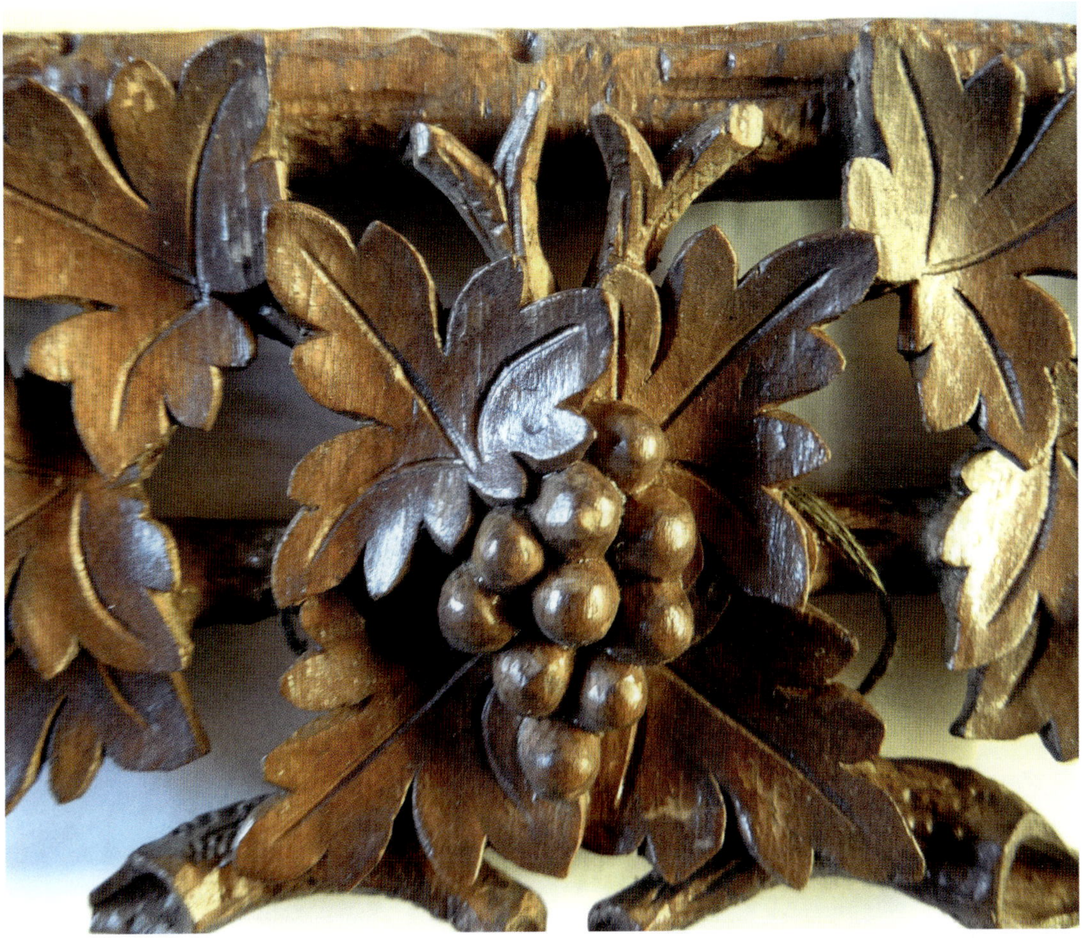

Schnitzkunst in Perfektion, die Rückseite zeigt das technische Können des Meisters.

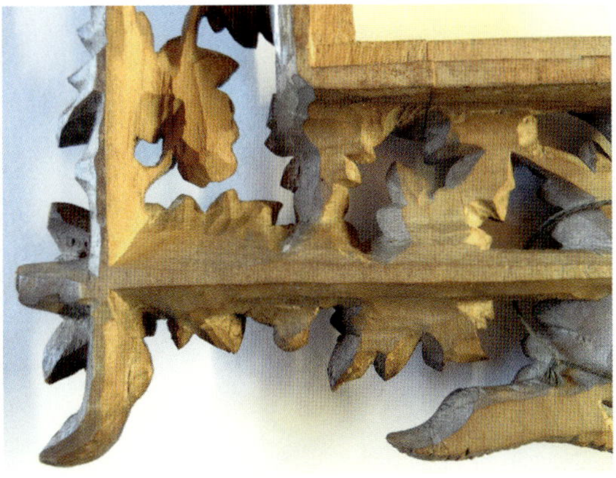

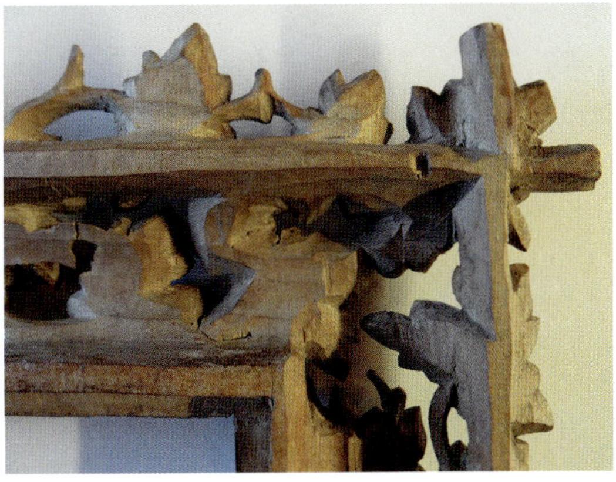

Geschichtliches

Von allen klassischen Stilrichtungen sind uns unübertreffliche Schnitzereien bekannt: Die Ägypter statteten zum Beispiel ihre Sitzmöbel mit Löwenköpfen und Tierpranken aus. Griechen, Römer und Etrusker schnitzten ebenfalls nach Vorbildern der Steinbildhauer.

Im **vorgotischen Mittelalter** besitzt auch das einfache Volk bereits ein mit Schnitzwerk spärlich ausgestattetes Mobiliar. Die gebräuchliche Brettbauweise mit ihren nackten Holzoberflächen verlangte nach einer künstlerischen Gestaltung, die hauptsächlich als Kerbschnitt ausgeführt wurde.

Durch den technischen Fortschritt in der darauffolgenden **Gotik** wurden Möbel in Rahmenbauweise geschaffen, deren Füllungen mit Flechtwerk, Maßwerk oder Faltwerk versehen waren.

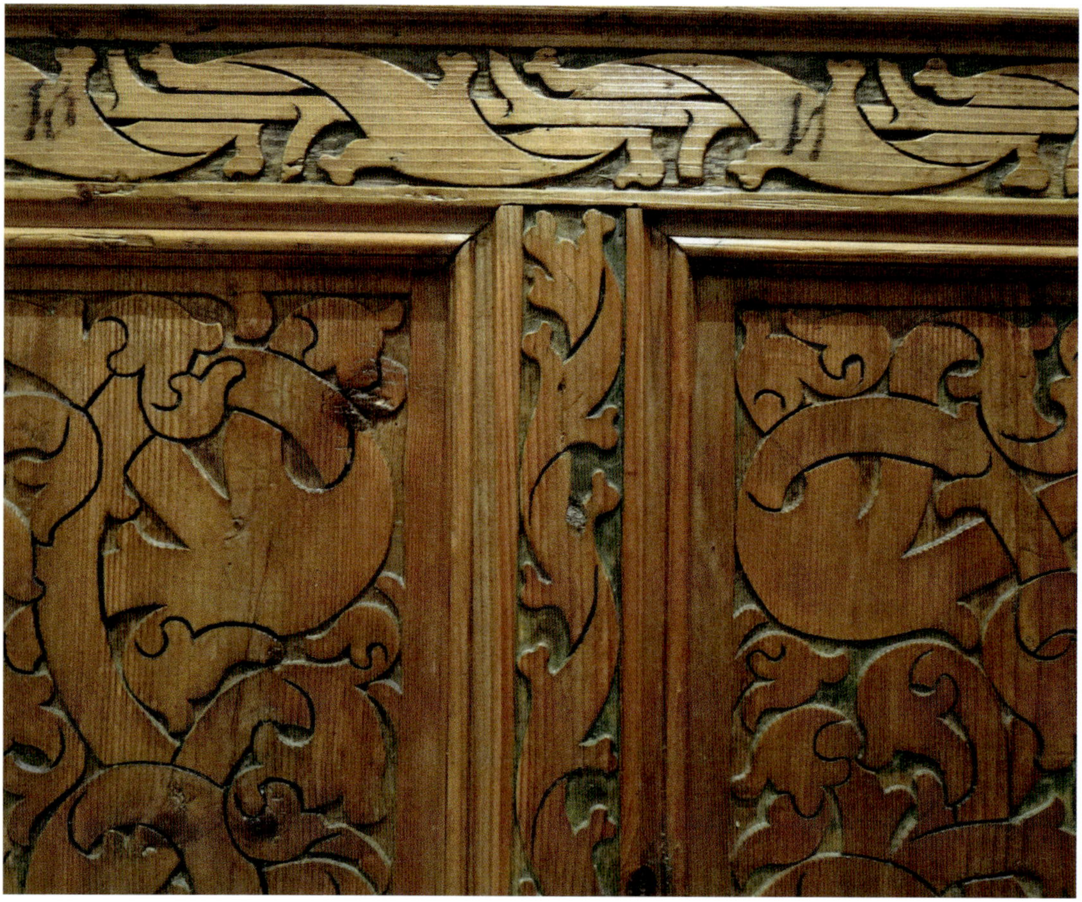

Neugotischer Flachschnitt am Kirchengestühl der Filialkirche St. Agatha/ Goisern, um 1890

In der **Renaissance**, was soviel wie Wiedergeburt bedeutet, waren die bereits von der Antike bekannten Stilelemente wieder modern. Der Mensch wurde zum Maß aller Dinge.

Das **Barock** (vom portugiesischen *barocco* – seltsam geformte, schiefrunde Perle) währte von 1560 bis 1730.

Das **Rokoko** (franz. *rocaille* – Grotten- und Muschelwerk) dauerte bis 1780, es wird als Dekorstil bezeichnet. Barock- und Rokoko besitzen die vielfältigsten Stilmittel, derer sich die Volkskunst bis heute gerne bedient.

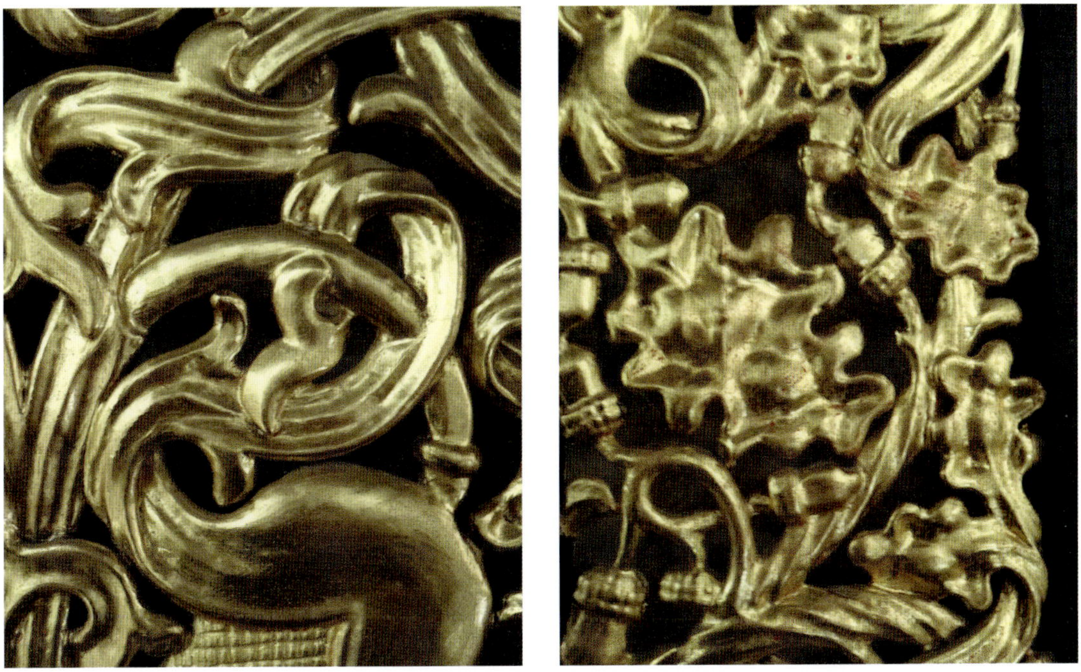

Vergoldete Details der Kanzel, St. Agatha/ Goisern

Der überschwängliche Drang, alles zu gestalten, fand ein jähes Ende mit Beginn des **Klassizismus**. Man besann sich wieder der strengen Normen aus der Zeit vor dem Barock.

Das **Biedermeier** um 1830 verzichtete schließlich ganz auf Schnitzereien. Insgesamt war das 19. Jahrhundert geprägt von einer gewissen Richtungslosigkeit in der Kunstszene, es gab einfach nichts Neues (siehe Abbildungen auf den Seiten 96 und 97). Bis 1900 versuchte man vergeblich, die vergangene Kunst wiederaufleben zu lassen.

Erst der **Jugendstil** (bis 1920) schuf elegantes Design in der Architektur und feine Schnitzereien an Mobiliar und Gebrauchsgegenständen. Die flachen Blumenreliefs zeugen von einer Schönheit und Präzision, die nachahmenswert ist (siehe Abbildungen auf den Seiten ab 98 bis 100).

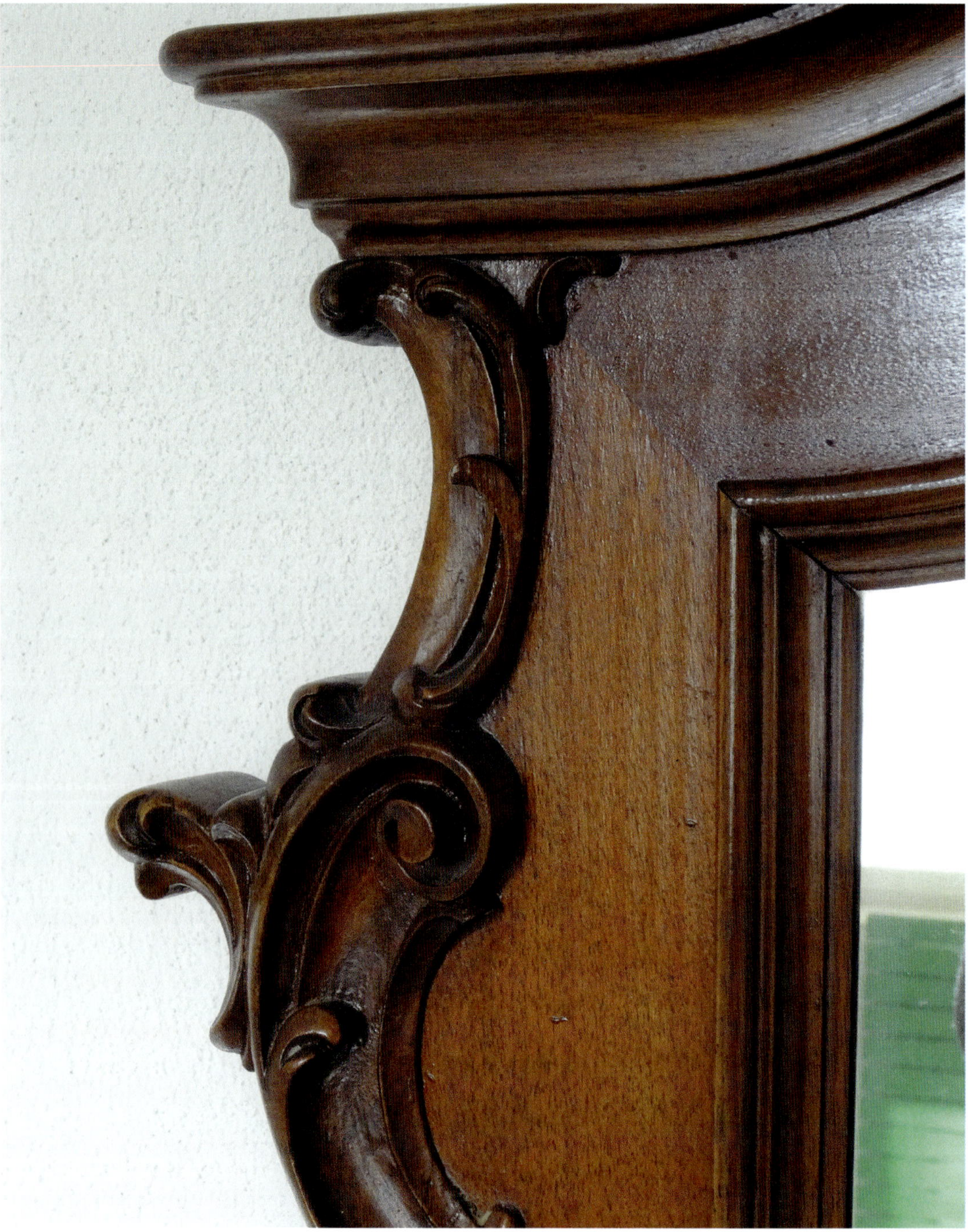

Rocaille an einem Spiegelschrank, um 1890

Neubarocke Schnitzereien in Nussbaum, Schellackpolitur (oben und unten)

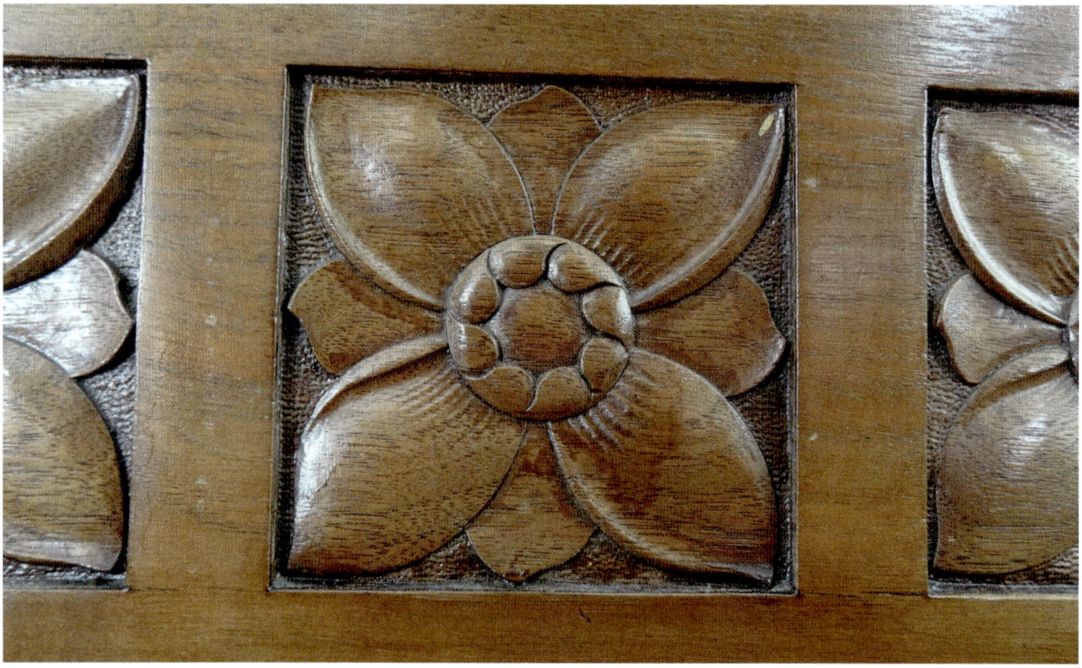

Jugendstilmotiv auf einer Kommode um 1920

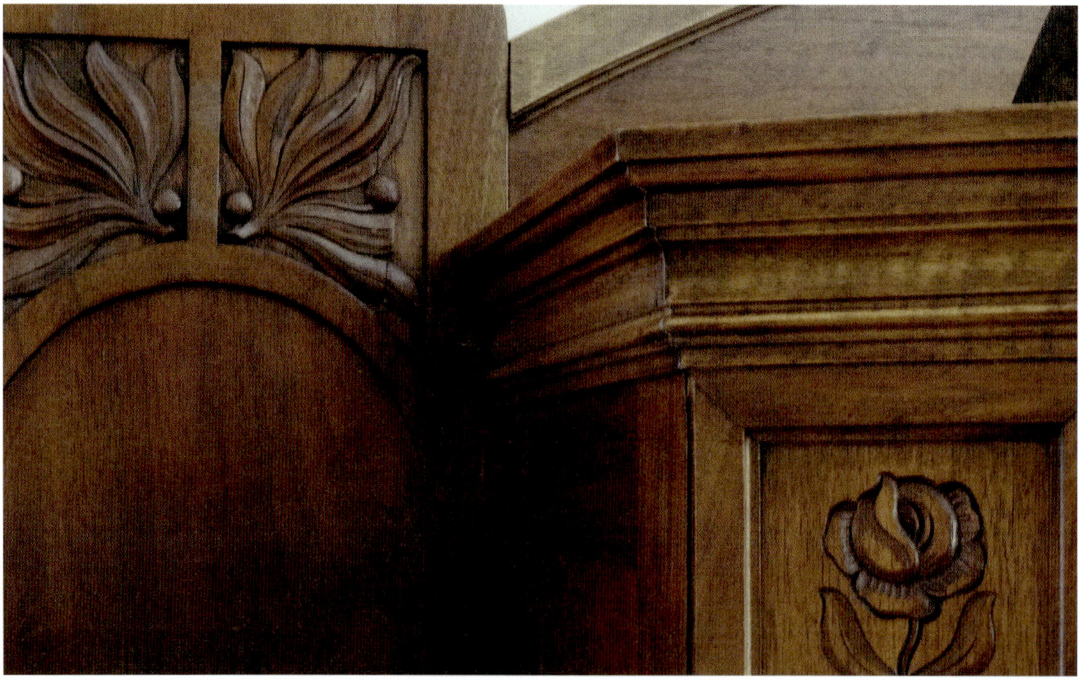

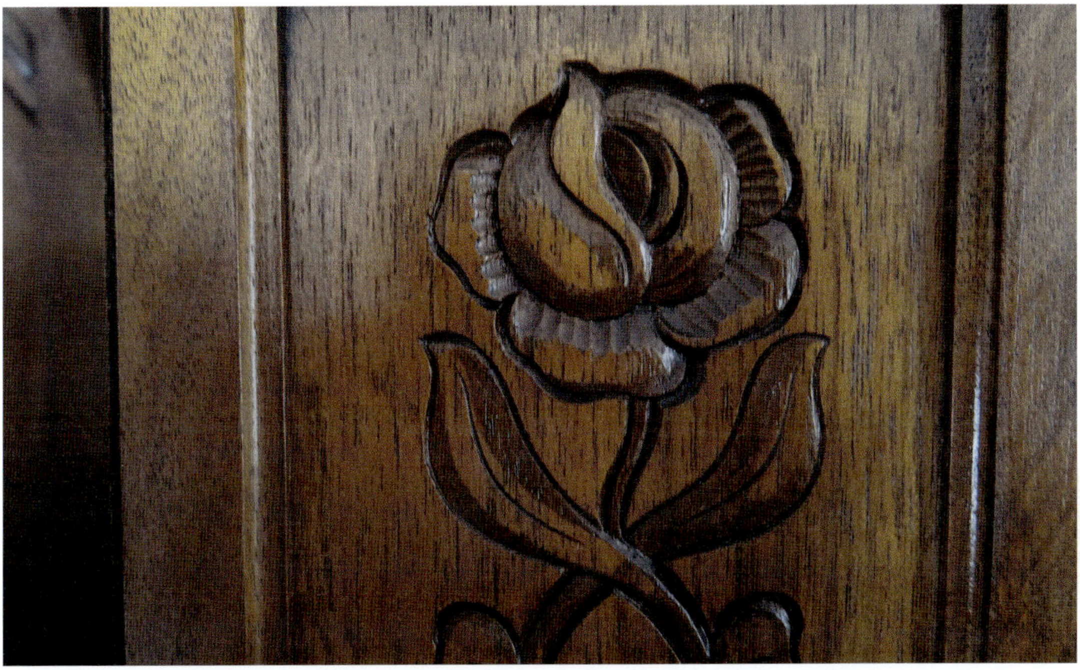

Pflanzliche Motive des Jugendstils

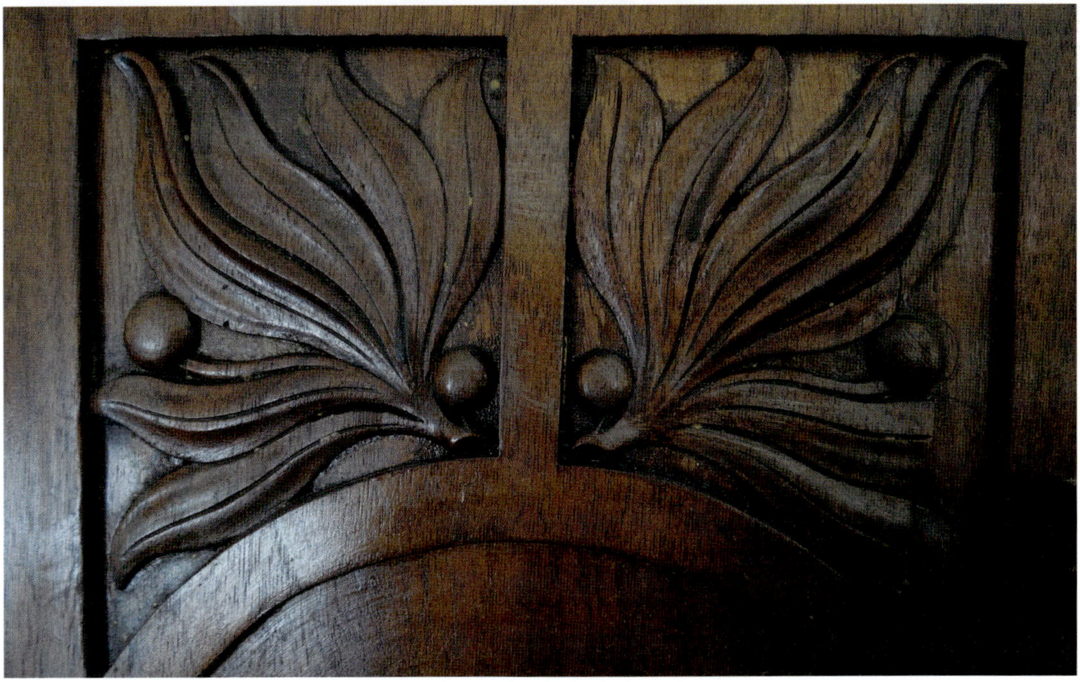

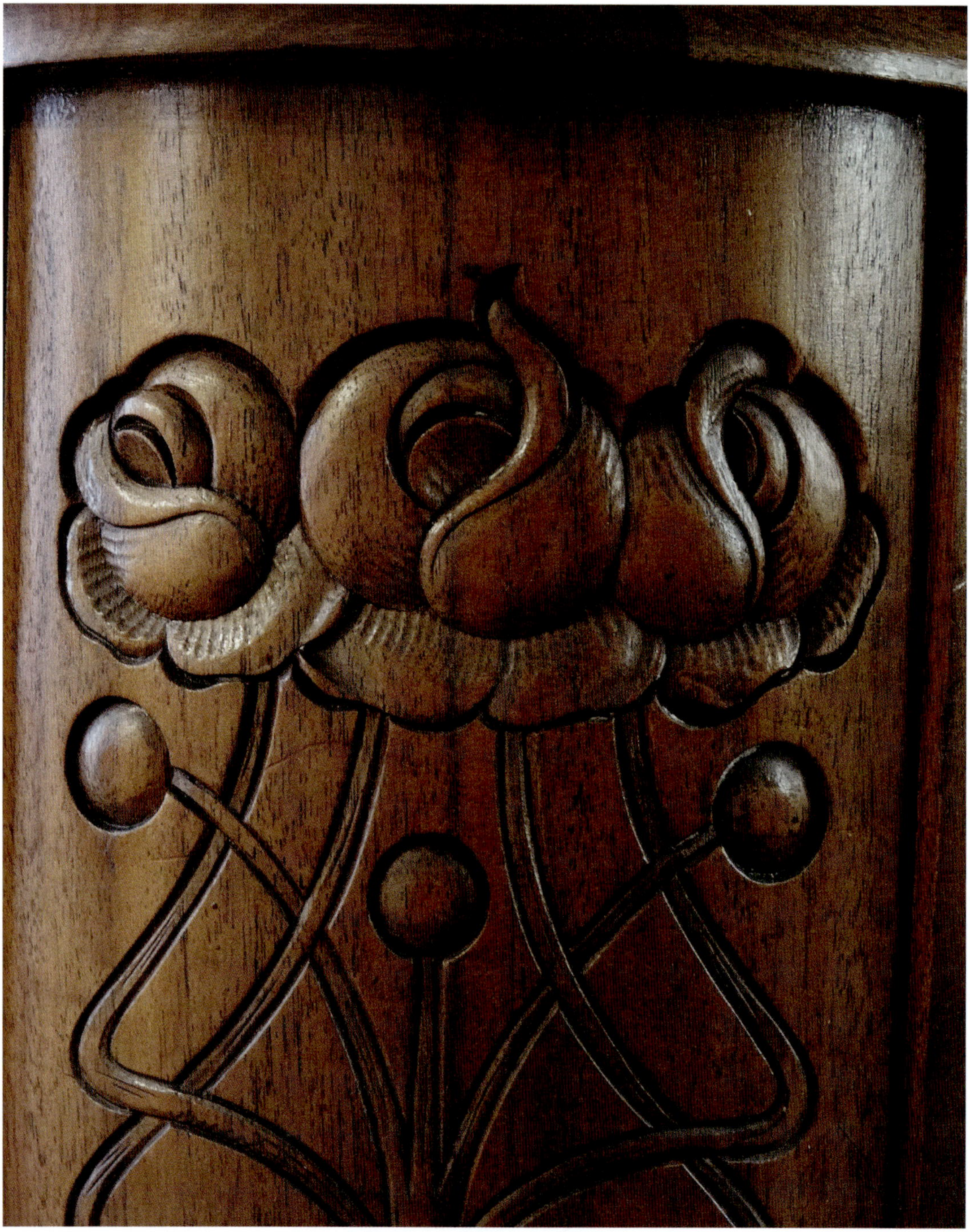

Pflanzliche Motive des Jugendstils

Der Schnitzer wird beim Kopieren klassischer Details zwar seine Arbeitstechnik vervollkommnen, dennoch sollte er durch selbstgefertigte Entwürfe zu einer eigenen Ausdrucksform finden, damit das Werkstück zu seinem Schnitzwerk wird.

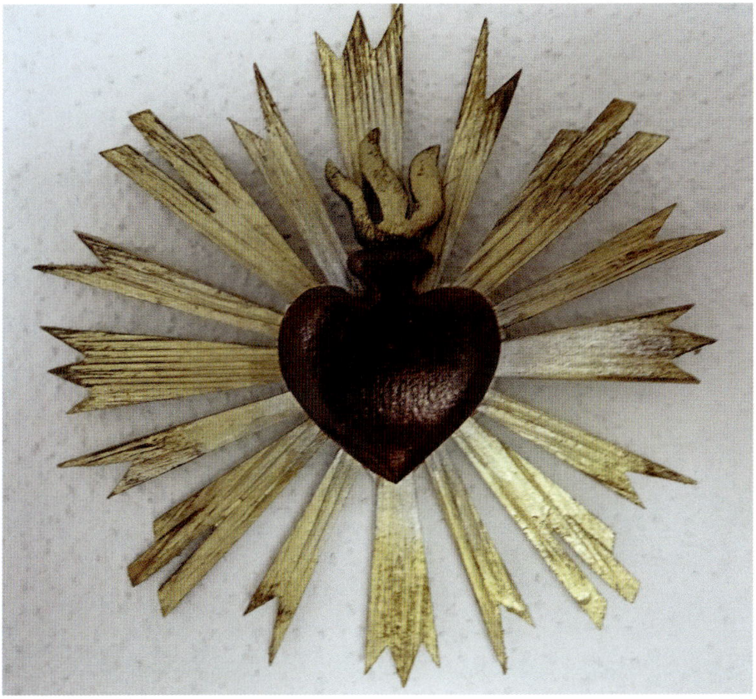

Herz Jesu mit vergoldetem Strahlenkranz, Bayern 1930

Farbe und Struktur

Die Oberflächenbehandlung einer Schnitzerei kann zum Zweck der Konservierung mit transparenten, matten Imprägnierungen erfolgen. Besondere Effekte lassen sich mit verschieden farbigen Beizen (Wasser-, Spiritus- oder chemischen Beizen) erzielen. Ein Ineinanderfließen der Beizen sollte allerdings verhindert werden. Um die Plastizität eines gebeizten Werkes zu steigern, können zum Beispiel die erhöhten Kanten und Flächen mit feinem Lackschleifpapier (auch mit Scotch-Brite) leicht angeschliffen, gehöht, werden.

Vielfältigste Gestaltungsmöglichkeiten ergeben sich auch durch unterschiedlich bearbeitete Holzoberflächen. Dies erreicht man durch: Schleifen, grobes Behauen, Schneiden quer zur Faser mit Flach- und Hohleisen oder Gaißfuß, Raspeln, Punzieren, Hacken.

Lehrer- und Schülerarbeiten der Abteilung Bildhauerei an der HTBLA Hallstatt

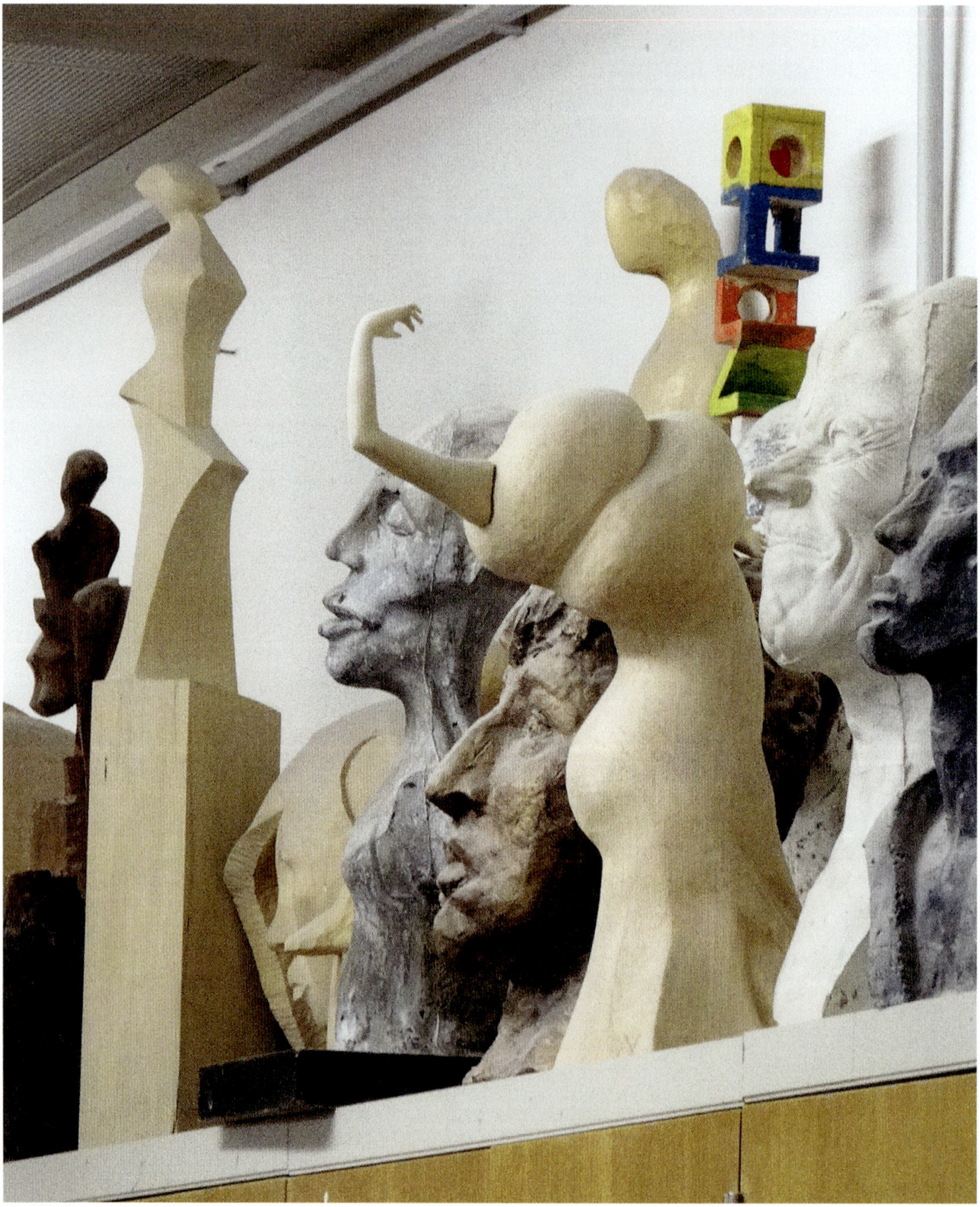

Allerlei Figürliches im Atelier der Bildhauerei

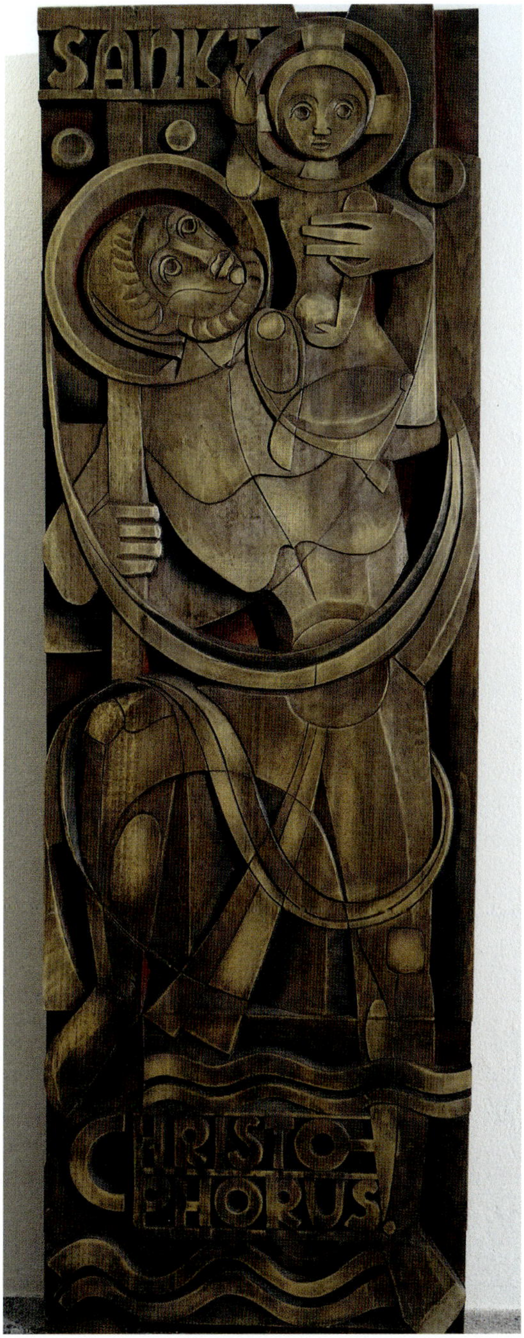

Hl. Christophorus, gebeizt und geölt von Prof. Johann Kienesberger

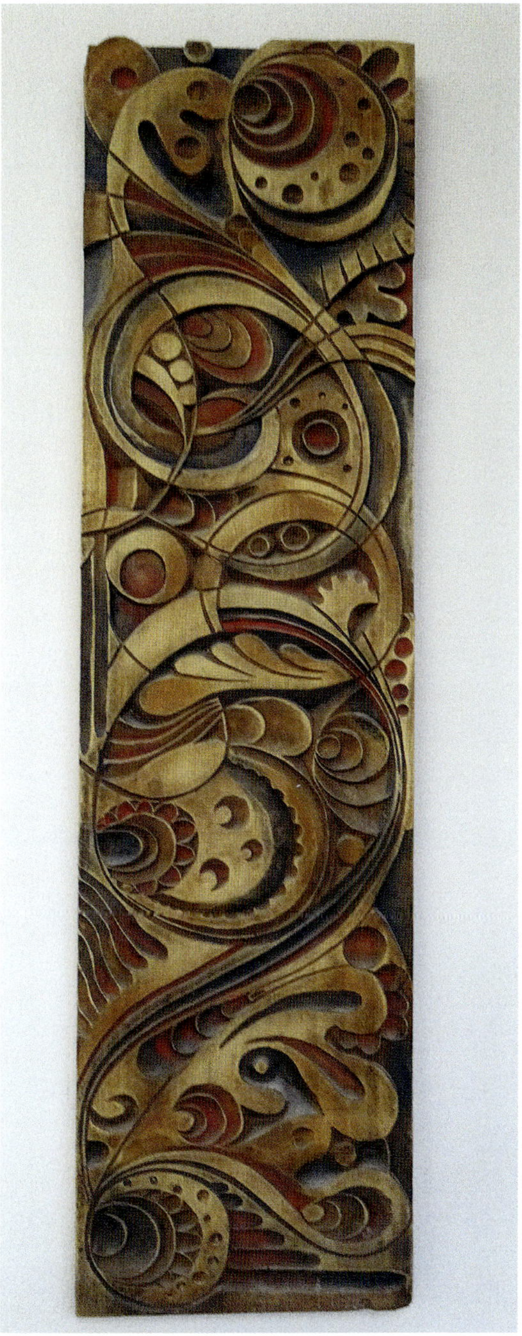

Mit farbiger Beize und durch leichtes Anschleifen ergeben sich interessante Effekte.

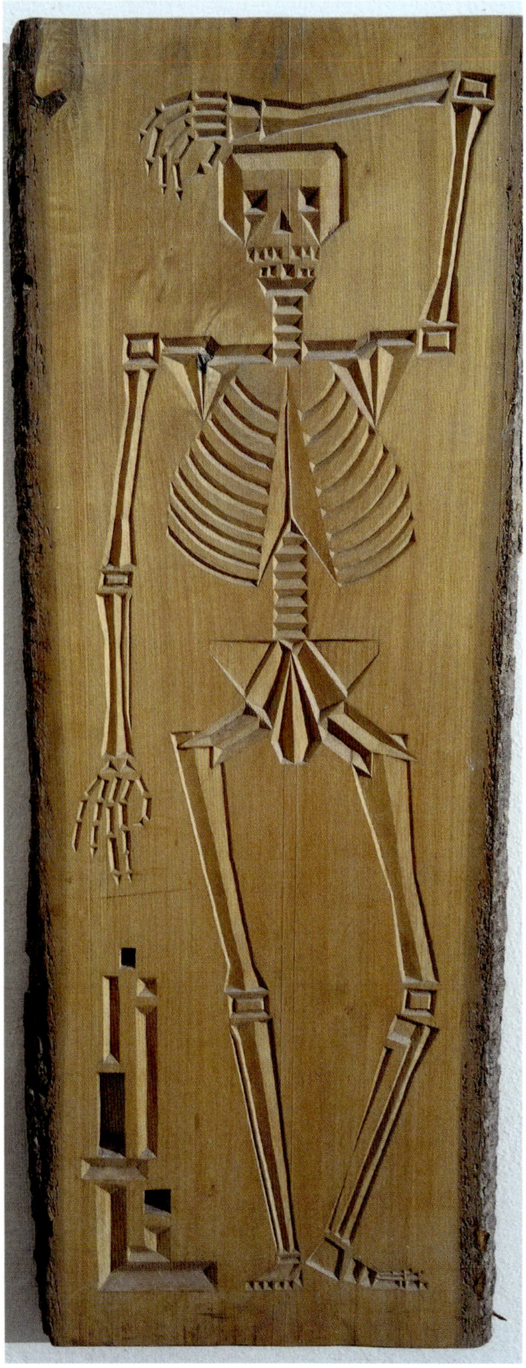

Werkstück in Kerbschnitttechnik

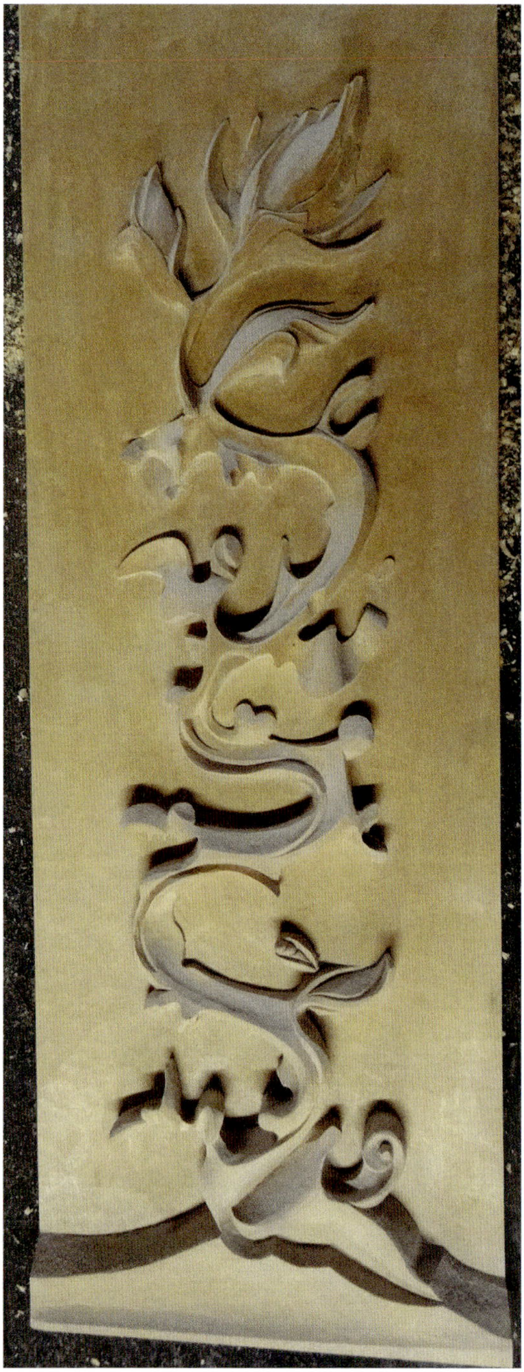

Rankwerk in Linde

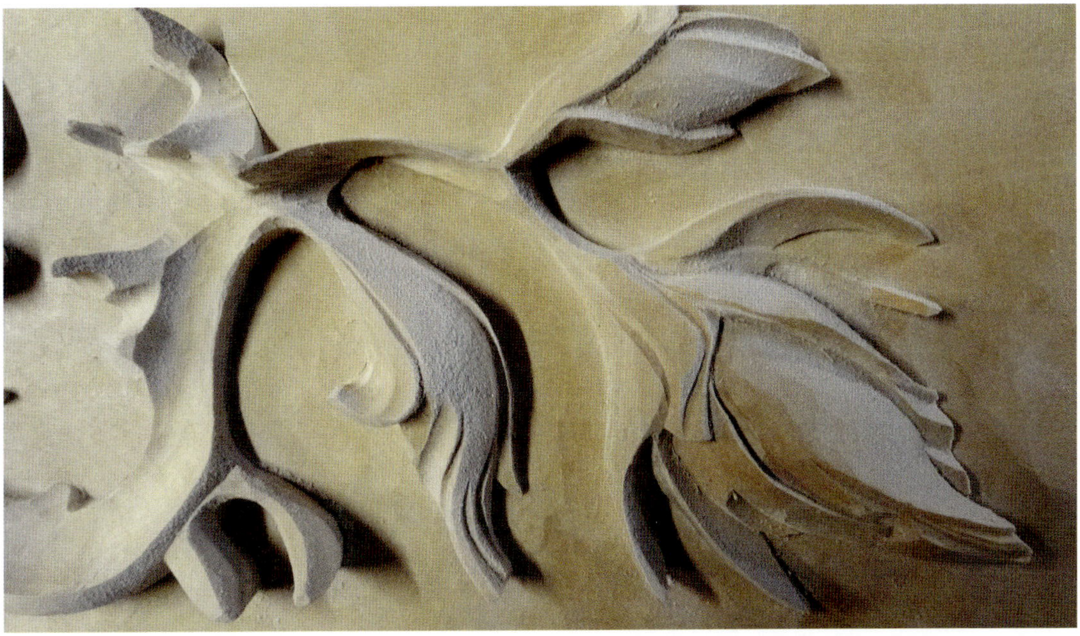

Detail des Werkes auf S. 104 rechts – man beachte die exakte Ausarbeitung.

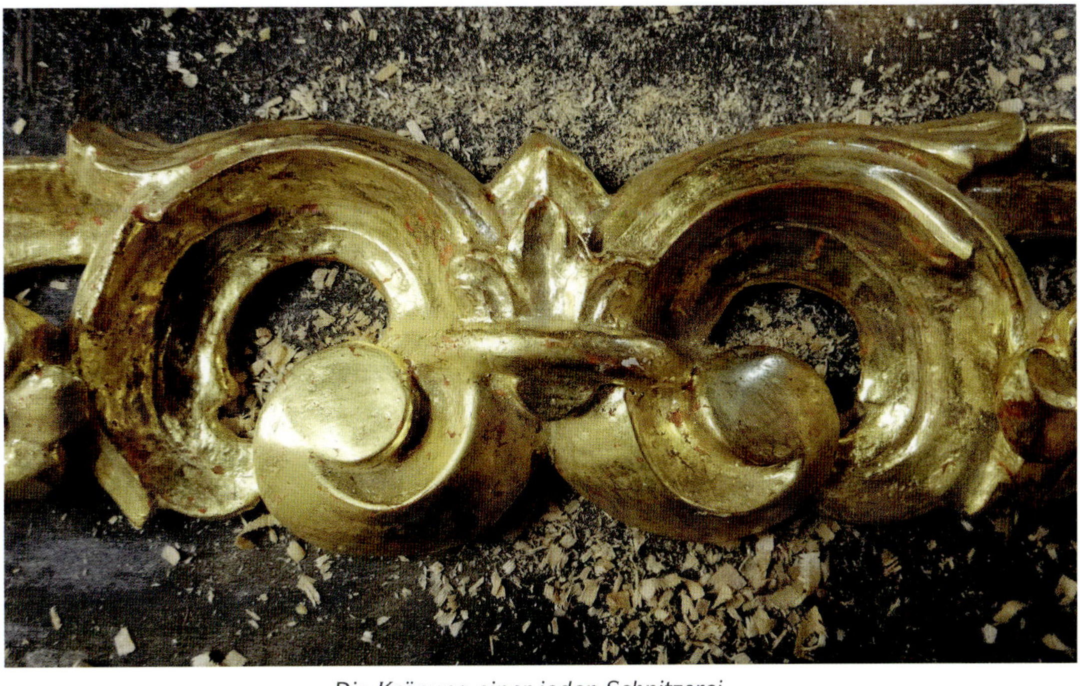

Die Krönung einer jeden Schnitzerei …

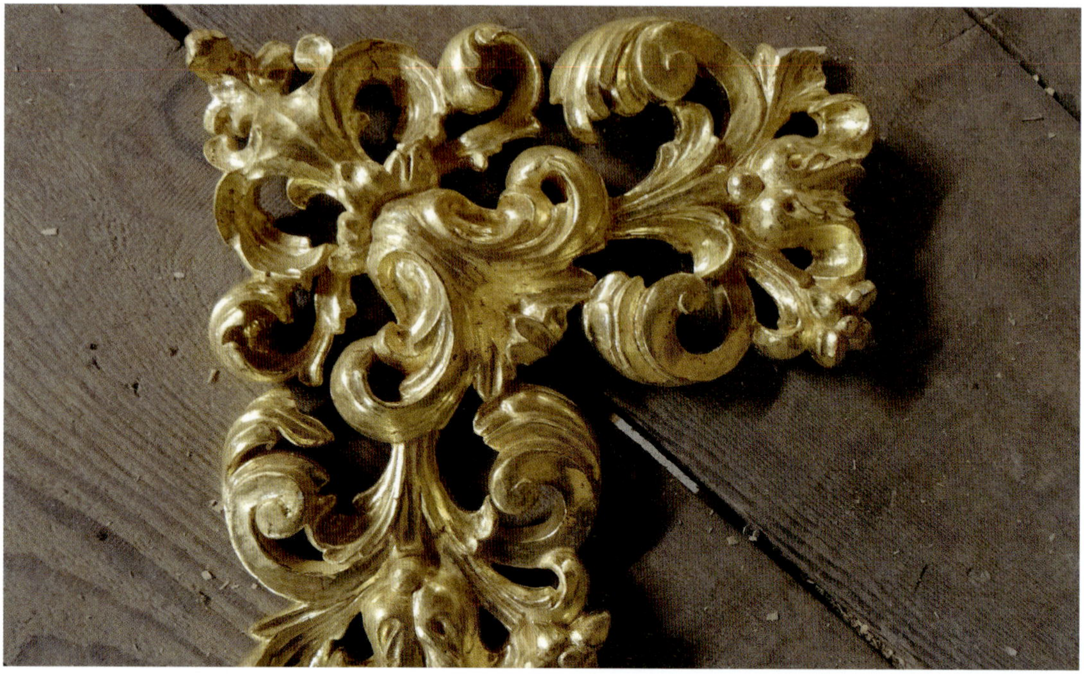

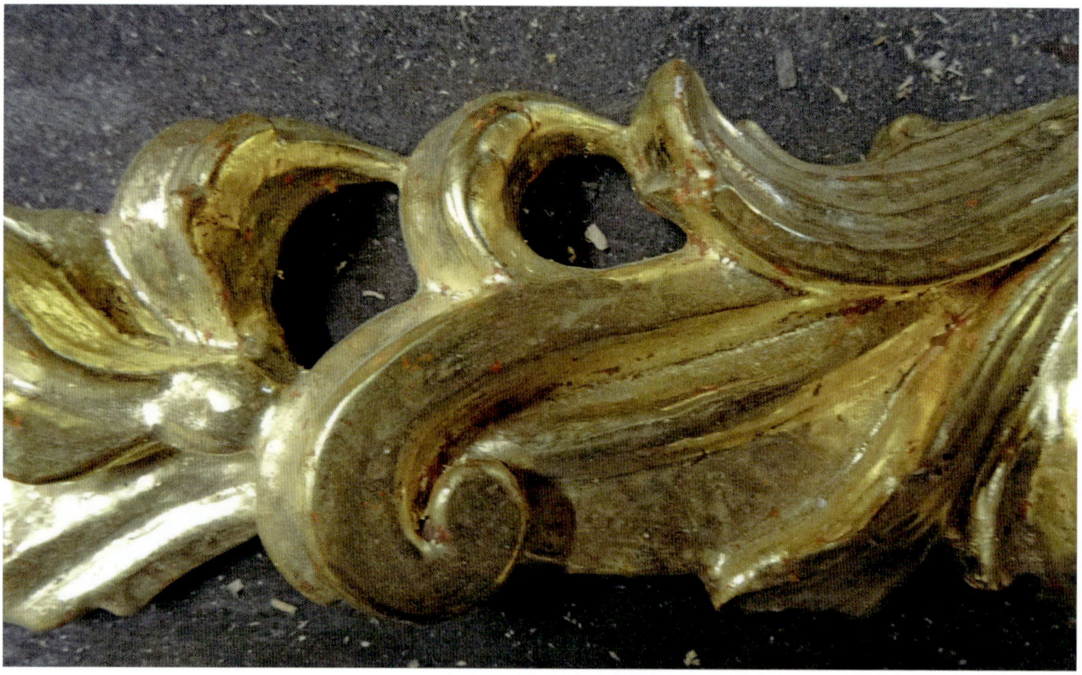

… ist die abschließende Vergoldung!

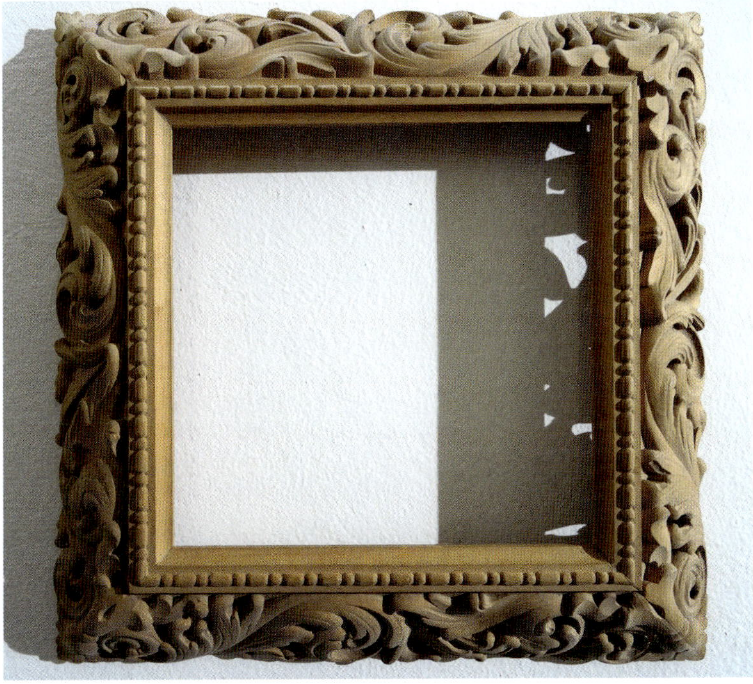

Bilderrahmen mit hervorragender Reliefschnitzerei, fertig für die Vergoldung

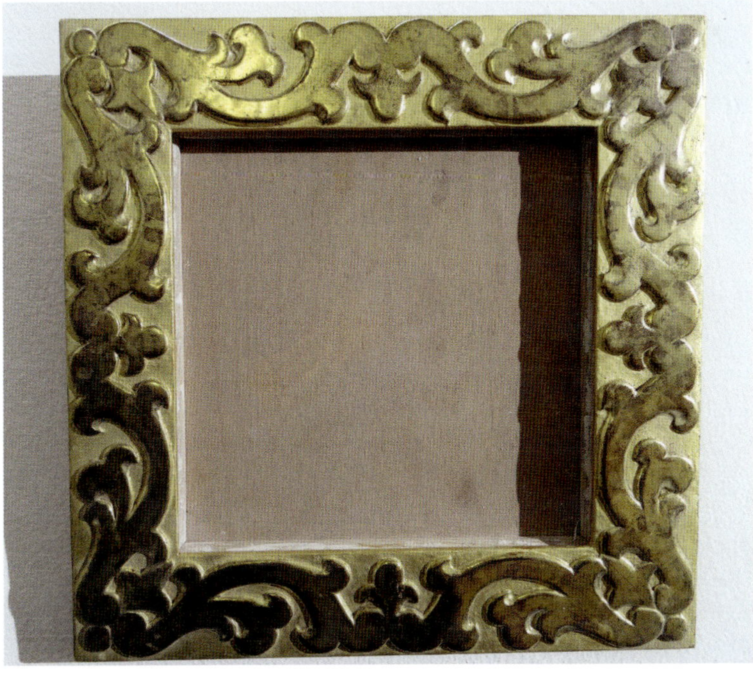

Glanzvergoldeter Bilderrahmen (23 Karat Blattgold)

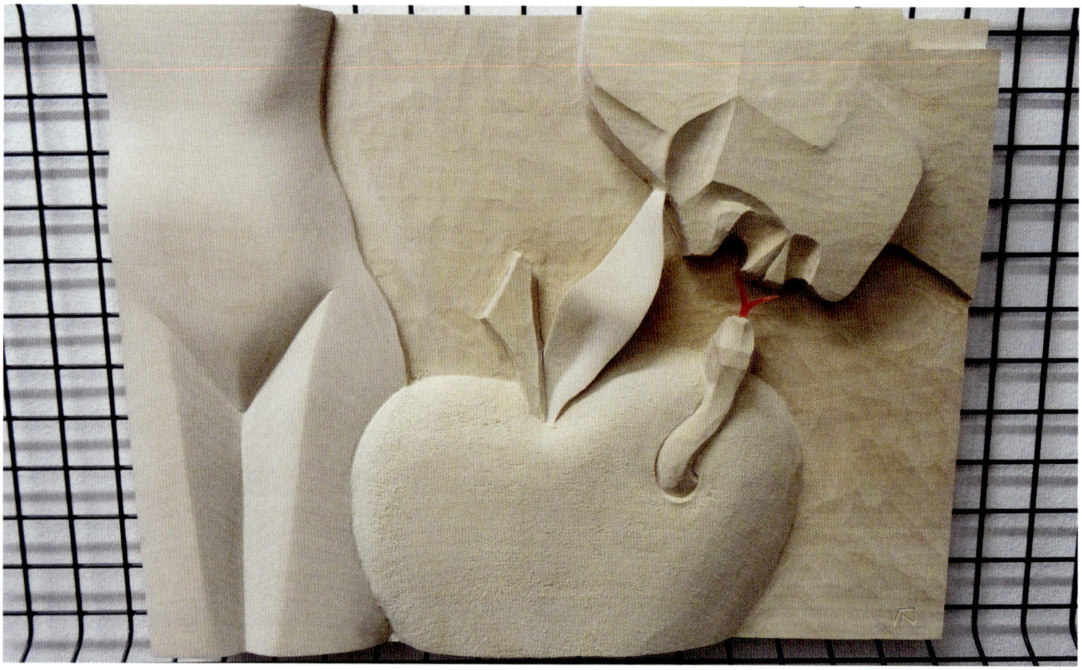

Versteckter Witz und Ironie regen zum Nachdenken an – reizvolle Themenarbeiten in Linde, zum Teil koloriert.

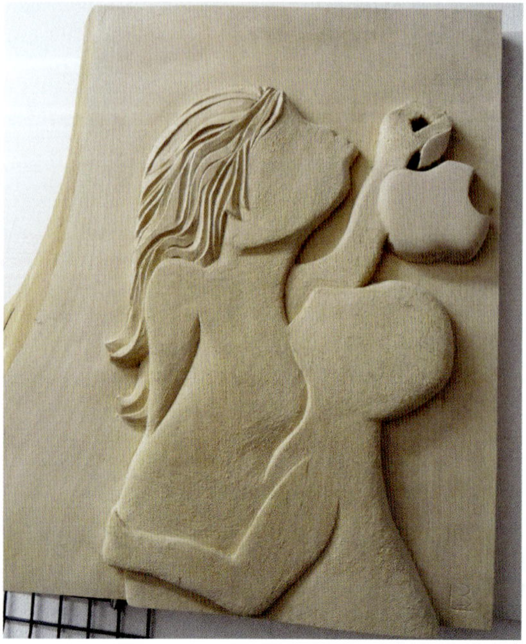

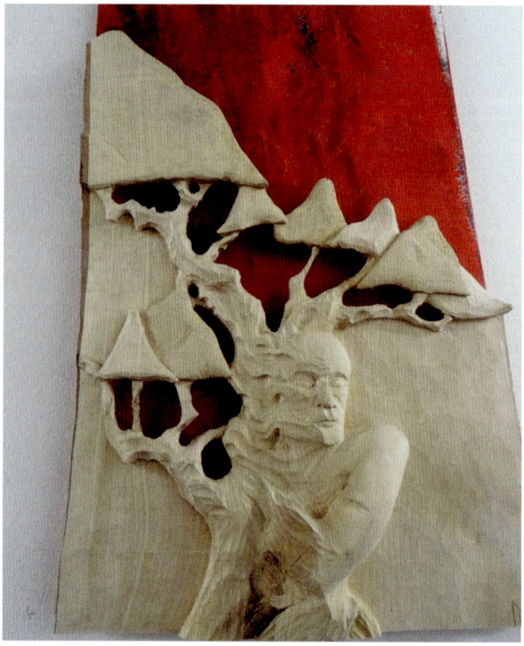

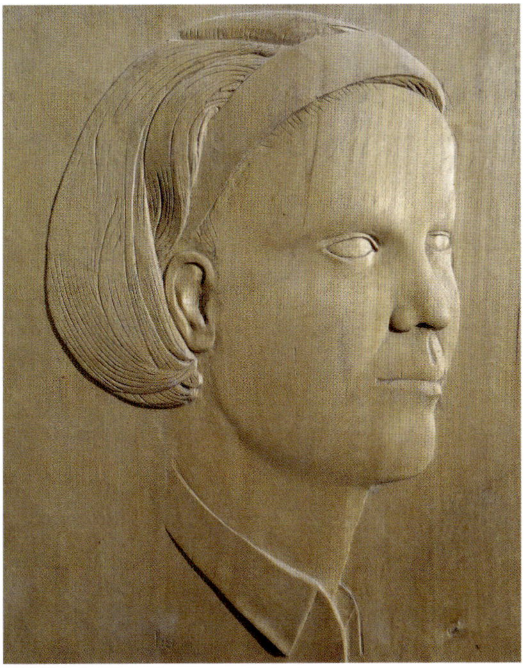

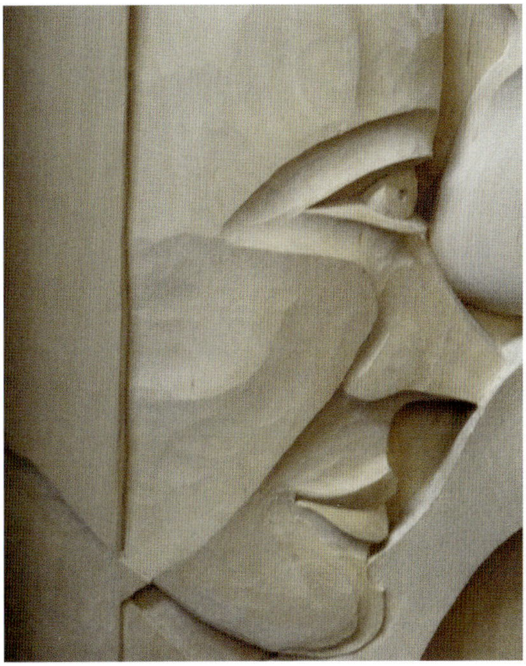

Dreiviertelprofil einer Schülerin in Ahorn: Feinschliff mit Wasserschleifpapier – eine exzellente Arbeit (links). Stilisiertes Profil (rechts).

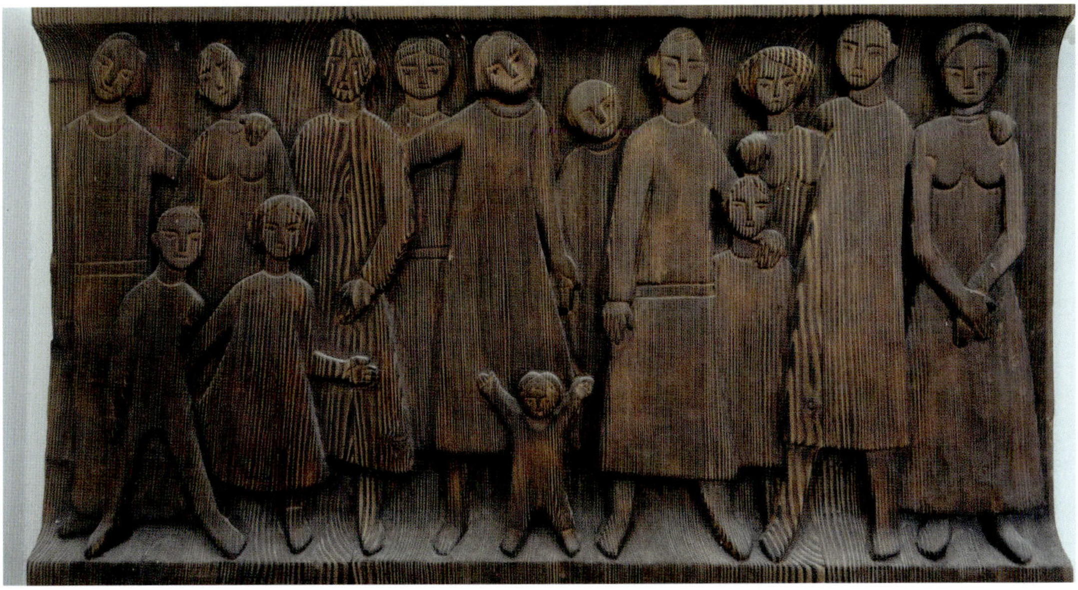

Figürliche Darstellung in Lärchenholz, gebrannt und gebürstet.

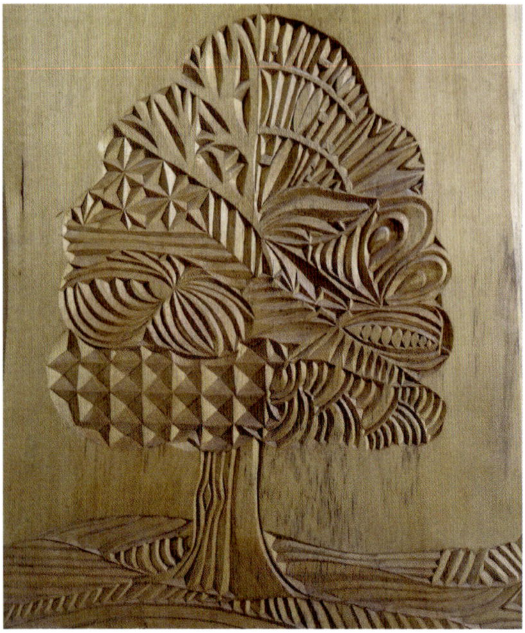

Kerbschnitt in Lindenholz – Schülerarbeit

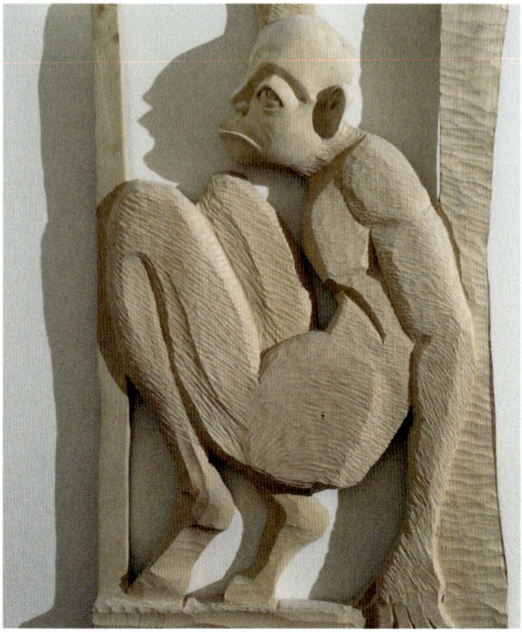

Affe – Strukturen, quer zur Faser geschnitten.

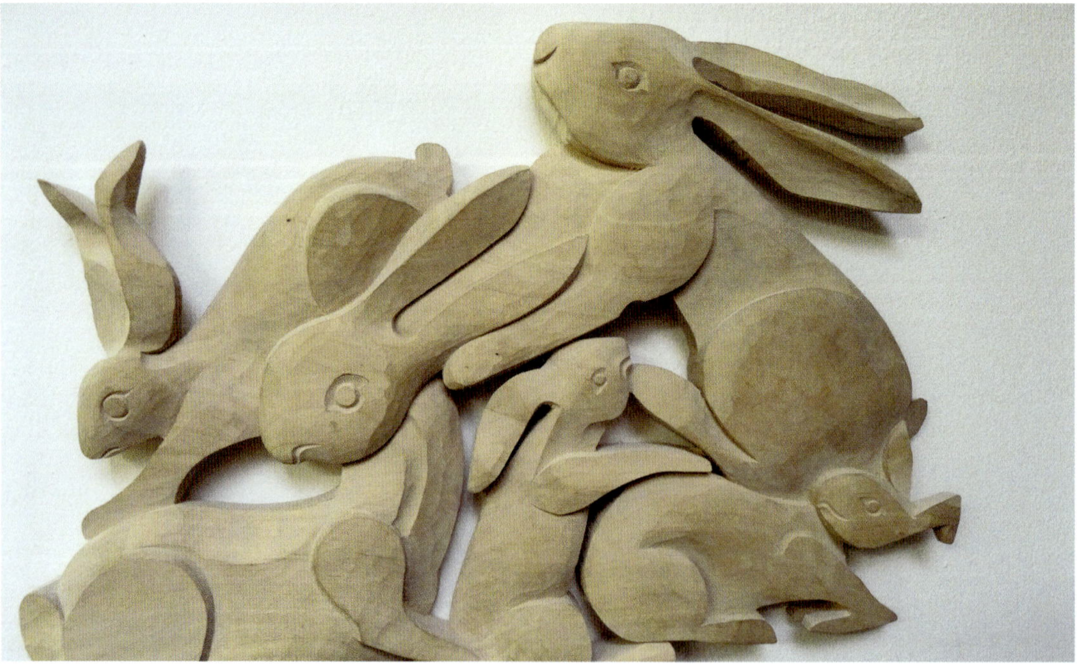

Erstklassige Reliefarbeit in Linde (1. Klasse Bildhauerei)

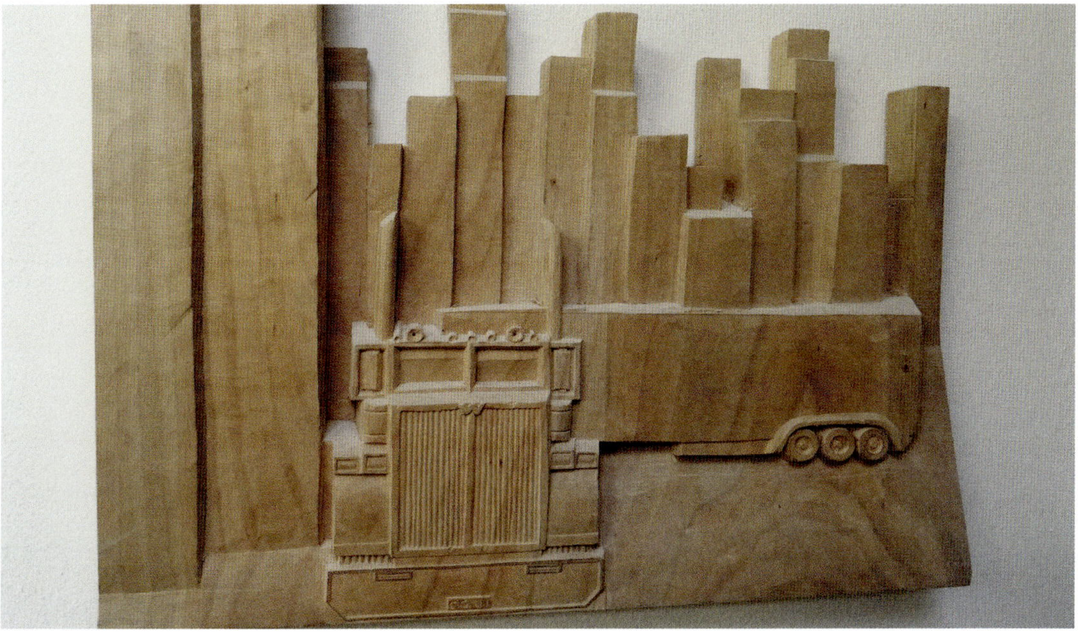

Relief zum Thema Großstadt

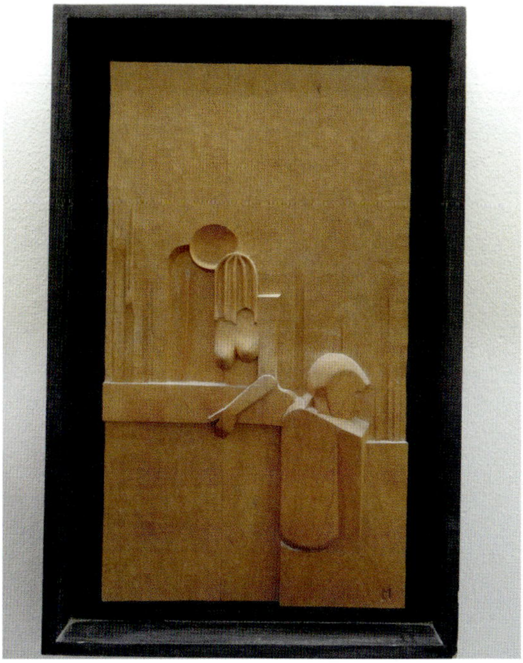

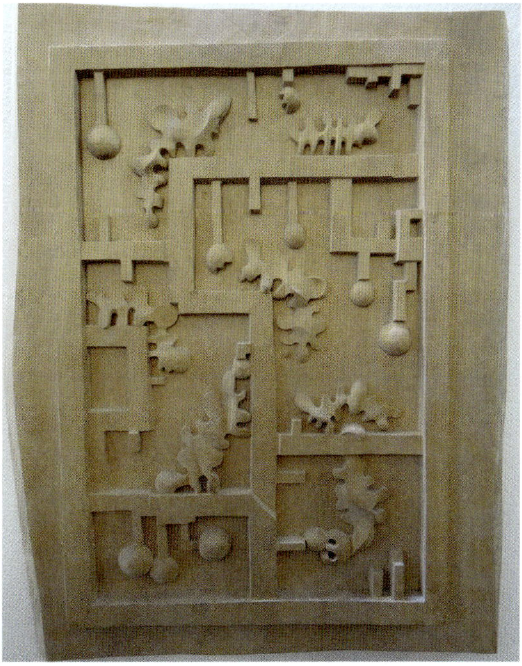

Abstrakte Schülerarbeiten im Reliefschnitt

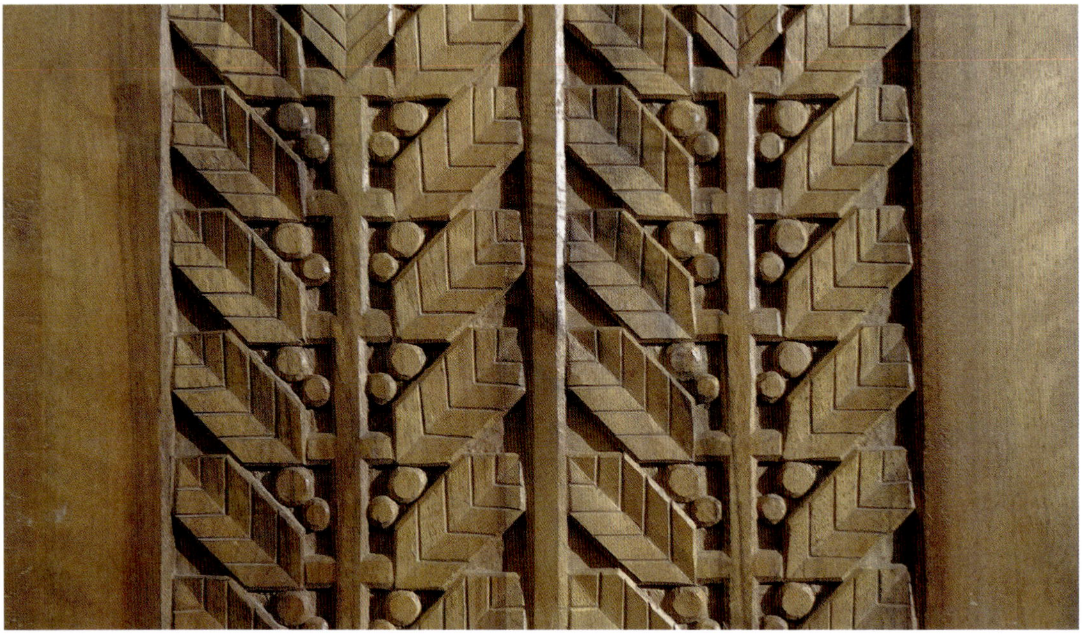

Flachschnitt: vereinfachtes pflanzliches Motiv in Nussbaum

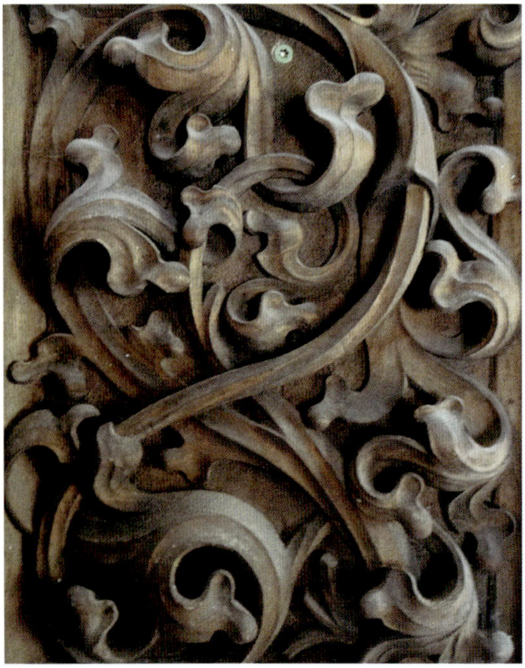

Gotisches Rankwerk – eine Herausforderung

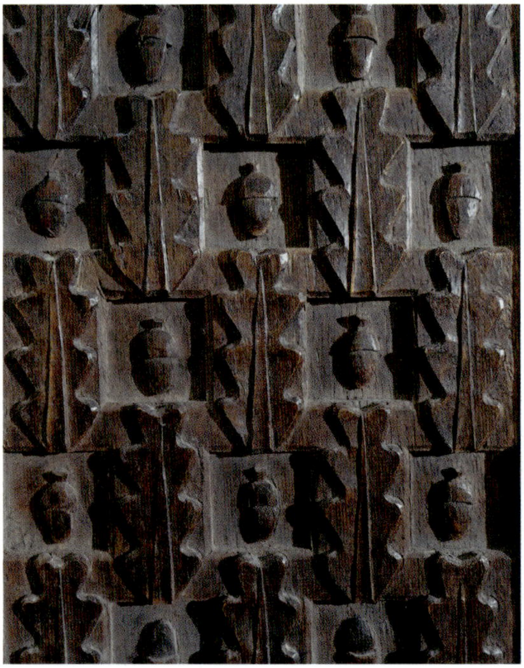

Stilisierte Eichenblätter, gebeizt

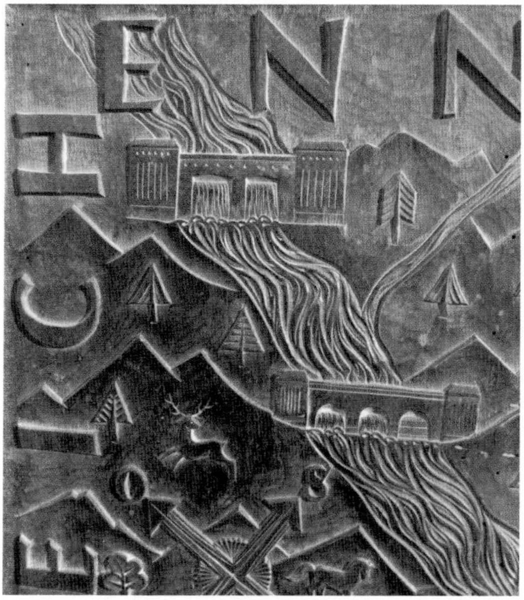

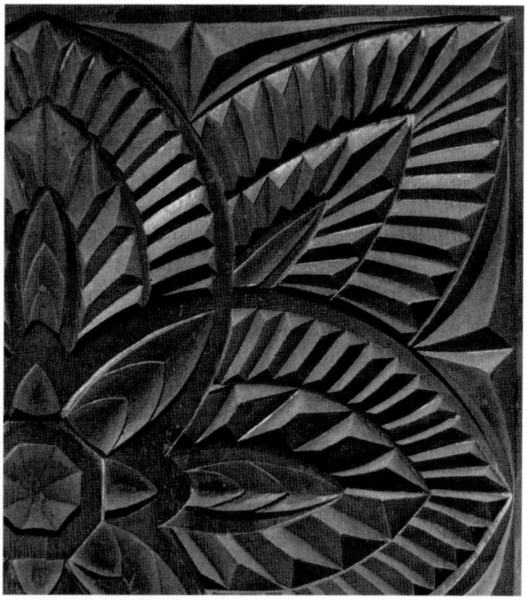

Extrem flaches Relief, mit Schellack behandelt und Federweiß gestaubt, Auftragsarbeit (links)
Detail einer dekorativen Kerbschnitzarbeit, gebeizt (rechts)

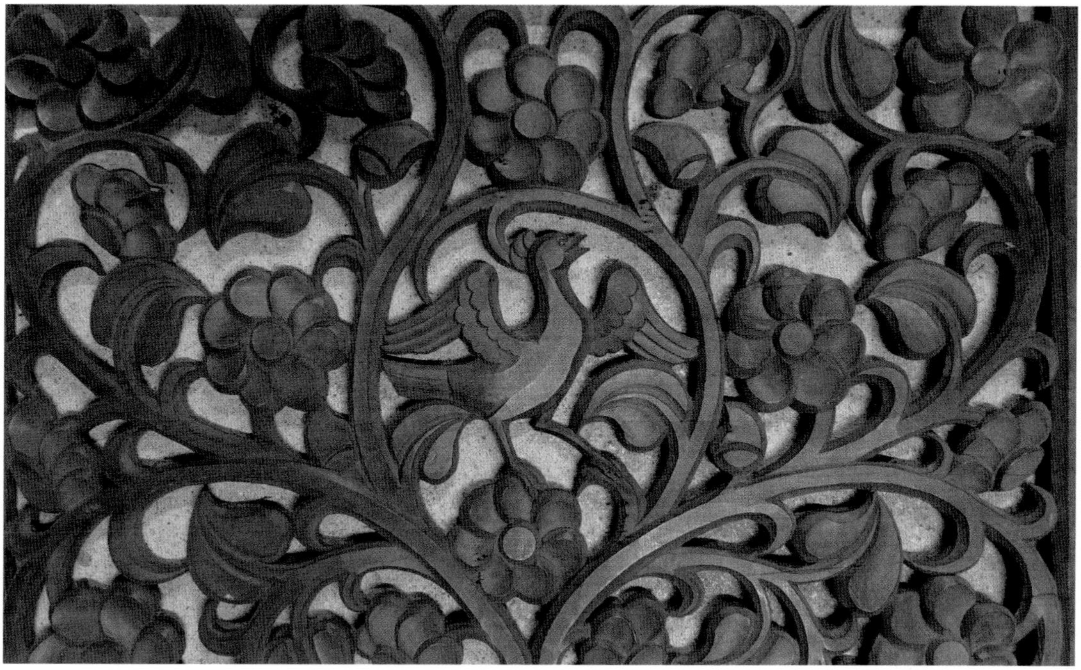

Ausgezeichnete Schülerarbeit aus den 1950er-Jahren

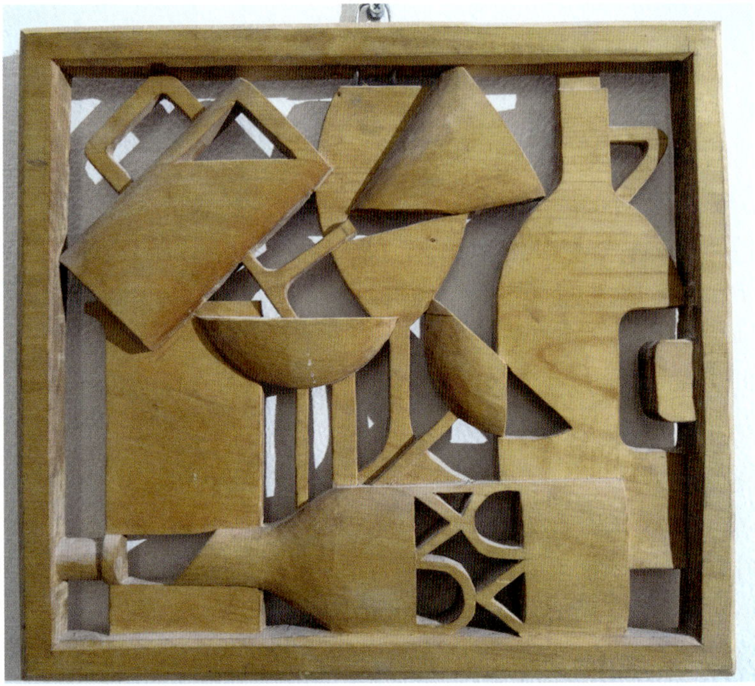

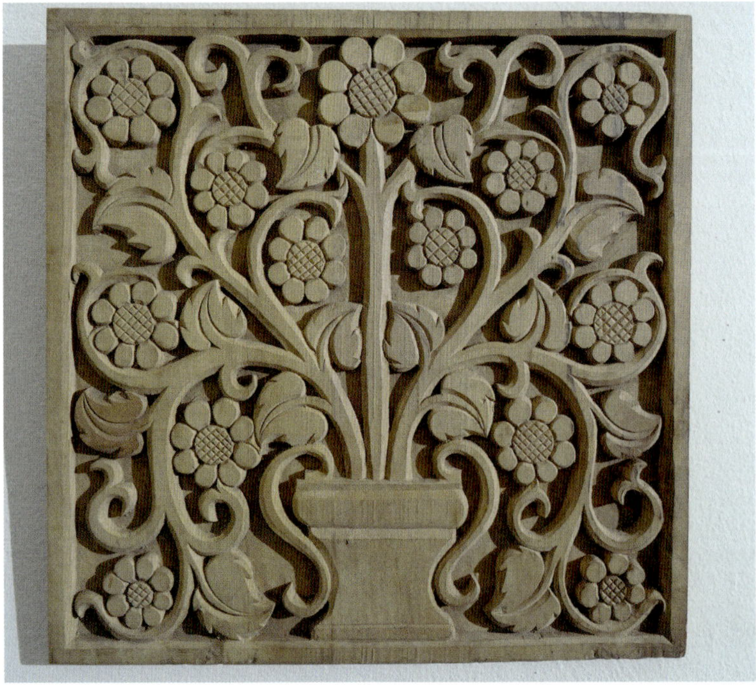

In Bezug auf Entwurf und Verarbeitung sind diese Schülerarbeiten aus den 1950er-Jahren vorbildhaft für lange Zeit (Abb. auf Doppelseite)

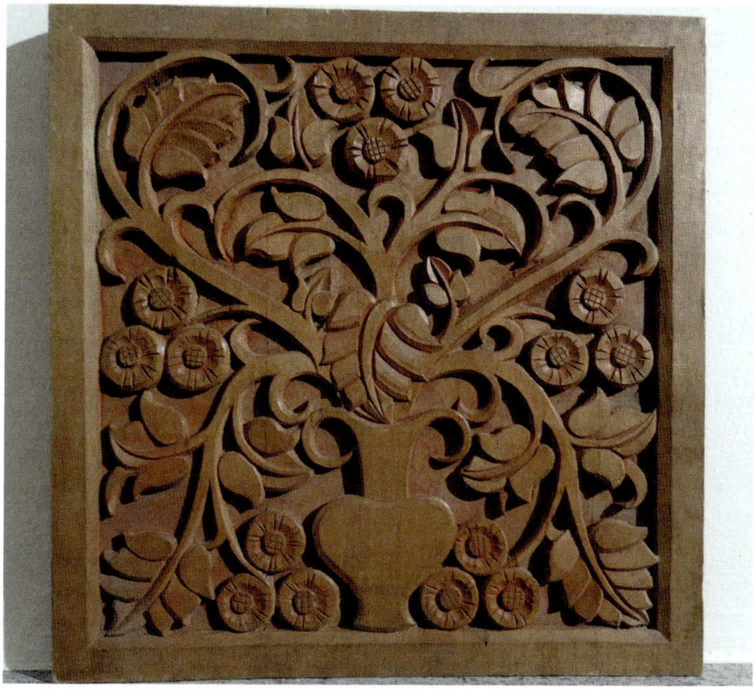

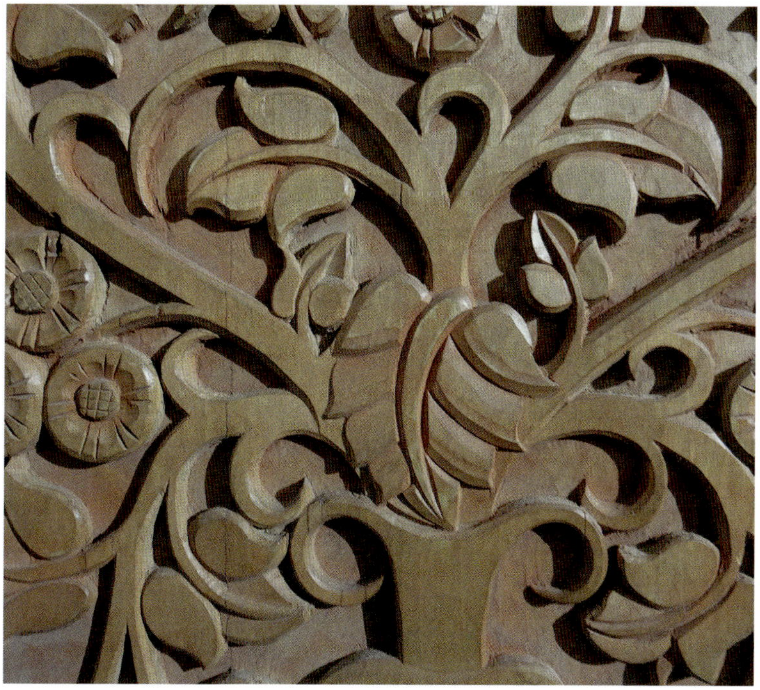

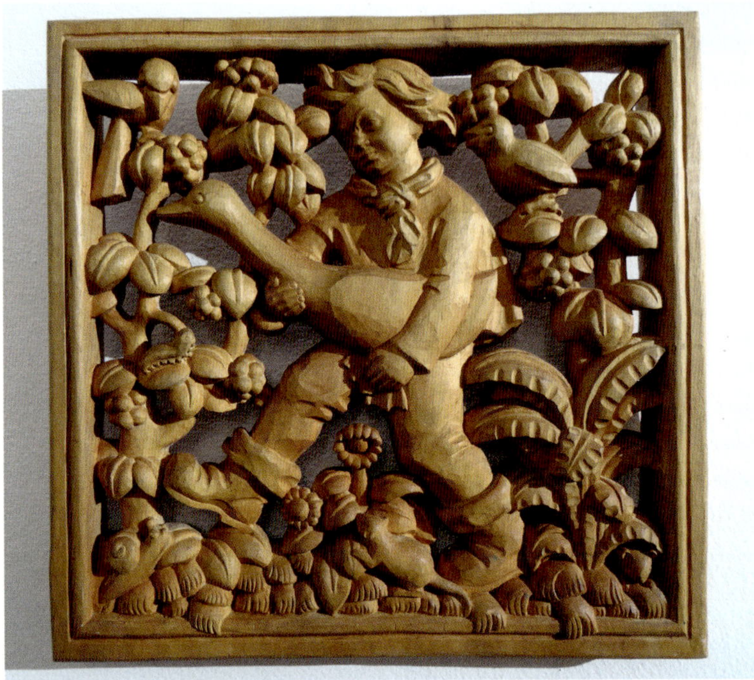

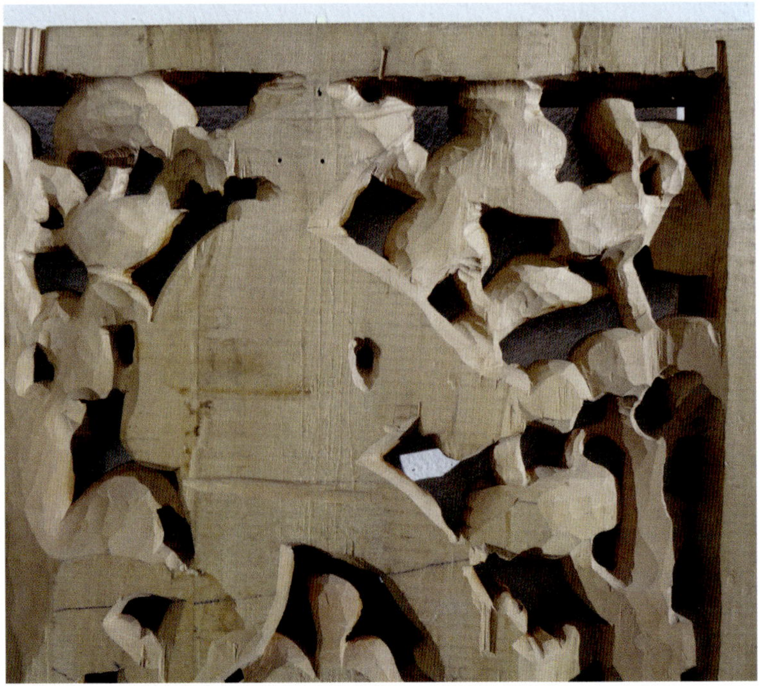

Ausgezeichnete Arbeit einer 16-jährigen Schülerin, auch die Rückansicht ist exakt bearbeitet.

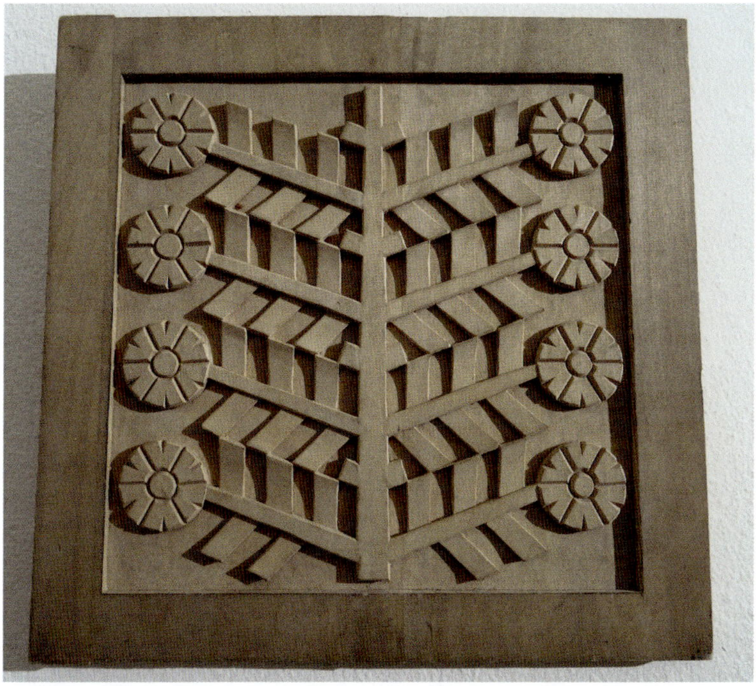

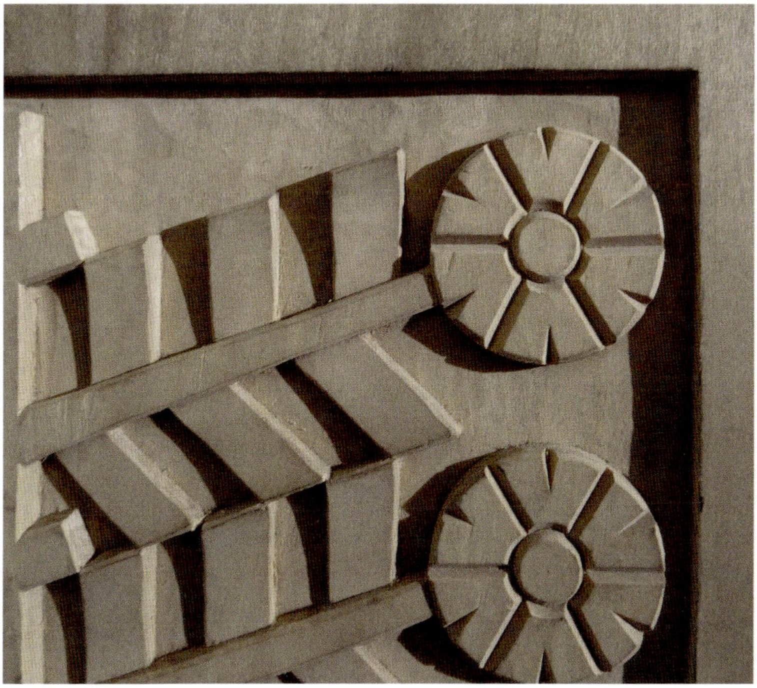

Symmetrische Pflanzenmotive mit Detailansicht

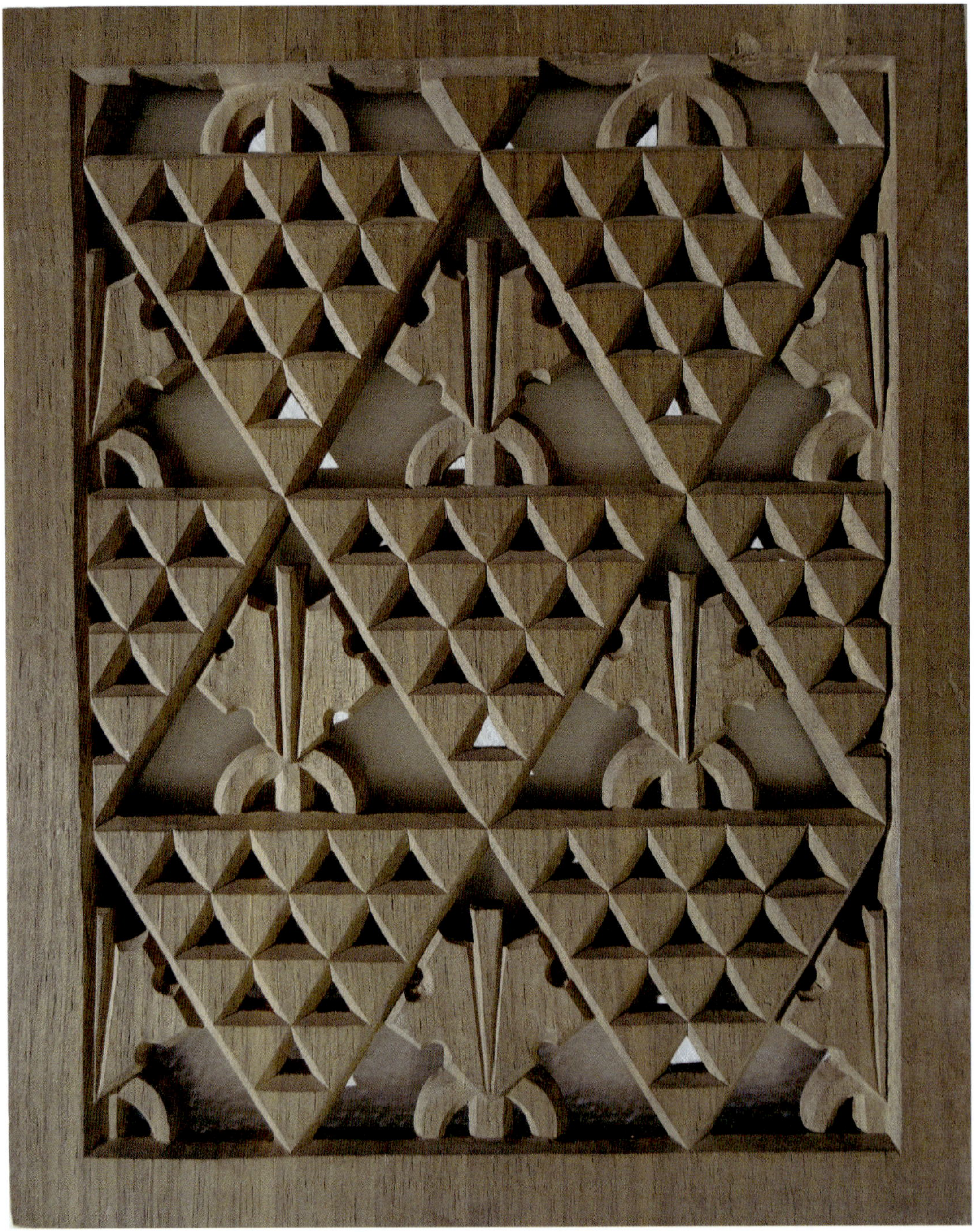

Schnell entworfen, leicht geschnitzt: ein symmetrisches Weinmotiv

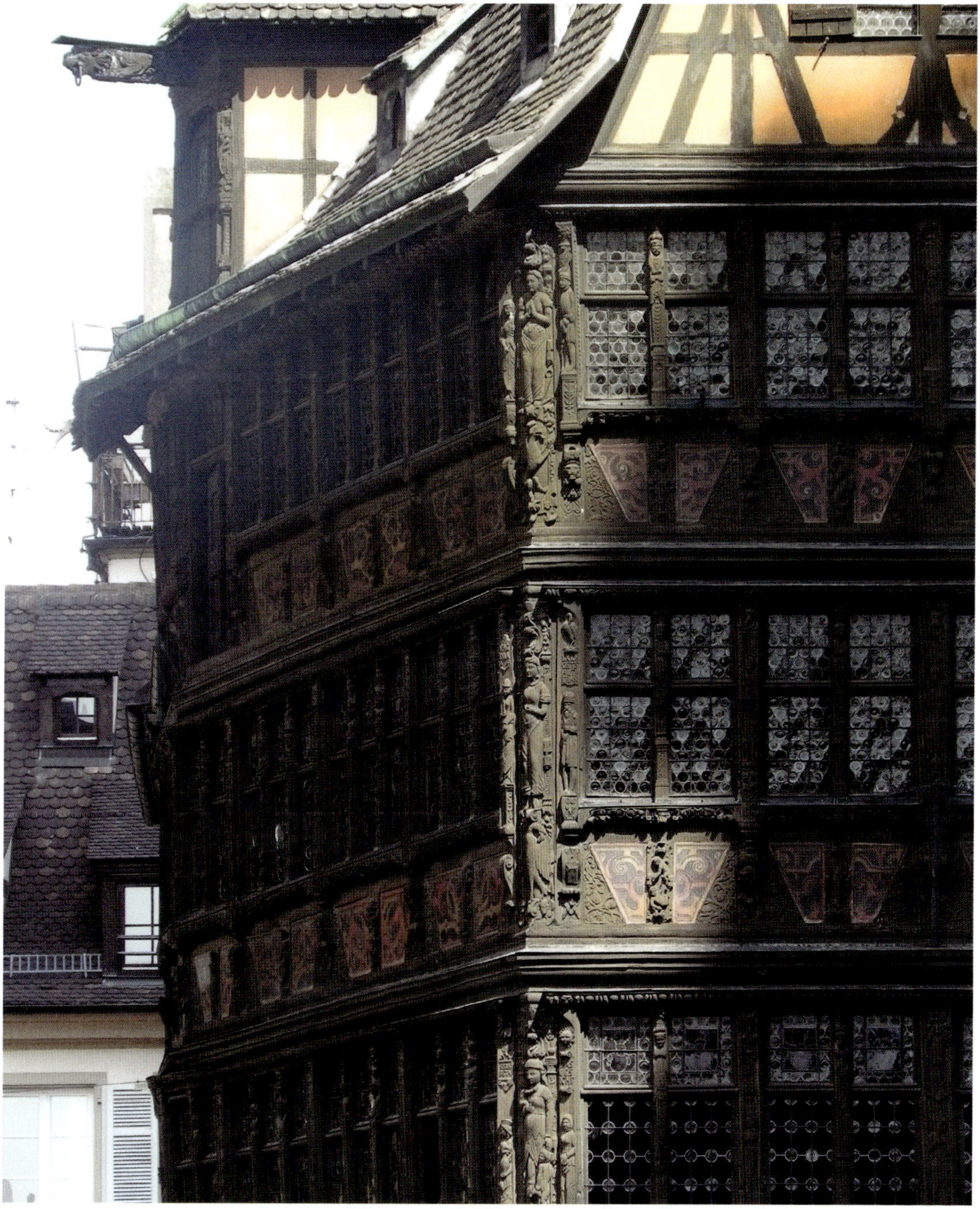

Architektur der Frührenaissance. Das Haus „Kammerzell“ am Münsterplatz in Strassburg mit geschnitzter Fachwerkfassade, 1589

Anhang

Beispiele und Vorlagen für Schriften, Symbole und Ornamente

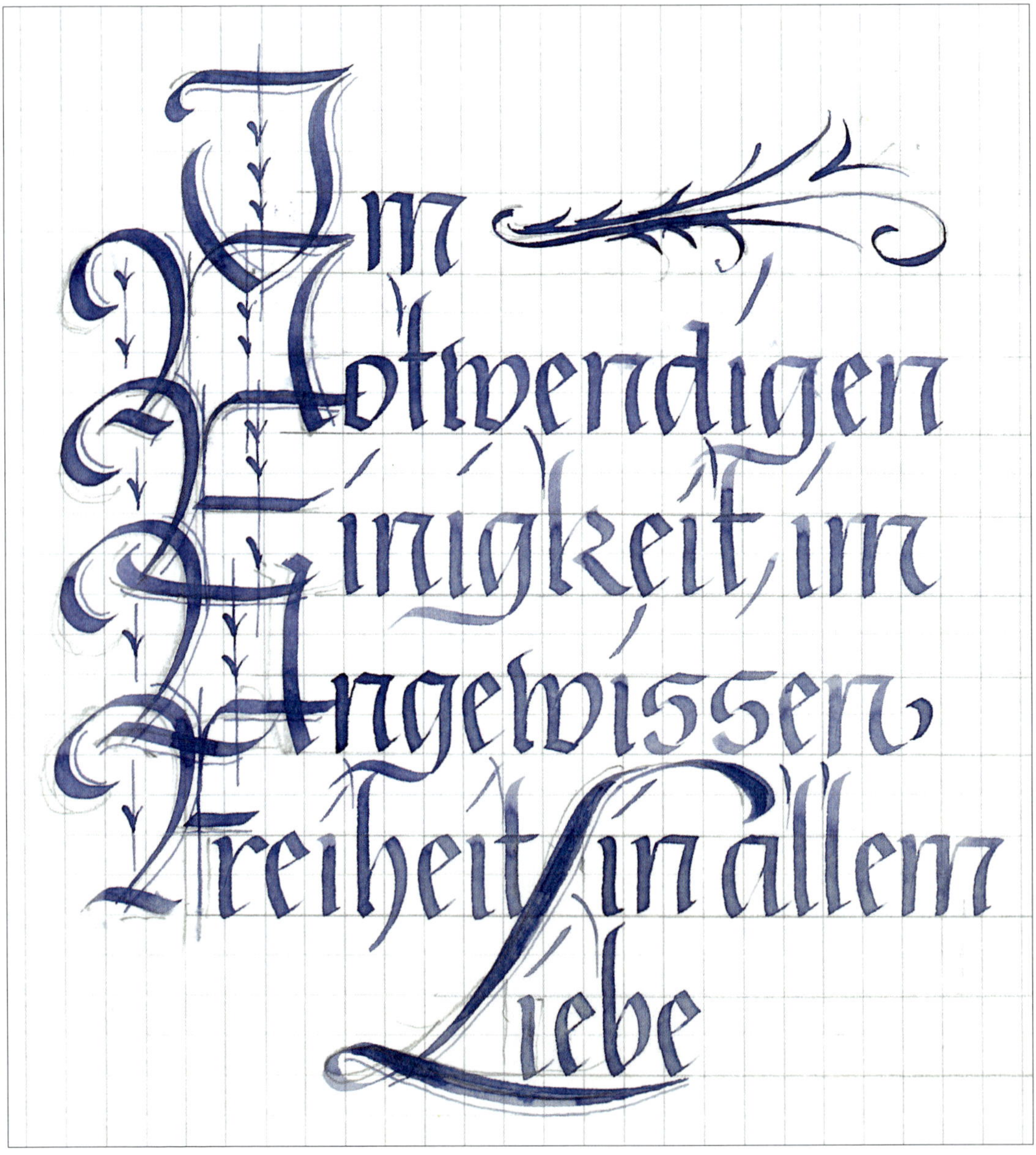

Vertrauen
ineinander
Verständnis
füreinander
Liebe
zueinander
ein Leben lang.

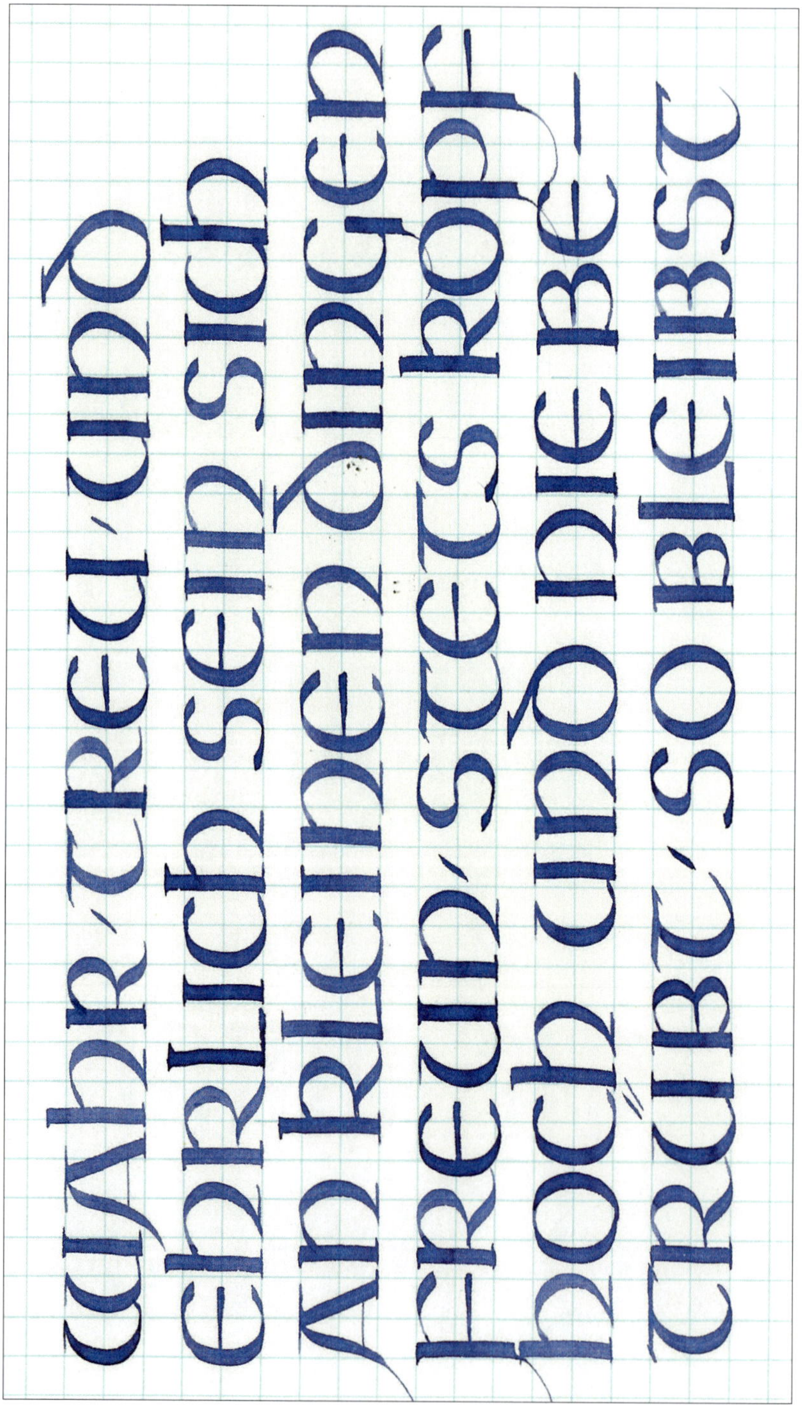

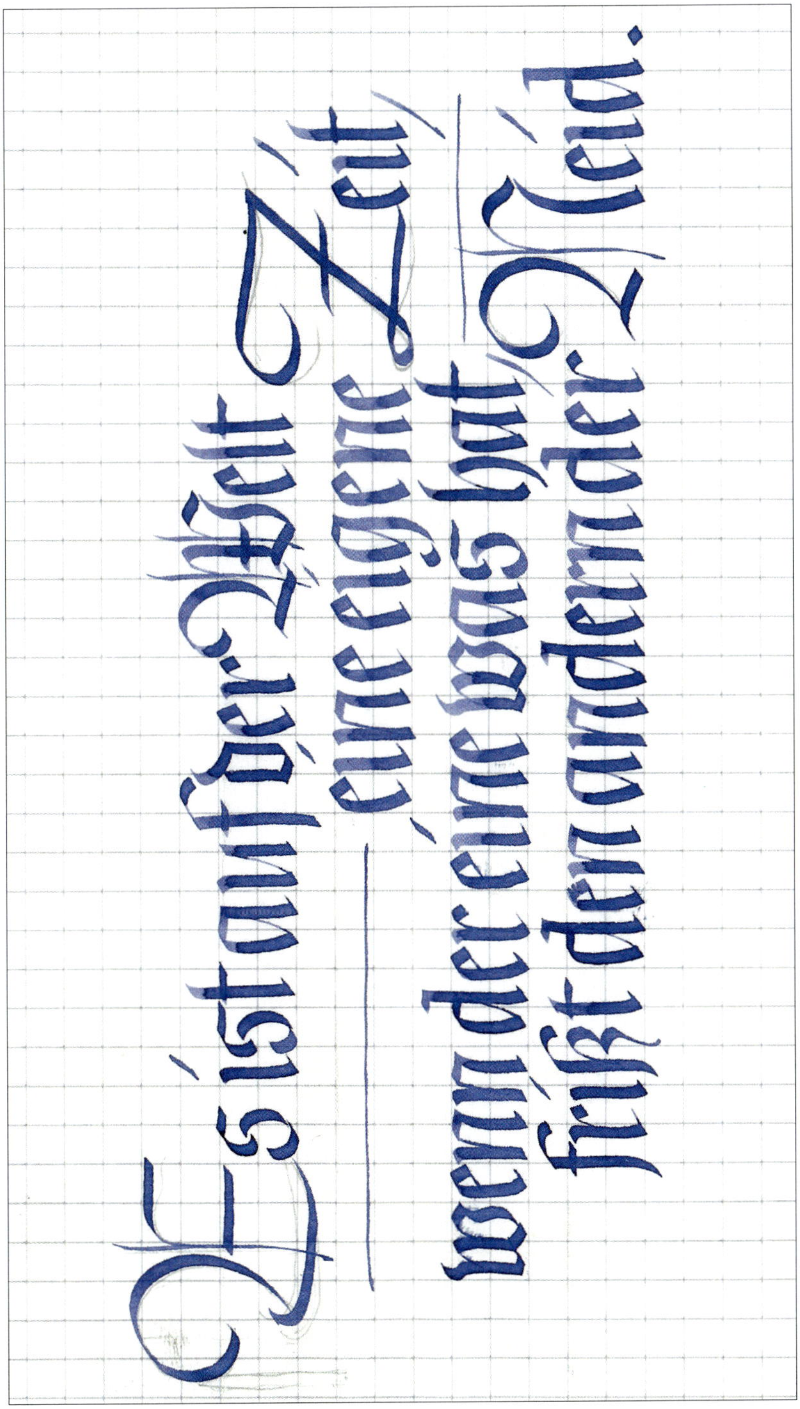
Es ist auf der Welt
eine eigene Zeit,
wenn der eine was hat,
frißt den andern der Neid.

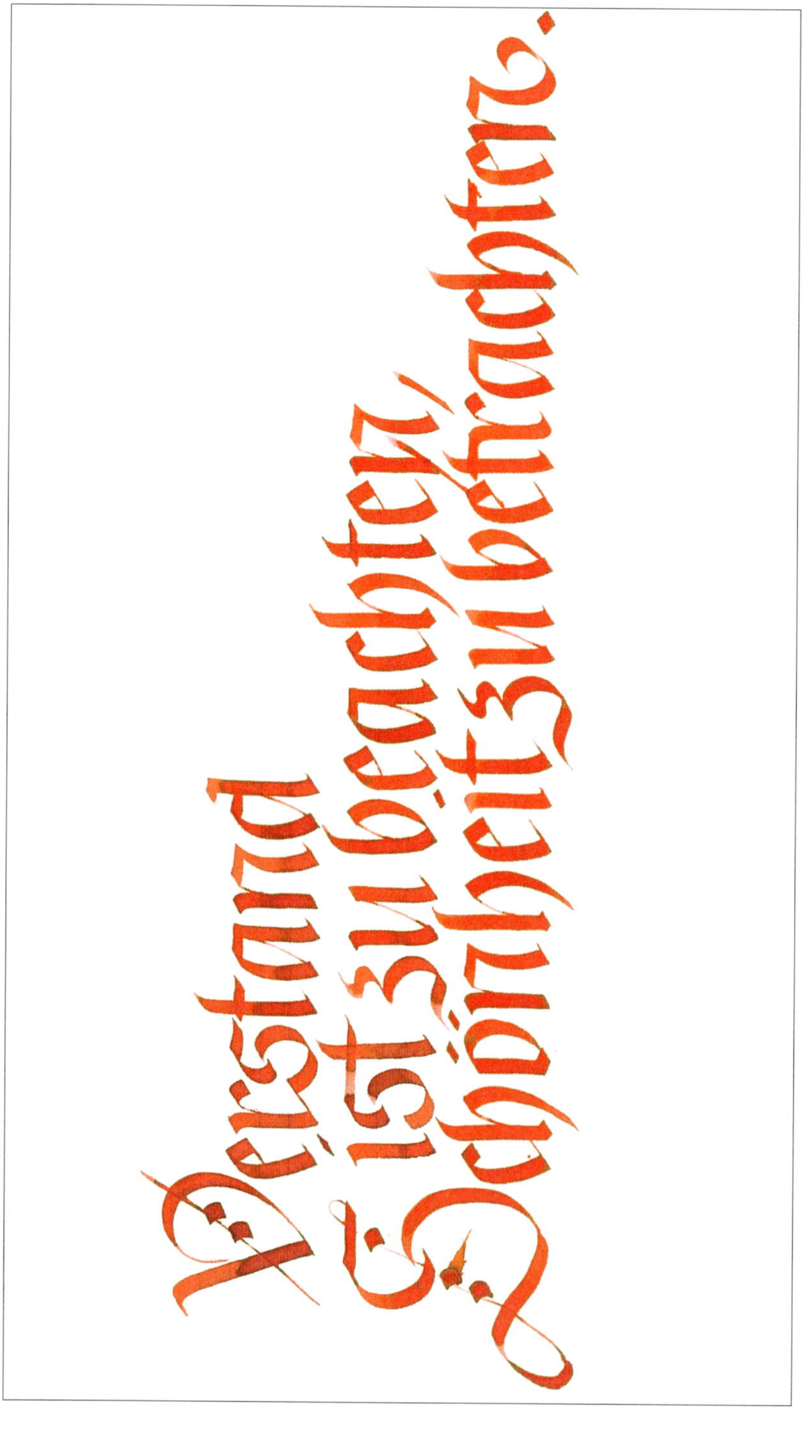
Verstand
ist zu beachten,
Schönheit zu betrachten.

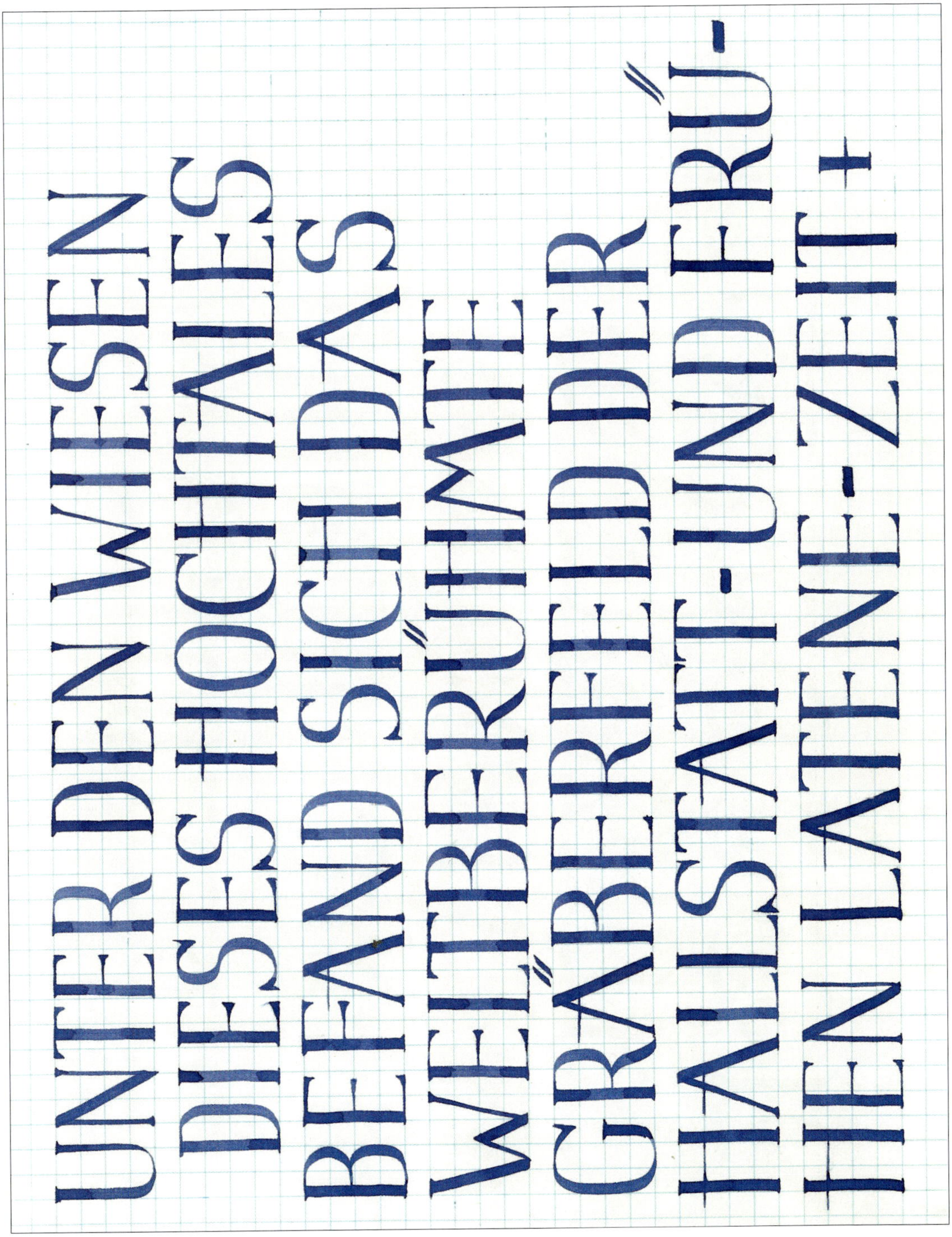
UNTER DEN WIESEN
DIESES HOCHTALES
BEFAND SICH DAS
WELTBERÜHMTE
GRÄBERFELD DER
HALLSTATT-UND FRÜ-
HEN LATENE-ZEIT+

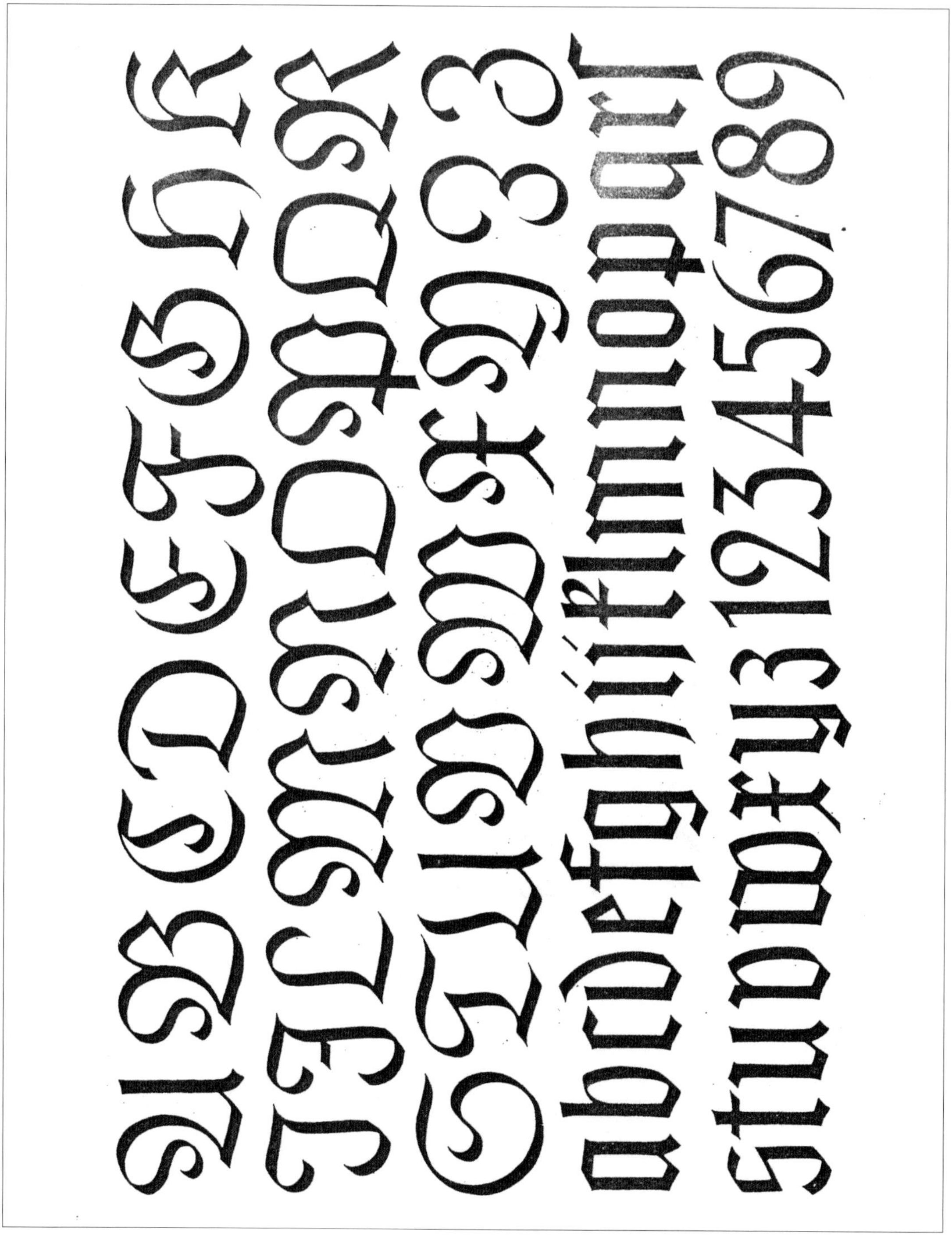

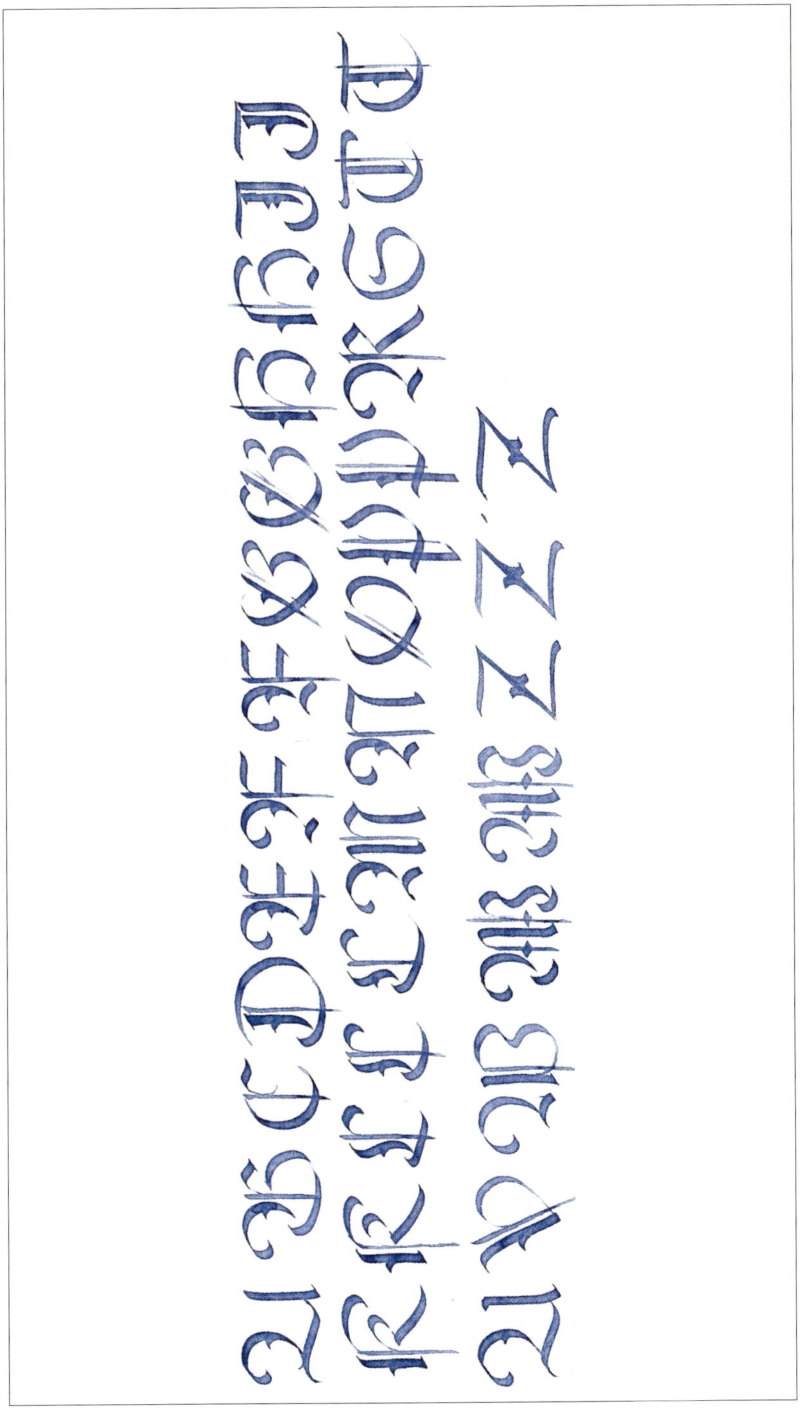

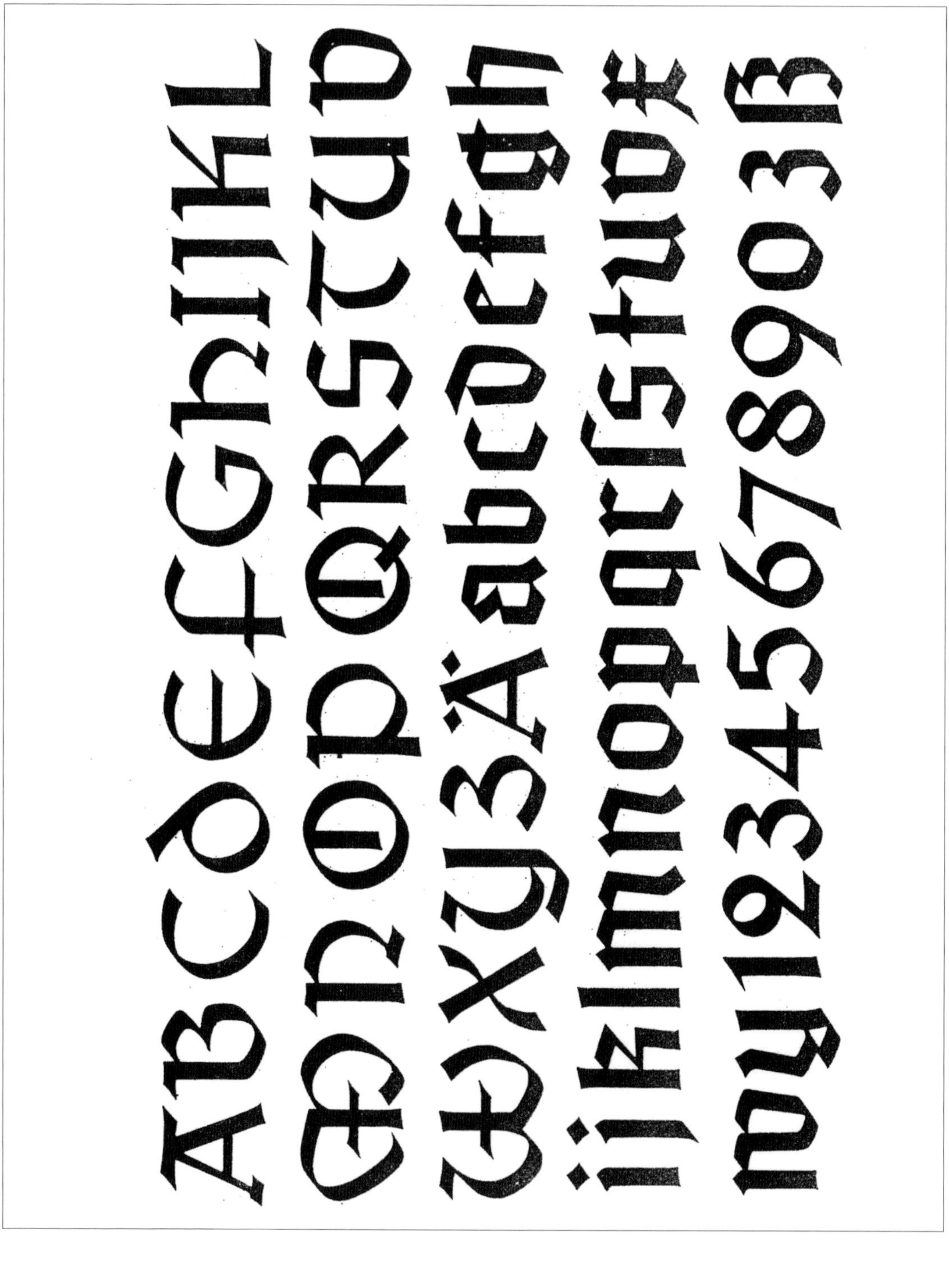

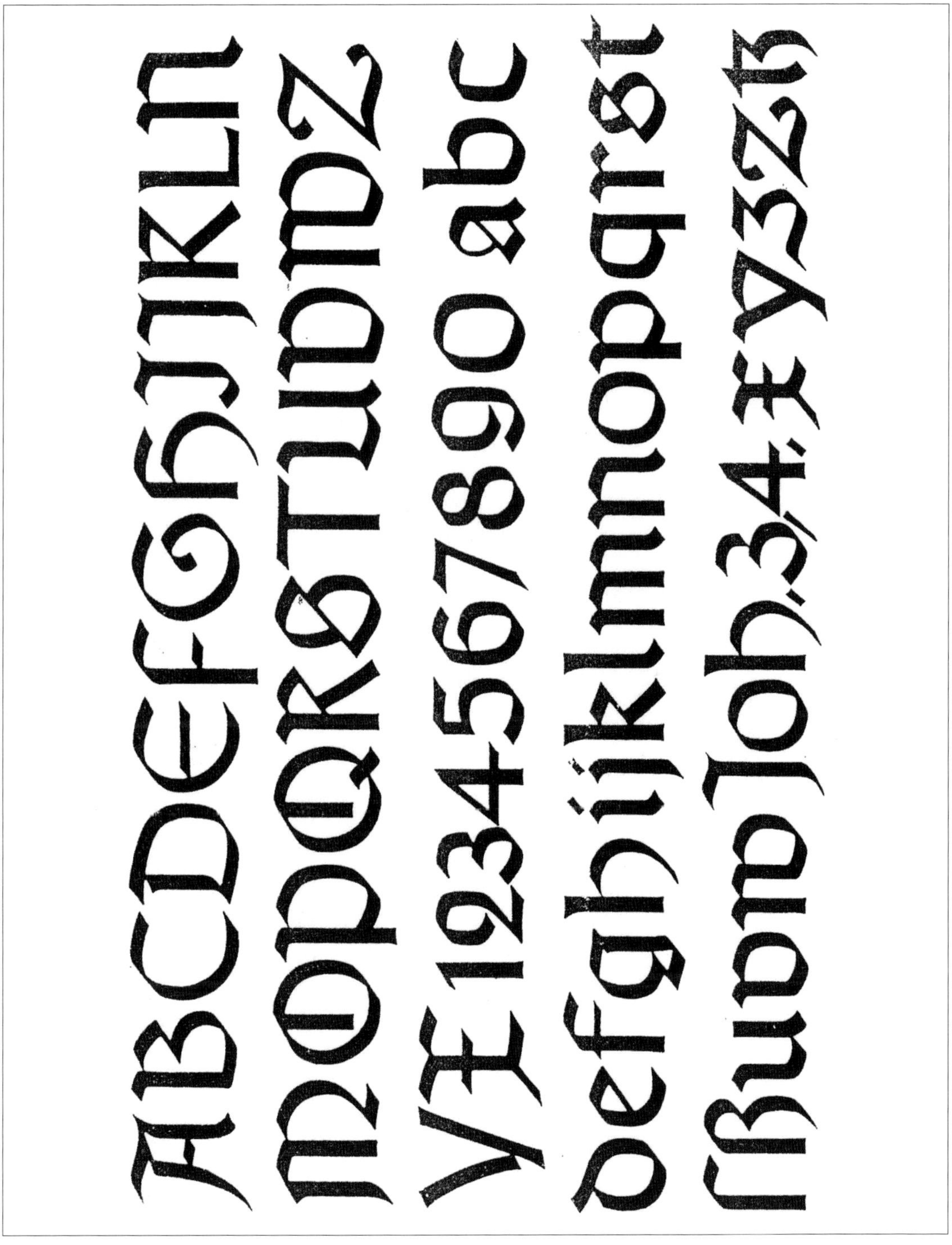

ABCDEFGHIJKLMNOPQRSTUVWXYZ ÄÖÜ
abcdefghijklmnopqrstuvwxyz äöüß &
0123456789

ABCDEFGHIJKLMNOPQRSTUVWXYZ ÄÖÜ &
0123456789

ABCDEFGHIJKLMNOPQRSTUVWXYZ ÄÖÜ &
0123456789

ABCDEFGHIJKLMNOPQRSTUVWXYZ ÄÖÜ
abcdefghijklmnopqrstuvwxyz äöüß &
0123456789

ABCDEFGHIJKLMNOPQRSTUVWXYZ ÄÖÜ
abcdefghijklmnopqrstuvwxyz äöüß &
0123456789

ABCDEFGHIJKLMNOPQRSTUVWXYZ ÄÖÜ
abcdefghijklmnopqrstuvwxyz äöüß &
0123456789

ABCDEFGHIJKLMNOPQRSTUVWXYZ ÄÖÜ
abcdefghijklmnopqrstuvwxyz äöüß &
0123456789

ABCDEFGHIJKLMNOPQRSTUVWXYZ ÄÖÜ
abcdefghijklmnopqrstuvwxyz äöüß &
0123456789

ABCDEFGHIJKLMNOPQRSTUVWXYZ
abcdefghijklmnopqrstuvwxyz G

ABCDEFGHIJKLMNOPQRSTUVWXYZ ÄÖÜ
abcdefghijklmnopqrstuvwxyz äöüß &
0123456789

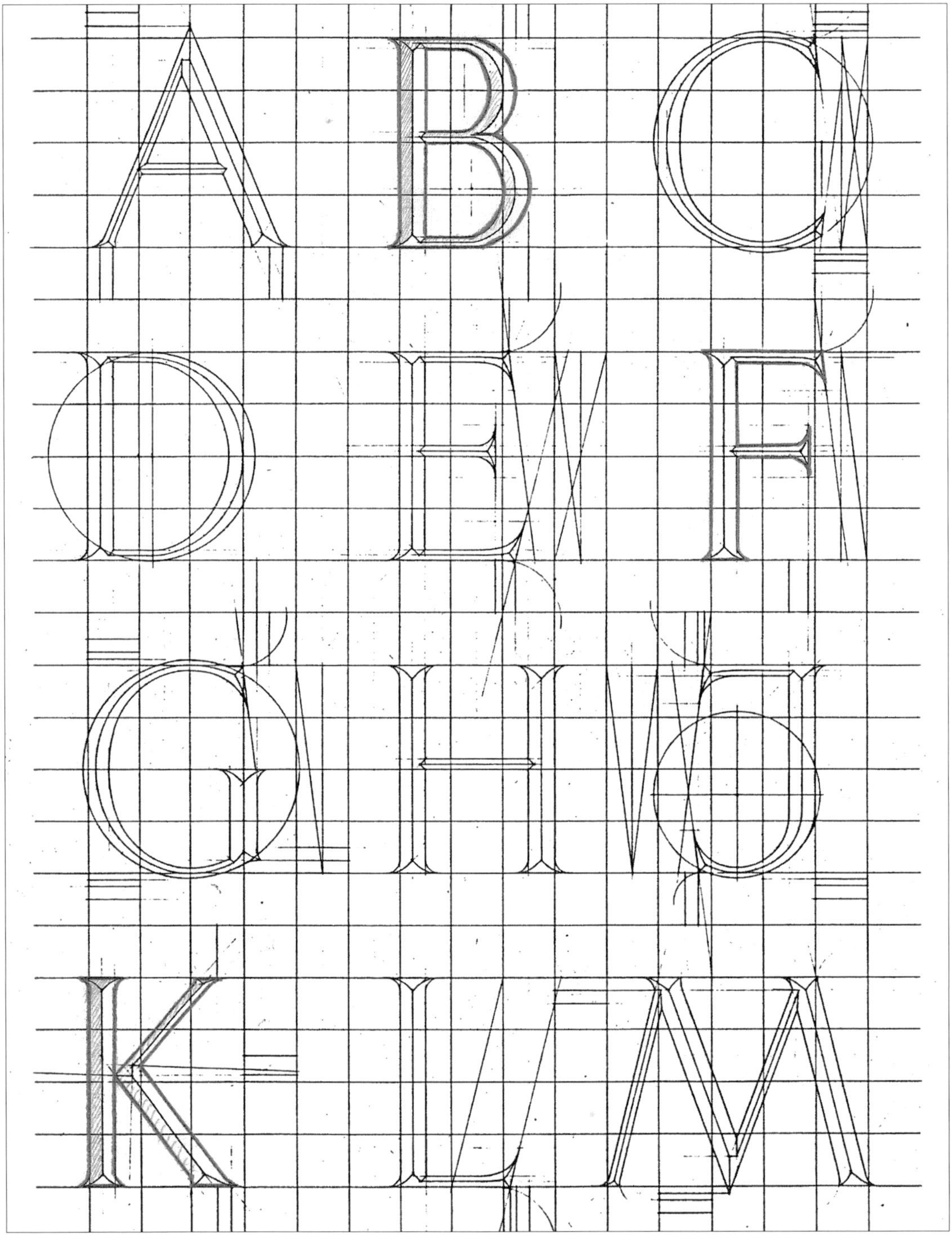

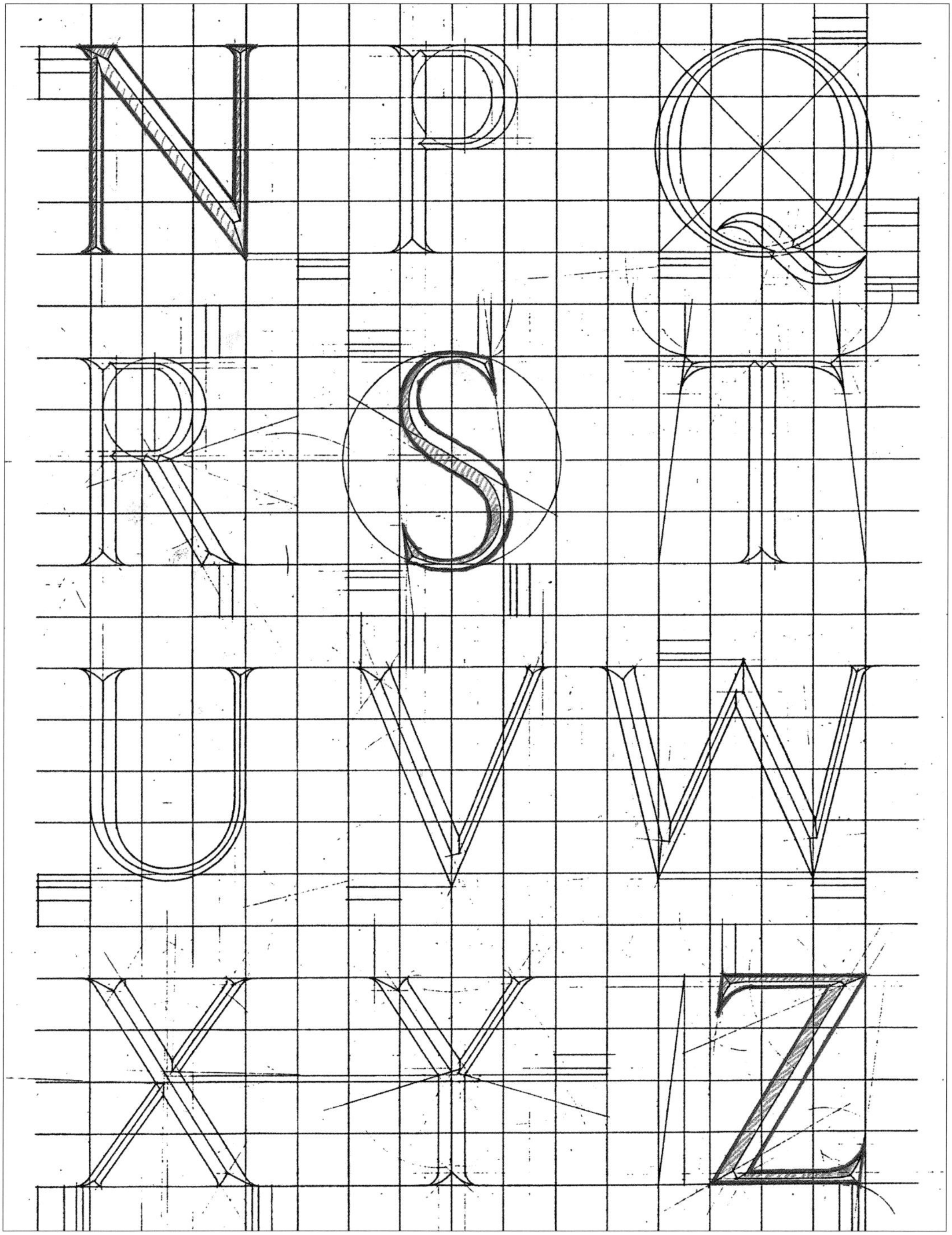

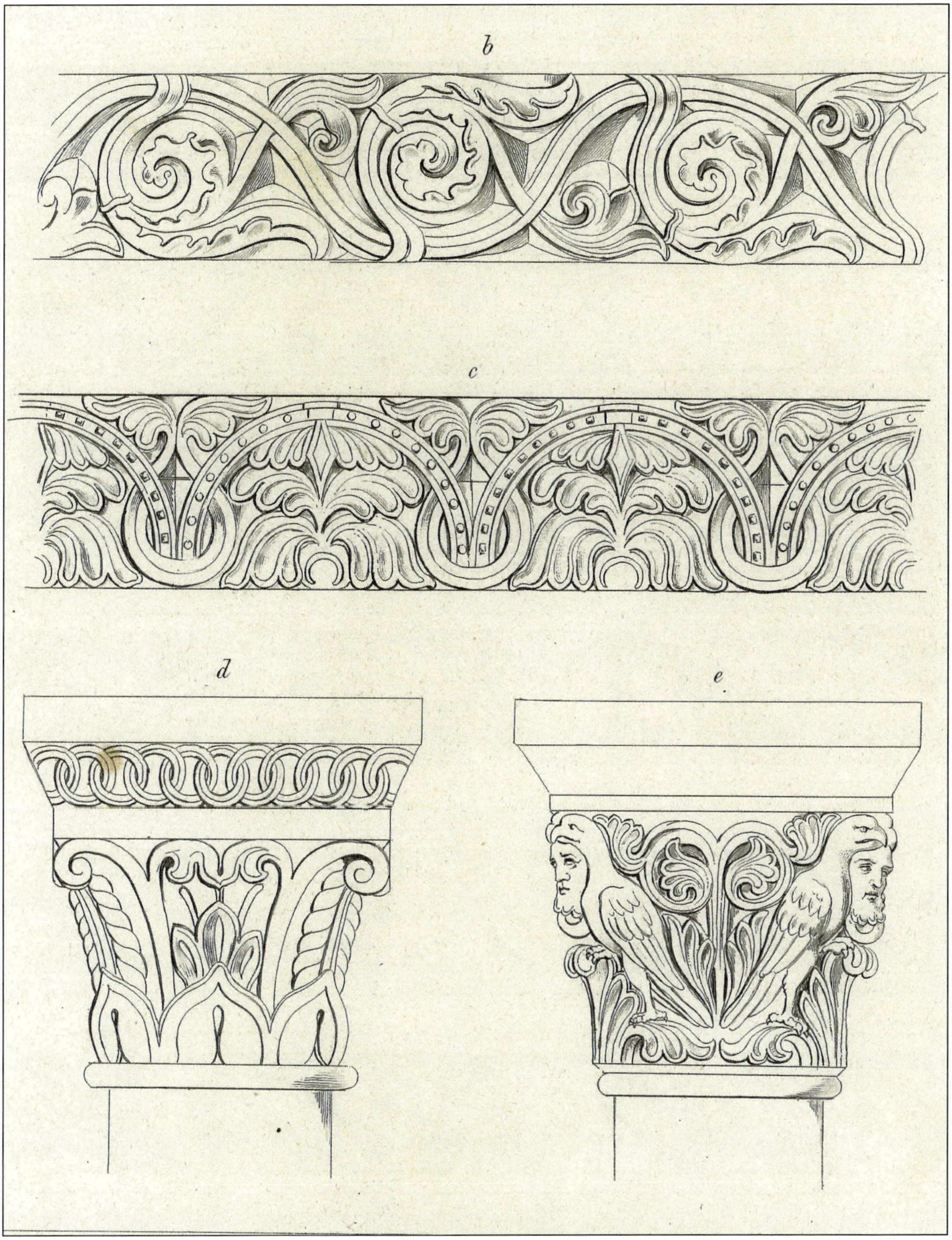
b
c
d
e

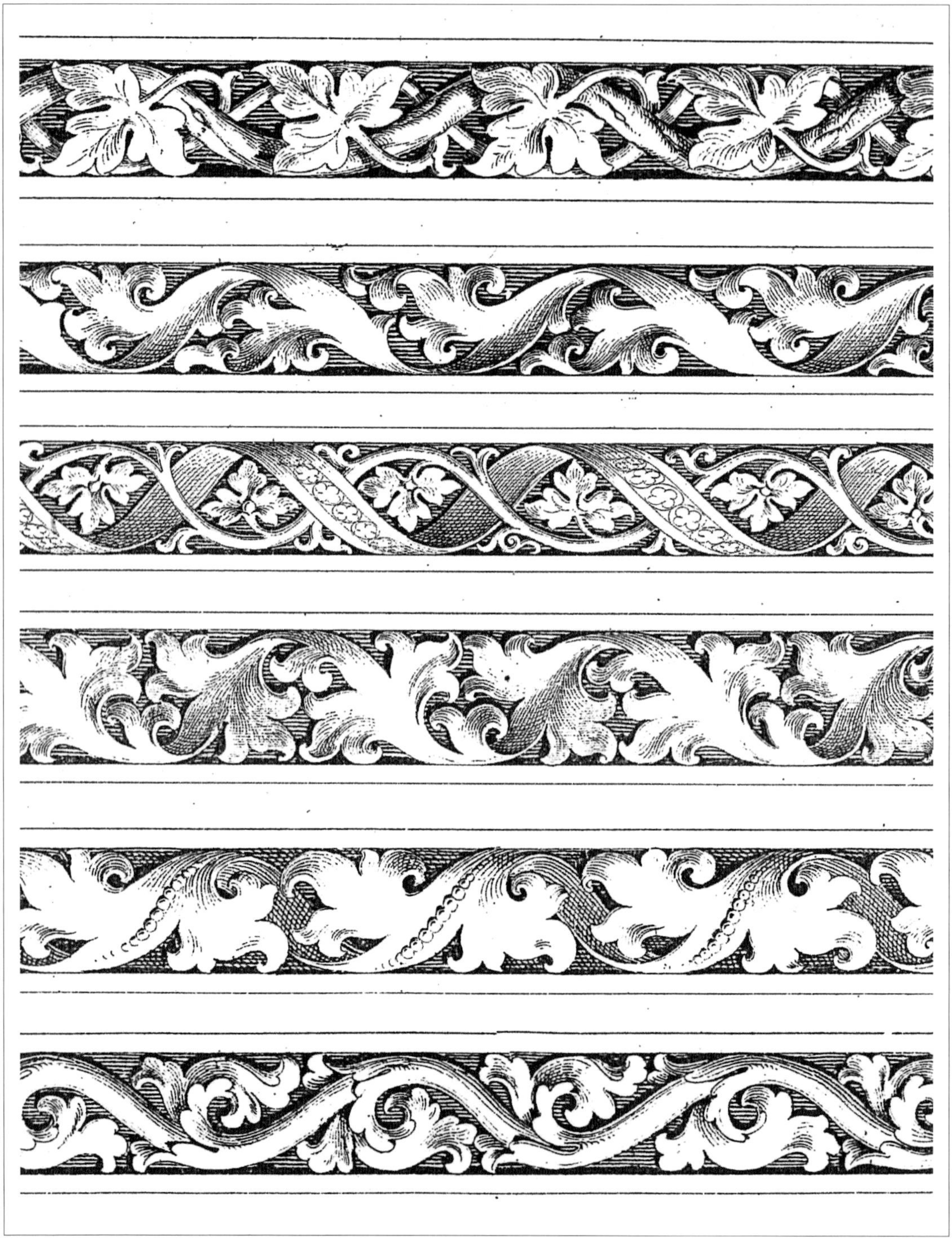

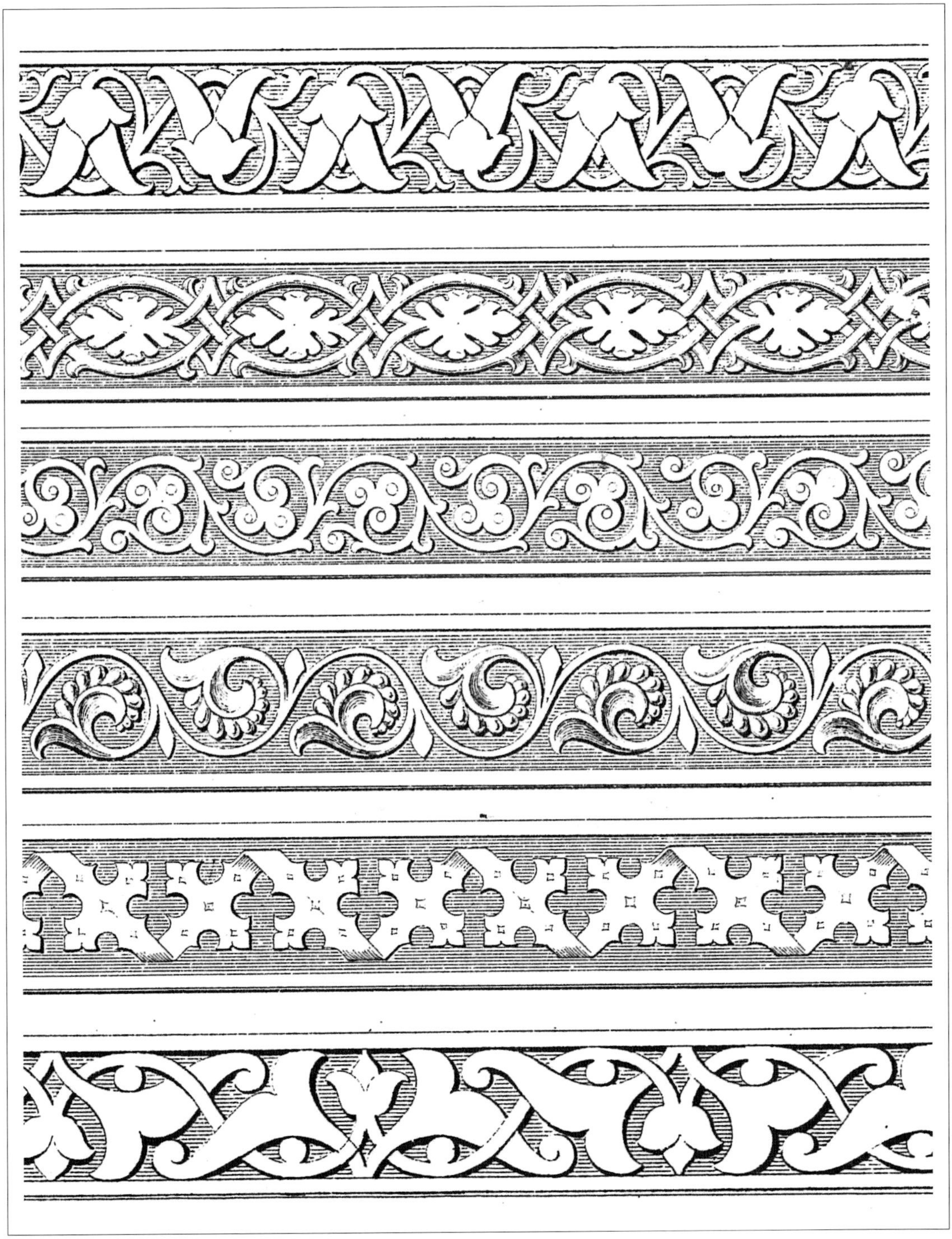

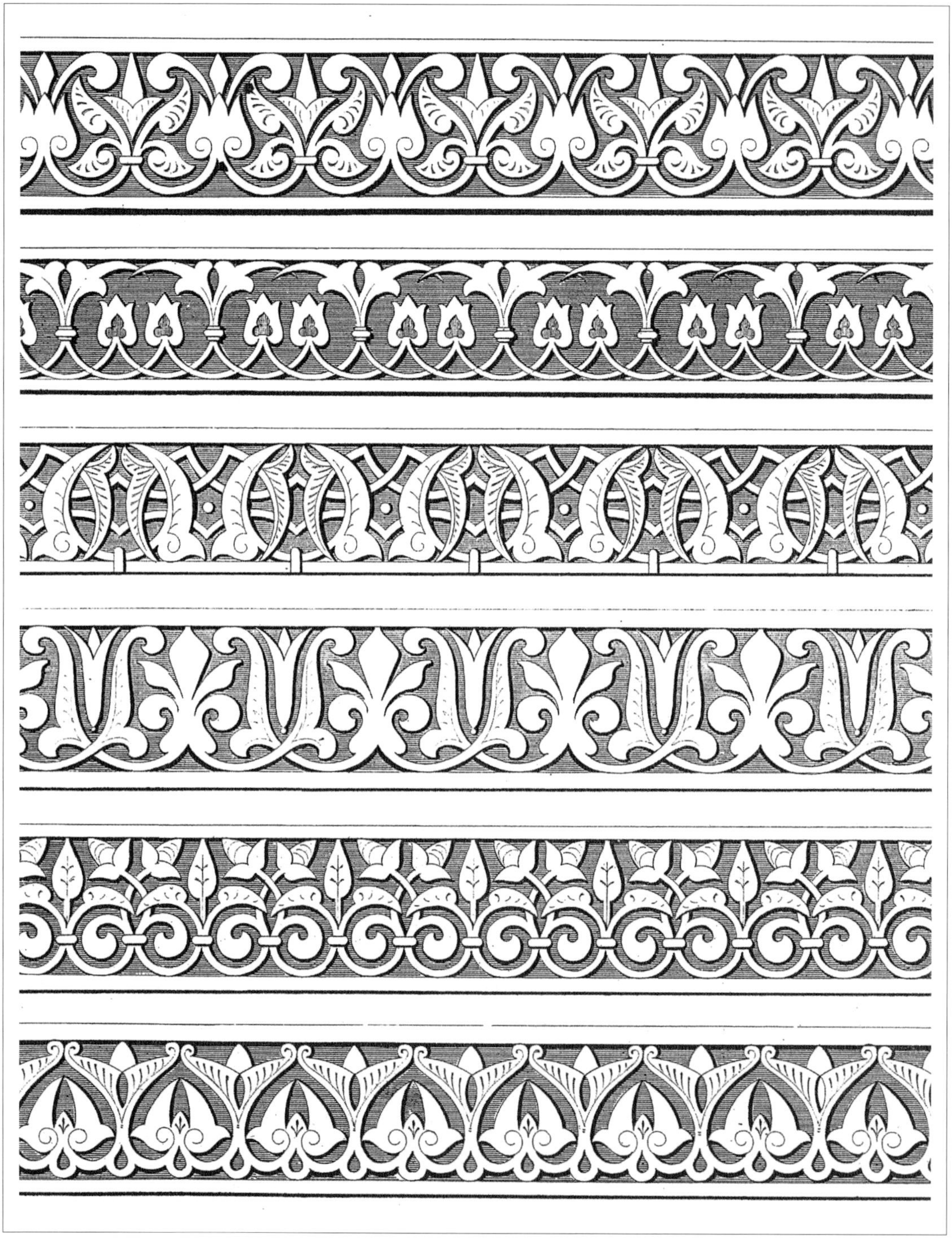

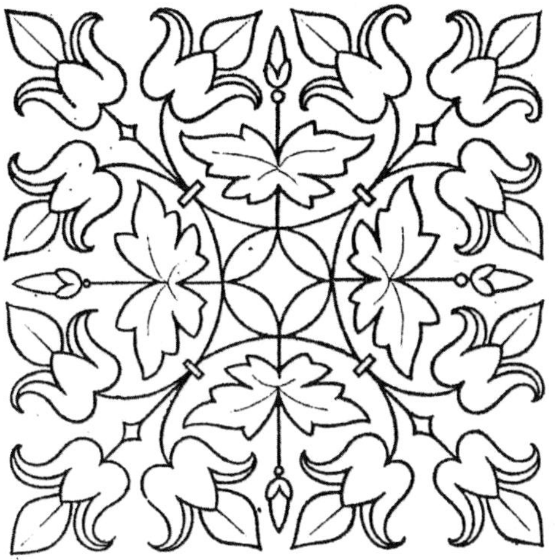

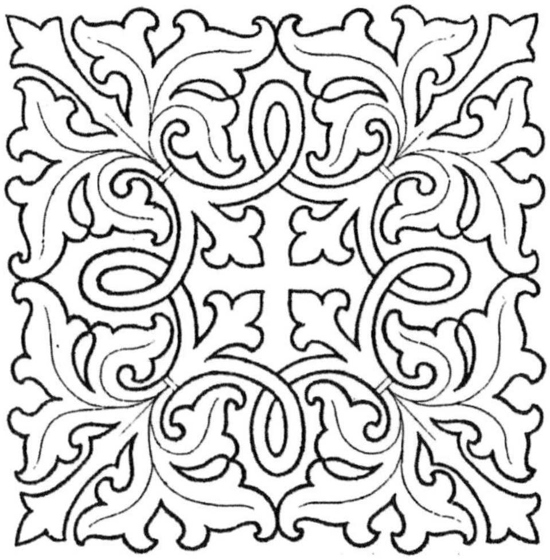

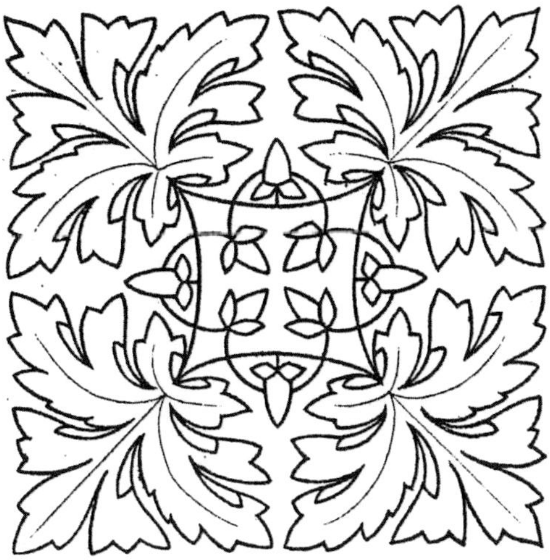

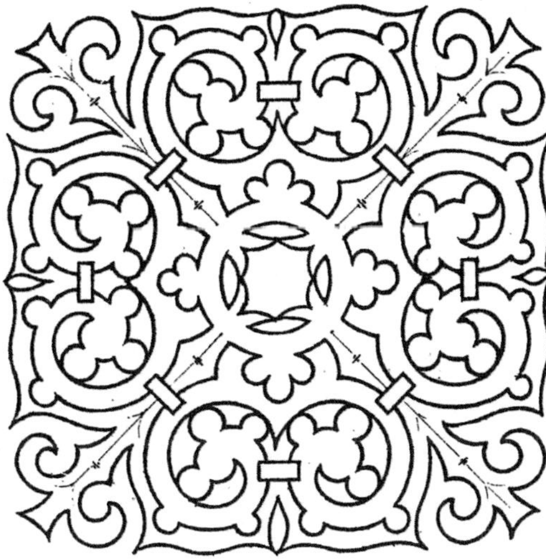

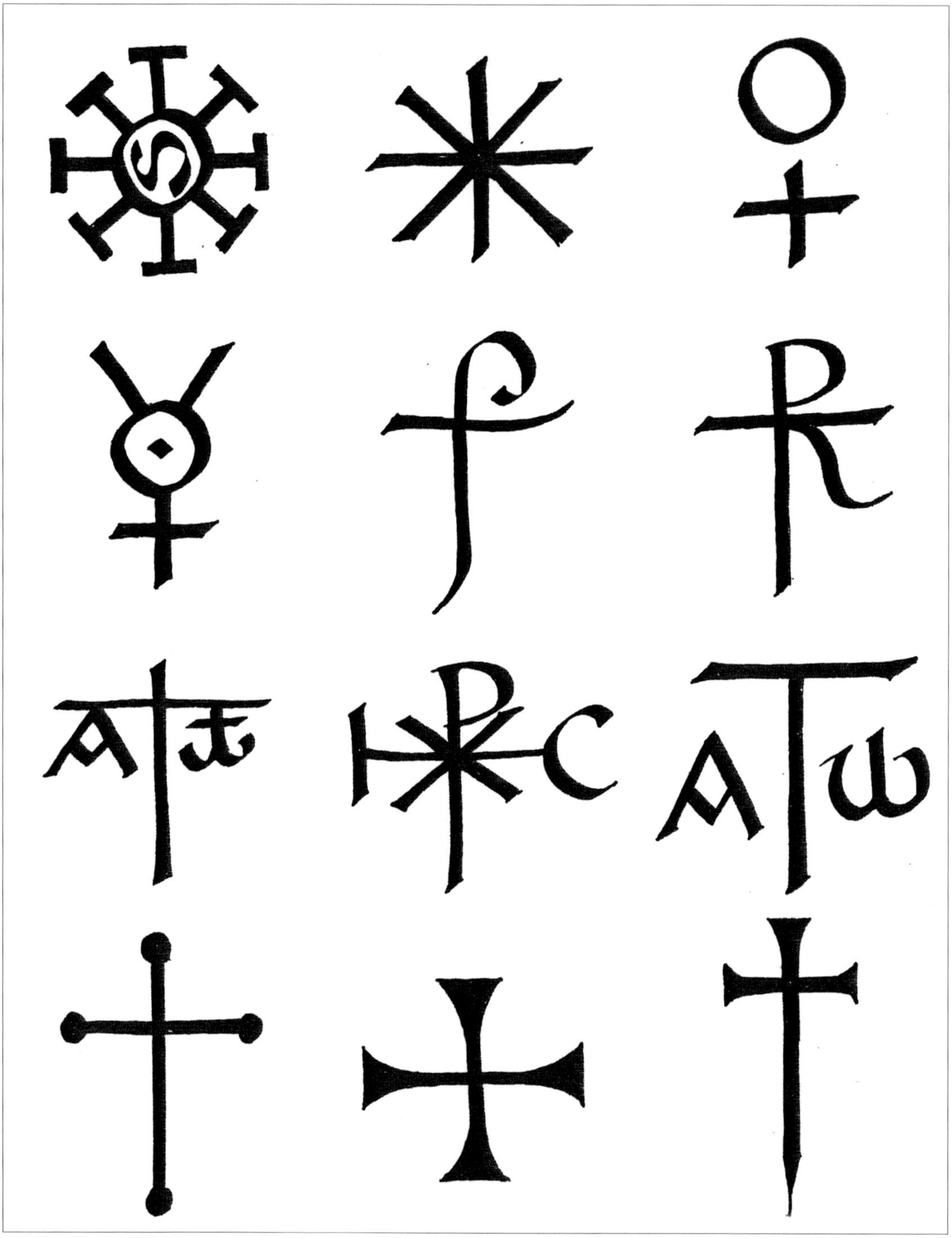

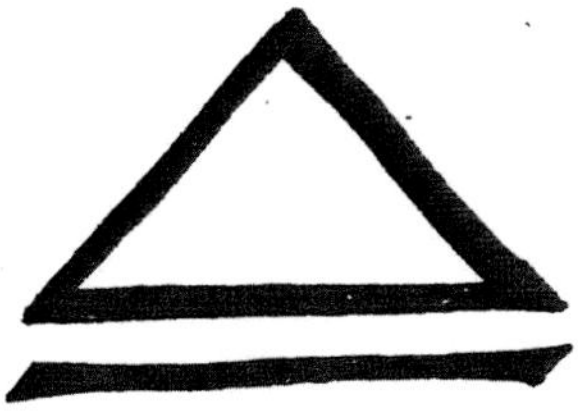

Haus

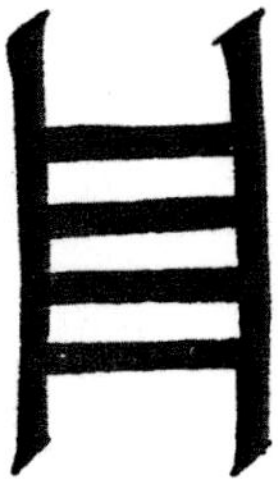

Leiter oder Tragbahre

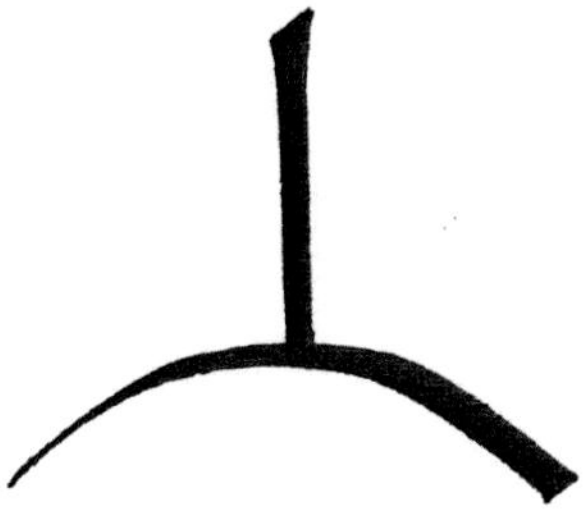

Gänsehals

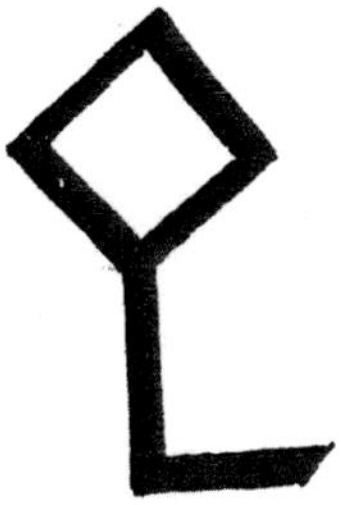

Schlüssel

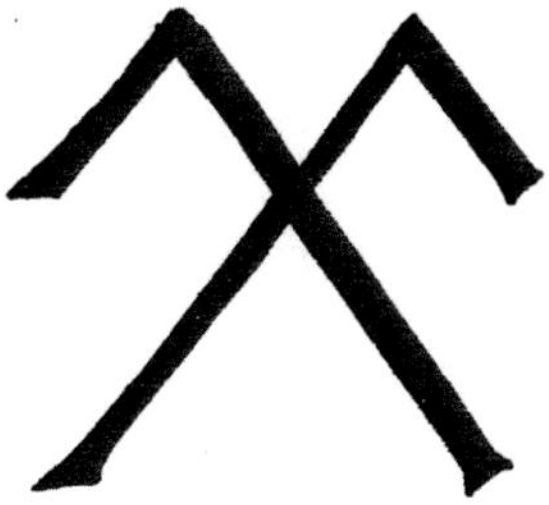

Doppelflegel oder Haken

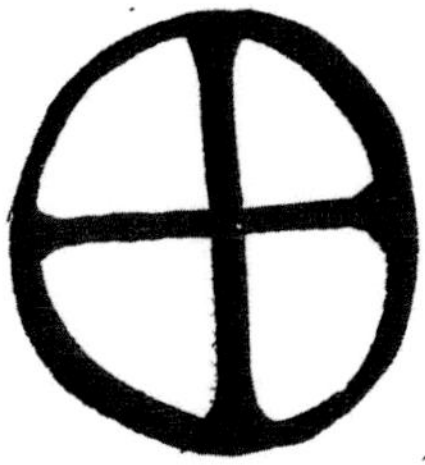

Mühlrad

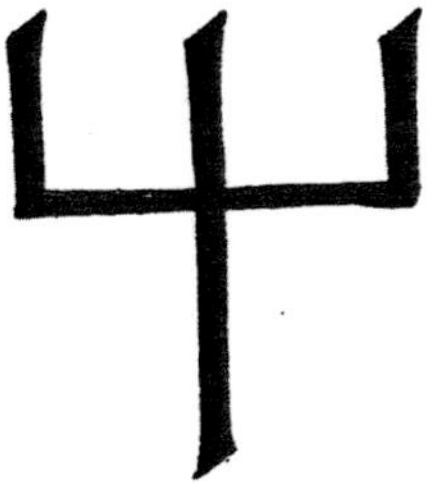

Gabel

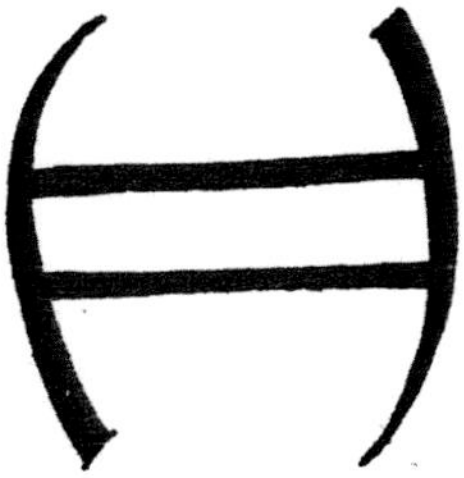

Weinleiter

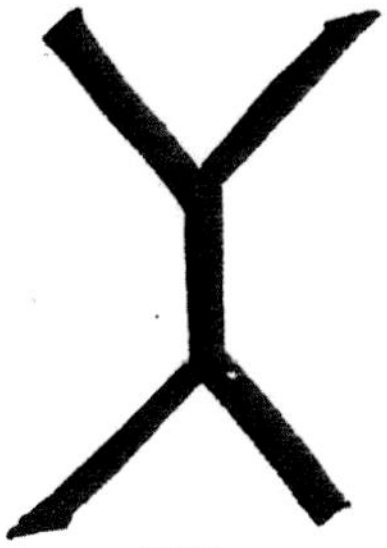

Stütze

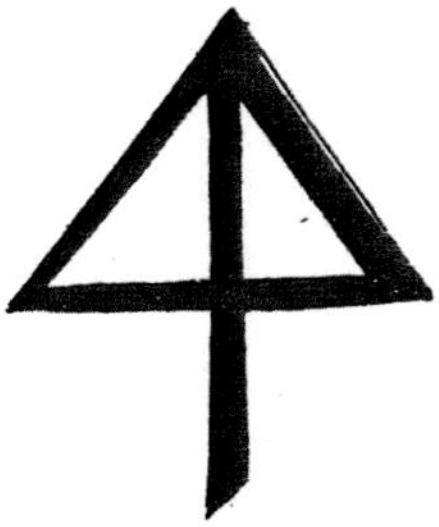

Richtscheit

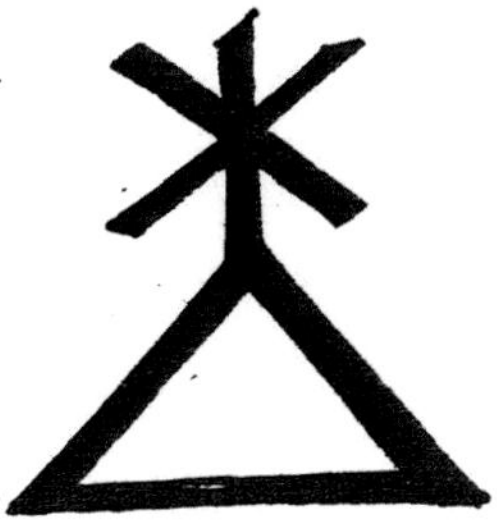

Windmühle

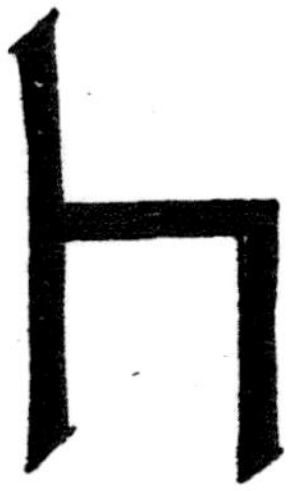

Stuhl

Danksagung

Ein herzlicher Dank ergeht an:

Meinen verehrten Professor Direktor Victor Thoma, von 1973 bis 1977 Direktor der Bundesfachschule für Holzbearbeitung in Hallstatt,

Meine Kollegen OSR Gerhard Streit-Meier, Abteilungsleiter der Bildhauerei an der HTBLA Hallstatt, und OSR Heinrich Kirchschlager, Direktor a. D., Hallstatt

Meine Fördererfamilie Johann Pichlmann, Holzprofi Austria, Roitham

OSTR Uwe Grünberg, Hanau

Quellenhinweis

Dahms, Dipl.-Holzwirt Klaus-Günther, Kleines Holzlexikon, 4. Auflage, Wegra-Verlagsgesellschaft mbH, Stuttgart 1984

Frutschi, Friedrich, Holzschnitzen und Holzbildhauen, 3., unveränderte Auflage, Paul Haupt, Bern 1979

Heideloff, Carl, Die Ornamentik des Mittelalters, 4. Band, Verlag von Conrad Geiger, 1852

Hildebrandt, Ad. M., Heraldisches Musterbuch, 2. Auflage, Heft 1, Verlag von Mitscher & Röstell), 1884

Hoppe, Heinrich, Schnitzen in Holz, 2. Auflage, Frech-Verlag, Stuttgart-Botnang 1966

Klimsch, Karl, Die Ornamentik, Kunstverlag von Klimsch & Co., Frankfurt/Main 1868

Mader, Josef, Vom Kerbschnitzen zum ornamentalen Reliefschnitt, 3. Auflage Landesverlag, Linz 1986

Matthaey, Karl, Lehr-, Modell- und Ornamentenbuch für Ebenisten, Bau- und Möbelschreiner, Holzschneider und andere, der bildenden Kunst verwandte Gewerbe, 3., umgearbeitete Auflage von A. W. Bertel, Verlag Bernhard Friedrich Voigt, Berlin W 62, Weimar 1861

Moserbauer Druck und Verlag, Ried 2001

Nerdinger, Eugen, Beck, Lisa, Schriftschreiben Schriftzeichnen, Grundlagen der Schriftdarstellung, 8. Auflage, Verlag Georg D. W. Callwey, München 1984